跨国公司回任人员知识转移研究

王娟茹 著

机械工业出版社

随着经济全球化的发展，回任人员已成为跨国公司十分有价值的资源。本书运用理论和实证相结合的研究方法，构建了跨国公司回任人员知识转移模型，识别了回任人员知识转移的关键影响因素，明确了意愿—能力—机会、组织支持、私人关系对回任人员知识转移的作用机理以及回任人员知识转移对双元性创新的影响，提出了跨国公司回任人员知识转移的管理策略，为跨国公司科学合理地管理回任人员知识转移提供理论支持和实践指导。

本书可作为经济管理类专业硕士研究生和博士研究生的参考书，也可作为跨国公司知识转移领域的研究人员以及跨国公司的管理人员的参考用书。

图书在版编目（CIP）数据

跨国公司回任人员知识转移研究/王娟茹著. —北京：机械工业出版社，2019.4

ISBN 978-7-111-62241-3

Ⅰ.①跨… Ⅱ.①王… Ⅲ.①跨国公司—知识管理—研究 Ⅳ.①F276.7

中国版本图书馆 CIP 数据核字（2019）第 049683 号

机械工业出版社（北京市百万庄大街22号　邮政编码100037）
策划编辑：常爱艳　责任编辑：常爱艳　刘　静　侯　颖
责任校对：佟瑞鑫　封面设计：鞠　杨
责任印制：张　博
北京铭成印刷有限公司印刷
2019年5月第1版第1次印刷
169mm×239mm·12.25印张·1插页·220千字
标准书号：ISBN 978-7-111-62241-3
定价：59.80元

凡购本书，如有缺页、倒页、脱页，由本社发行部调换

电话服务	网络服务
服务咨询热线：010-88379833	机 工 官 网：www.cmpbook.com
读者购书热线：010-68326294	机 工 官 博：weibo.com/cmp1952
	教育服务网：www.cmpedu.com
封面无防伪标均为盗版	金 书 网：www.golden-book.com

前　言

　　随着经济全球化和管理国际化的深入发展，跨国公司出现了新的特点，其人力资源管理战略也发生了变化，其中之一就是越来越重视人员的外派。据调查，全球80%的跨国公司都出现了人员外派的情况，外派成为企业打开国际市场最有效的方式。在这种背景下，人员外派及其管理就成了跨国公司国际人力资源管理工作中至关重要的一个环节。外派过程中涉及人员的回任，即员工由公司总部以外的国家或者地区回到母公司。回任人员因接触国际市场，学习和积累了许多国际企业经营的经验和知识。这些经验与知识具有更高的隐含性和嵌入性，竞争者很难模仿，是跨国公司十分有价值的资源。然而，回任人员的管理往往被跨国公司忽视，从而导致外派人员回任后离职率很高。研究显示，中国跨国公司外派人员回任后1年内离职率高达1/3，3年内离职率超过50%。流失一名回任人员，跨国公司也就失去了相应的海外知识和技能，而且此损失也可能直接或间接变成竞争者的优势。回任人员在外派期间积累了大量的国际经营理念和经验，具有更加广阔的国际视野，其知识转移可为公司提供新的设计、开拓新的市场、开发新的分销渠道，以增强跨国公司对国际市场的反应能力。因此，深入研究跨国公司回任人员知识转移的前因和后果，不仅可以丰富跨国回任和知识转移等研究领域，为提高我国跨国公司的知识管理能力奠定理论基础，而且能够为我国跨国公司充分有效地利用回任人员的知识提供科学的指导与建议，以增强跨国公司的国际竞争力，促进跨国公司可持续发展。

　　本书以跨国公司回任人员为研究对象，采用理论研究和实证研究相结合的方法，对跨国公司回任人员知识转移的模型及过程、知识转移关键影响因素、知识转移与双元性创新的关系等进行了探索性研究。主要研究内容如下：

　　（1）探究了跨国公司回任人员知识转移的模型及过程。运用文献分析的方法，阐述了跨国公司、回任人员、国际知识及知识转移的含义；从回任人员、母公司人员、国际知识和知识转移机会四个方面，提出了跨国公司回任人员知识转移模型，并对各方面及其构成进行了详细分析；根据关键事件法，探究了跨国公司回任人员四阶段知识转移过程,分析了知识转移各阶段回任人员的主要任务,明确了回任人员知识转移过程的特点。

(2)识别了跨国公司回任人员知识转移的关键影响因素。采用调研分析和深度访谈等方式,归纳总结了回任人员知识转移的影响因素,并运用实证研究的方法,借助 SPSS 19.0 软件对收集的数据进行探索性因子分析和验证性因子分析,提取出回任人员知识转移的关键影响因素,分别为知识转移意愿、知识转移能力、知识转移机会、组织支持、回任适应和私人关系。

(3)明确了各关键因素对回任人员知识转移的作用机理,探讨了意愿—能力—机会、组织支持和私人关系对跨国公司回任人员知识转移的影响。采用理论研究和实证研究相结合的方法,首先,分析了知识转移意愿—能力—机会与回任人员显性知识转移和隐性知识转移的关系,并探讨了关系质量的调节作用;其次,将组织支持分为组织文化支持、组织氛围支持和组织制度支持三个维度,探讨了组织支持各维度与回任人员显性知识转移和隐性知识转移的关系,并检验了自我效能的调节作用;最后,将私人关系分为感情、人情和面子三个维度,分析验证了感情、人情和面子通过信任的中介作用对回任人员显性知识转移和隐性知识转移的影响作用。

(4)厘清了跨国公司回任人员知识转移对双元性创新的影响。首先,阐述了跨国公司回任人员双元性创新的含义、维度和影响因素;其次,从回任支持的视角,探讨了回任支持、知识转移对回任人员开发性创新和探索性创新的影响,明确自我效能的调节作用以及有调节的中介效用;最后,从回任适应的视角,研究工作适应、人际适应和一般适应与知识转移对回任人员开发性创新和探索性创新的影响,分析吸收能力的调节作用,厘清回任适应、知识转移和双元性创新之间的相互作用机理。

(5)提出了促进跨国公司回任人员知识转移的管理策略。根据理论研究和实证研究的结果,从提升回任人员知识转移的意愿—能力—机会、建立知识转移的组织支持机制、加强回任人员的适应管理等方面,提出了跨国公司回任人员知识转移的管理策略。

本书是国家自然科学基金面上项目"跨国公司回任人员知识转移对双元性创新的影响研究"和陕西高校人文社会科学青年英才支持计划"回任支持、知识转移和双元性创新行为的关系研究"的研究成果。

在完成课题和本书编写的过程中,我得到了多人的帮助和支持,在此对他们表示感谢。感谢我的博士研究生罗岭,硕士研究生荆瑶、陈甜甜、牛勇华和连菲,她们参与了课题的调研,为本研究做出了突出贡献。其中,罗岭主要参与了跨国公司回任人员知识转移模型和过程的研究，荆瑶、陈甜甜和牛勇华主要参与了跨国公司回任人员知识转移影响因素的实证研究，连菲主要参与了基于回任适应的知识转移对双元性创新的影响研究，在此对她们深表谢意。感谢西北工业大学的赵嵩正教授和杨瑾教授对本研究提供的帮助。感谢支持本研究调研的 200 多家跨国公司和回任人员，正是他们的大力支持，才能使我们的调研工作顺利进行，从而获得了丰富的第一手资料。另外，本书在编写过程中，借鉴和引用了国内外许多专家学者的研究成果，为此向他们表示衷心的感谢。

由于作者水平有限，疏漏之处在所难免，恳请广大专家和读者不吝赐教。

王娟茹

于西北工业大学

目 录

前 言
第1章 导论 ··· 1
  1.1 研究背景及意义 ·· 1
  1.2 国内外研究现状 ·· 3
    1.2.1 跨国公司知识转移的研究现状 ·· 3
    1.2.2 跨国公司回任人员的研究现状 ·· 4
    1.2.3 回任人员知识转移的研究现状 ·· 6
    1.2.4 知识转移对双元性创新的影响研究现状 ··································· 8
    1.2.5 研究评述 ·· 9
  1.3 研究内容和方法 ·· 10
    1.3.1 研究内容 ·· 10
    1.3.2 研究方法 ·· 11
第2章 跨国公司回任人员知识转移概述 ·· 12
  2.1 跨国公司回任人员及知识转移 ··· 12
    2.1.1 跨国公司 ·· 12
    2.1.2 回任及回任人员 ··· 14
    2.1.3 知识及国际知识 ··· 16
    2.1.4 回任人员知识转移 ·· 17
  2.2 跨国公司回任人员知识转移模型 ·· 22
    2.2.1 回任人员的特性 ··· 22
    2.2.2 母公司人员的特性 ·· 24
    2.2.3 国际知识的特性 ··· 26
    2.2.4 转移机会的特性 ··· 27
  2.3 跨国公司回任人员知识转移过程及其特点 ·································· 29
    2.3.1 跨国公司回任人员知识转移过程 ··· 29
    2.3.2 跨国公司回任人员知识转移过程的特点 ································ 34

目 录

第3章 跨国公司回任人员知识转移影响因素识别 …… 36
3.1 跨国公司回任人员知识转移影响因素提取 …… 36
3.1.1 文献分析 …… 36
3.1.2 调研访谈分析 …… 37
3.2 跨国公司回任人员知识转移影响因素因子分析 …… 38
3.2.1 问卷设计和数据收集 …… 38
3.2.2 信度分析 …… 39
3.2.3 探索性因子分析 …… 40
3.2.4 验证性因子分析 …… 44
3.2.5 影响因素分析 …… 45

第4章 跨国公司回任人员知识转移影响因素实证研究 …… 48
4.1 意愿—能力—机会对回任人员知识转移的影响 …… 48
4.1.1 理论模型构建 …… 48
4.1.2 研究假设 …… 50
4.1.3 实证研究 …… 53
4.1.4 研究结果 …… 67
4.2 组织支持对回任人员知识转移的影响 …… 68
4.2.1 理论模型构建 …… 68
4.2.2 研究假设 …… 71
4.2.3 实证研究 …… 74
4.2.4 研究结果 …… 89
4.3 私人关系对回任人员知识转移的影响 …… 90
4.3.1 理论模型构建 …… 90
4.3.2 研究假设 …… 94
4.3.3 实证研究 …… 97
4.3.4 研究结果 …… 109

第5章 跨国公司回任人员知识转移对双元性创新的影响 …… 110
5.1 跨国公司回任人员双元性创新 …… 110
5.1.1 双元性创新的含义 …… 110
5.1.2 双元性创新的维度 …… 113
5.1.3 双元性创新的影响因素 …… 115
5.2 基于回任支持的知识转移对双元性创新的影响 …… 116
5.2.1 理论模型构建 …… 116

  5.2.2 研究假设 118
  5.2.3 实证研究 121
  5.2.4 研究结果 130
 5.3 基于回任适应的知识转移对双元性创新的影响 131
  5.3.1 理论模型构建 131
  5.3.2 研究假设 134
  5.3.3 实证研究 140
  5.3.4 研究结果 153

第6章 跨国公司回任人员知识转移的管理策略 158
 6.1 提升回任人员知识转移的意愿—能力—机会 158
  6.1.1 强化回任人员的知识转移意愿 158
  6.1.2 提升回任人员的知识转移能力 159
  6.1.3 提升回任人员的知识转移机会 159
 6.2 建立知识转移的组织支持机制 160
  6.2.1 加强组织文化建设 160
  6.2.2 加强组织氛围建设 162
  6.2.3 加强组织制度建设 163
 6.3 加强回任人员的适应管理 163
  6.3.1 重视回任人员的工作适应 163
  6.3.2 重视回任人员的人际适应 165
  6.3.3 重视回任人员的一般适应 167

参考文献 169

第 1 章

导 论

1.1 研究背景及意义

改革开放40年来,我国的政治经济形势发生了很大的变化,其经济主体已由计划经济转为市场经济。特别是我国加入世界贸易组织(WTO)之后,对外贸易和大型跨国公司有了迅猛的发展,经济全球化趋势已基本形成。随着经济全球化和管理国际化的深入发展,跨国公司出现了新的特点,其人力资源管理战略也发生了变化,其中之一就是越来越重视人员的外派。据调查,全球80%的跨国公司都存在人员外派,外派成为打开国际业务最有效的方式。在这种背景下,人员的外派及其管理就成了跨国公司国际人力资源管理工作中至关重要的一个环节。外派过程中涉及人员的回任(Repatriation),即驻外人员完成海外派遣任务,返回母国的过程。回任人员因接触国际市场,学习和掌握了许多国际企业经营的经验和知识,这些知识具有更高的隐含性和嵌入性,竞争者很难模仿,是跨国公司十分有价值的资源。因此,跨国公司必须充分有效地管理和转移回任人员在国外获取的国际知识。

然而,回任人员的管理往往被跨国公司忽视,从而导致外派人员回任后离职率很高。*Global Relocation Trends Report*(1999)指出,12%的外派人员在回任后第一年内离职,13%的回任人员在第二年离职,也就是说25%左右的回任人员在回任后两年内离职。根据Cullen et al.(2005)的调查显示,61%的回任人员认为他们的海外经验没有机会得到运用。研究也表明,中国跨国企业外派人员回任后一年内离职的概率高达1/3,三年内离职的占半数多。损失一名回任人员,跨国公司也就失去了可贵的外派经验,此损失也可能直接或间接变成竞争者的优势。另外,很多跨国公司没有合理规划外派人员回任后的职位,而回任人员也觉得缺少自我价值的体现和认同感,不愿意将知识转移给其他人或者组织。外派人员出国一段时间,其回任和外派一样也会受到文化与工作环境的冲击,

跨国公司回任人员知识转移研究

企业需要设计回任人员的回任方案,帮助回任人员适应回任后的工作和生活。

事实上,培养和外派一位具有国际经验的人才需付出相当高的成本,跨国公司如果能合理管理回任人员,使其全心全意地将海外知识、技术与经验回馈给组织,将使组织更具国际观及国际经营能力。同时,通过与母公司共享这些知识,能够提高母公司成员处理各种复杂情况的能力。外派员工在海外任职期间,一方面肩负着传播企业经营理念和技能的任务,另一方面企业希望他们学到新的管理经验和知识,回任后能够起到"传、帮、带"的作用。相对于国内员工来说,回任人员积累了较多的国际经验,这些知识和经验促进了跨国公司内各组织的知识整合与重组,能促进公司技术和管理创新,产生协同效应,从而影响跨国公司的整体绩效。特别是回任人员隐性知识的应用,还能明显地影响母公司新产品的开发能力。因此,面对激烈的国际竞争,跨国公司必须充分重视回任人员在国外获取的知识,并有效地将回任人员的国际知识和经验转移给跨国公司内部成员,以提升跨国公司的知识管理能力。

企业是由多种知识构成的集合体,企业的知识存量和认知结构决定了企业配置、开发和利用资源的能力以及创新能力,从而最终决定企业的竞争优势和市场地位。通过有效的知识转移,跨国公司可以迅速扩大整体的知识存量,避免重复投资,而且可以使自身的学习速度快于竞争对手的模仿速度,从而在全球化竞争中能够保有持久的竞争优势。越来越多的跨国公司开始意识到知识转移的重要性,例如,投资与知识转移并重的海尔、华为等中国优秀跨国公司不仅开创了更加广阔的海外市场,而且打造了全球化的供应基地、制造中心和研发中心。跨国公司知识转移的理论研究也成为学术界讨论的热点话题,并取得了一些研究成果。这些研究成果大大加快了跨国公司知识转移的发展步伐,推动了跨国公司战略发展优势的迅速形成。尽管如此,随着跨国公司国际化进程的不断深入,跨国公司的知识转移也变得越来越复杂化和困难化。具体表现为:①跨国公司在实现了销售和生产市场的成功转移之后,又开始考虑研发阵地的转移,这导致跨国公司回任人员需要共享和转移的知识种类增多、复杂性增强;②由于国别差异而产生的文化上的冲突增加了跨国公司回任人员知识转移的成本和风险;③由于知识具有情境性特征,当知识从一种文化情境被转移到另一种文化情境中时,知识的适用性也发生了变化。然而,直到目前为止,有关如何成功转移跨国公司回任人员的知识,并利用回任人员的知识增强公司的创新能力和可持续发展能力,却鲜有学者进行深入的研究。因此,对回任人员的知识转移过程及其前因和后果的研究是一个值得深入探讨的问题。

基于此,本书运用理论研究和实证研究相结合的方法,研究跨国公司回任人员的知识转移，分析回任人员知识转移的模型及过程，识别回任人员知识转移的关键影响因素，厘清意愿—能力—机会、组织支持、私人关系对回任人员知识转移的作用机理，明确回任人员知识转移对双元性创新的影响，提出跨国公司回任人员知识转移的管理策略。从理论上，本研究将实现知识管理、创新管理和人力资源管理的交叉融合，弥补现有研究的不足，丰富和拓展跨国回任和知识转移等研究领域内容，为提高我国跨国公司的知识管理能力奠定理论基础。从实践上，本书将为我国跨国公司充分有效地利用回任人员的知识提供科学的指导与建议，促进回任人员有效地进行知识转移，提高我国跨国公司的创新速度和创新能力，增强国际竞争力，实现跨国公司的可持续发展。

1.2 国内外研究现状

1.2.1 跨国公司知识转移的研究现状

关于跨国公司知识转移，学者们主要从知识特征、知识转移能力、知识转移意愿和组织情境等方面进行了研究。

1. 知识特征因素

关于知识特征对跨国公司知识转移的影响，Zander et al.（1995）指出跨国公司内部知识转移的速度受其所转移的知识的复杂性影响。Kogut et al.（1993）认为知识的模糊性和默会性会增加知识转移的难度。Cummings et al.（2003）认为知识可以嵌入人员、工具和例行常规中，而嵌入性知识要比没有嵌入的知识更难转移。Martin et al.（2003）探讨了跨国公司的知识观及其与对外直接投资（FDI）决策的关系，研究发现知识的默会性与跨国公司 FDI 倾向之间的关系呈倒 U 形，随着知识默会性程度的提高，跨国公司对外直接投资的可能性也会提高，而当知识默会性上升到一定程度后，其对外直接投资的可能性又会下降。

2. 知识转移能力因素

Kogut et al.（1996）在多项研究中都提到了跨国公司知识整合能力的重要性。Martin et al.（2003）指出跨国公司知识发送方的转移能力和接受方的吸收能力会对跨国公司的国际化决策产生影响。Minbaeva et al.（2004）认为跨国公司的内部知识转移能力是其获取竞争优势的重要保障，而其中子公司的知识吸收能力是跨国公司内部知识转移水平的重要决定因素。Chini(2004)则通过对38家母公司和124家子公司的知识转移进行跟踪研究,发现跨国公司的知识转移能力对知识转移效果有影响。

3. 知识转移意愿因素

Zander et al.(1995)认为知识转移方的转移动机和知识接收方的接收态度对跨国公司知识的顺利转移有很大影响。Gupta et al.(2000)则指出,跨国公司的知识流出与其知识存量和传递渠道的丰富性正相关,跨国公司的知识流入与其传递渠道的丰富性、获取知识的意愿正相关。Simonin(2004)认为知识转移主体的学习意图与其参与知识转移的积极性有密切的关系,在知识转移的过程中,转移主体的学习意图越强,其参与知识转移的积极性越高,进而知识转移的效果也越好。

4. 组织情境因素

Darr et al.(2000)认为当跨国公司母子公司间的战略目标一致时,它们之间知识转移的有效性相对较高。Buckley et al.(2004)研究指出,对于不同所有权形式的跨国公司,其知识转移的效果会有所不同。Dhanaraj et al.(2004)则指出跨国公司母子公司之间的信任水平、价值观共享水平以及它们的社会联系强度,都是影响它们之间知识转移的重要因素,特别是对于默会性知识的有效转移。许强等人(2006)从组织情境的角度出发进行研究,结果表明,组织情境会对跨国公司的知识转移产生影响,当转移的知识与组织情境不匹配时,会对知识转移的效果产生负向的影响,这就要求跨国公司在进行知识转移的过程中,无论是知识的发送方还是接收方,都应该根据所转移知识的特性对组织情境进行适当的调整,以达到预期的知识转移效果。

综上所述,国内外学者对影响跨国公司内部知识转移因素的研究都是从组织层面出发进行的,对于个体层面的微观研究还比较少,也鲜有涉及跨国公司内部一些特殊个体群的知识转移。

1.2.2 跨国公司回任人员的研究现状

目前,国内外学者关于回任人员的研究,主要集中在三个方面:回任过程的研究、回任适应的研究以及回任人员的离职问题研究。

1. 回任过程的研究

关于回任过程的研究,Welch(1994)提出,回任过程大致可以被划分为准备、重置、过渡和重新适应四个阶段。Harvey（1989）、Forster（1994）、Shumsky（1999）相关研究表明，就组织层面而言，回任人员的回任过程主要包括前程规划、回任准备与训练、工作指派与考评三个阶段。另外，Harris（1989）以进入与离开另外一个文化环境为起点，提出海外派遣系统的发展过程，包括选择负责国际人力资源管理的主管人员、驻外的前置作业、驻外期间的支援及回任过程。在回任过程中，Harris（1989）将回任前的准备、撤出的转换、回任时的震撼、再适应和在组织中重新指派任务及再调整等作为考量的重点。

2. 回任适应的研究

关于回任适应的研究，Lysgaard（1955）提出了用 U 形适应曲线来解释跨文化适应的过程。该模型将跨文化适应过程分为蜜月期、文化冲击期和调适期，曲线的底部为承受文化冲突最深的时期。Solomon（1995）针对外派人员的回任适应过程，对 Lysgaard 提出的 U 形适应曲线进行了延伸，提出了外派人员回任的"二次适应"W 形曲线。W 形曲线系统地描述了回任人员从外派到回任的整个过程中，其在工作、生活以及文化环境适应方面的阶段变化情况。Black（1994）指出社会地位、家庭状况将对回任适应产生影响。柯明志（1995）在对回任人员的调查中发现，当回任人员回任后认为其个人社会地位、职业生涯、工作地位、工作绩效等越好时，他们会对回任更为适应。詹惠淳（2001）认为母公司的国际化程度、回任制度规划、个人因素都对回任适应有影响。此外，赵必孝（1998）研究发现回任准备与训练、前程规划与发展、工作指派与考评、薪资、工作角色特性等都会影响回任人员的回任适应。

3. 回任人员的离职问题研究

关于回任人员的离职问题，研究显示，被外派出国工作的人员，在从境外重回母国工作岗位后，第一年内辞职的可能性是正常员工的三倍，在一些情况下，离职率甚至高达 40%，而相比之下，正常员工的离职率仅为 3%~5%。许多跨国公司的雇主经常会损失有才能的员工，他们的投资无法带来回报。这种在回任过程中因种种原因而导致的外派人员离职的行为都视为回任失败。导致外派人员回任失败的原因有个人因素和组织因素两个方面。总结以往研究成果，导致回任人员离职的个人因素主要包括：遭遇"逆文化冲击"而不适应、工作与家庭之间的矛盾、心理不平衡等；组织因素主要包括：外派薪酬设计有失公允、归国安置不尽如人意、组织支持力度欠佳、知识管理未成为外派的战略目标等。

综上所述，国内外学者主要是从宏观角度出发，对回任人员的回任过程、回任适应以及离职问题等进行了大量的理论和实证研究，却忽略了回任人员作为跨国公司重要的知识型员工，他们在推动跨国公司知识转移过程中起到的重要桥梁作用。

1.2.3 回任人员知识转移的研究现状

目前，关于跨国公司知识转移的研究已逐渐受到学术界的重视，然而大多数研究的是外派人员将从母公司获取的知识向子公司的转移（Bonache et al., 2001; Minbaeva et al., 2004），或者外派人员在外派期间从子公司向母公司的逆向知识转移（Noorderhaven et al., 2009; Gupta et al., 2000; Hakanson et al., 2001; Najafi-Tavani et al., 2012），而针对外派回任后的知识转移研究相对较少。

回任人员的国外任职经历为其提供了学习新知识的机会，回任则为其提供了在组织中传播和应用这些新知识的机会，将外派时学到的知识与母公司共享，可以实现知识的有效转移。因此，关于回任人员知识转移重要性的研究，很多学者都提出了自己的看法。首先提到跨国公司回任人员对母公司贡献的学者是 Boyacigller（1990），随后，Tsang（1999）、Edwards et al.（2004）、Gerybadze（2004）、Reiche（2012）也研究了回任人员知识转移的重要性。Kamoche（1997）研究表明，跨国公司外派人员回任把知识从子公司转移到母公司，同时将知识从个人层面转移到组织层面。外派提供获取国外知识的机会，而回任则提供转移和在母公司使用新知识的机会，这就是说，回任有利于产生和转移有用的知识。因此，回任人员是跨国公司有价值的、难于模仿的和具有竞争性的知识资源。此外，Downes et al.（1999）认为外派是组织收集和获取复杂国际运作知识的工具，外派对个体和组织双方都有益，回任人员带回的知识有利于跨国公司的发展。关于回任人员所转移知识的类型，Fink et al.（2005）认为回任人员能够获取的知识，包括与市场相关的知识、个人技能、与工作相关的管理技能、网络知识、通用的管理知识等。Antal（2000）在对两家德国跨国公司进行几年的追踪调查后发现，回任人员能带回的知识包括五种：显性知识（知道什么）、隐性知识（知道为什么）、情境知识（知道何时做）、自明知识（知道为什么）和关系知识（知道谁来做）。关于回任人员知识转移的影响因素，学者们主要从知识管理、社会资本、人力资源管理等方面进行了研究。

1. 从知识管理的角度

已有研究分析了转移意愿、转移机制、转移意境等因素对知识转移的影响。例如，

Kamoche（1997）实例研究得出跨国公司必须构建支持性基础设施以获取回任人员的知识，回任人员必须愿意和组织中的其他人共享知识。Lazarova et al.（2005）认为外派人员个人的知识能否成功转移到组织层面，依赖于回任人员的转移意愿。此外，Inkpen（2008）通过案例研究的方式，提出如果跨国公司希望通过员工的外派学习在全球获得知识，就必须建立一个核心的知识转移机制，该机制包括：外派人员的流动、培训计划、交流协调的固定场所、对知识转移者的领导地位的肯定，以及鼓励个人社会关系的建立。其中，外派人员的流动是该机制的核心。Rohr（2009）研究了知识发送方（转移意愿、转移能力）、知识接收方（接受意愿、职涯规划、组织文化等）、知识转移意境对回任人员知识转移的影响。徐笑君（2011）探讨了海归经理人知识转移意愿对知识转移的影响。刘长义等人（2011）从知识发送方层面、知识接收方层面、知识情境、知识本体层面实证分析了基于技术员工流动的跨组织知识转移的影响因素。

2. 从社会资本的角度

一些学者研究了信任、外派关系、人员互动等因素对知识转移的影响。Culter（1989）研究发现人员互动是实现企业间知识转移的有效方式。Kostova（1999）认为信任影响知识转移，并促进知识的成功转移，如果回任人员信任他们的组织，回任人员将愿意共享和转移知识。Antal（2001）提出只有通过与他人的相互作用，回任人员才能共享隐性知识并将其转化为显性知识。Holtbrügge et al.（2004）认为隐性知识通过像全球化团队这样的人与人之间的转移机制才能够最有效地转移。Mäkelä（2007）对外派关系进行了系统研究，从社会资本的结构维度、关系维度和认知维度出发，分析了外派关系的典型特征，从而认为外派关系对跨国公司知识转移具有重要的作用，这种关系具有长期性、多重效果性、多重内容性等特点。此外，Farh et al.（2010）研究了支持关系对外派回任知识转移的影响。易凌峰和侯英姿（2010）基于逆向知识转移的视角，研究发现跨国公司人员外派可被视为从东道国获取知识并向母公司转移的组织学习过程，这一学习过程受到外派员工的社会资本的影响。

3. 从人力资源管理的角度

有些学者将人力资源管理和知识转移相结合，分析了组织支持、职业生涯发展、回任计划等因素对知识转移的影响。例如，Szulanski（1996）、Gupta et al.（2000）关于知识转移的研究认为对知识源的激励是知识成功转移的关键决定性因素。Downes et al.（1999）、Antal（2001）认为回任知识的有效转移依赖于职业生涯导向、组织文化和组织结构等因素。Minbaeva et al.（2003）认为通过人员的配备、培训、工作轮换、业绩考核和激励等人力资源管理手段的实施，不但可以提高母子公司间知识转移和吸收知识的能力，而且可以增强母子公司双方进行知识转移的动力，从而最终促进母子公司间的知识转移。Lazarova et al.（2007）分析了组织支持和职业生涯发展对回任人员知识转移的影响。Rossella et al.（2010）认为缺少回任计划和激励限制了回任人员的知识转移。国内学者姜秀珍等人（2011）、吴雨才（2012）研究指出，组织要想驱动回任人员共享知识，就必须提供与外派人员个人职业生涯需求一致的职业生涯发展机会，鼓励外派人员将学习到的国际知识转移给组织。Bossard et al.（2005）对太平洋西北地区7家跨国公司的20名回任人员进行半结构化访谈，运用叙事研究法对回任人员在外派期间所学的内容进行分类，并就企业为其提供的政策和实践的有效性进行评价，该研究强化了对回任过程的理解。此外，Black et al.（1992）指出回任人员归国调整、国内搬迁调整和外派调整之间存在显著差异，并提出了回任人员调整模型，指出了影响回任人员调整的个体、工作、组织和非工作方面的因素，为后续的理论和实证研究奠定了基础。Vidal et al.（2007）以西班牙回任人员的管理者为调研对象，分析了回任人员工作满意度的影响因素，并研究了这些影响因素与离职倾向之间的关系。Lazarova et al.（2002）对来自4家北美跨国公司的58名外派人员进行了调研，发现组织辅助支持对降低回任人员离职倾向具有重要的作用。

虽然国内外学者在知识转移影响因素方面进行了大量的研究工作，并取得了一定的研究成果，但在这一领域的研究中，从个体层面对跨国公司回任人员知识转移影响因素进行的相关研究较少。

1.2.4　知识转移对双元性创新的影响研究现状

从概念的提出发展到目前为止，双元性创新仍是当前创新管理研究领域的一个热点问题，大多研究都阐述了双元性创新中探索性创新和开发性创新是组织获得持续竞争优势的重要来源，探讨了双元性创新对绩效的影响。

关于知识及其转移对双元性创新的影响研究，Wilkinson et al.（2002）、Fleming et al.（2004）认为知识对这两种创新都起着重要的支持作用，知识积累可以同时促进组织进行探索性创新和开发性创新。Holmqvist（2003）研究了组织学习能力的作用，得出组织学习能为探索性创新和开发性创新创造环境，知识转移可以通过降低开发周期提高产品开发速度的结论。Jansen et al.（2006）在探究高层管理团队及其领导力后指出，高层管理团队的认知和共识有助于组织双元性创新的实现。Lubatkin et al.（2006）针对139家中小企业的研究表明,知识等资源越充裕,企业越有利于进行双元性创新。此外,Mom et al.(2007)研究表明管理者可以同时进行高水平的开发性创新和探索性创新,自上而下的知识传播有利于开发性创新,相反,同事间的相互横向学习或者是自下而上的知识传播有利于探索性创新。Yalcinkaya et al.(2007)研究了企业资源与探索和开发能力之间的关系,实证结果表明,营销资源影响开发能力,技术资源影响探索能力。同时,Bierly et al.(2009)认为不同来源的知识更易于促进探索性创新。Hernández-Espallardo et al.(2011)研究了分销商的知识获取对探索性创新和开发性创新的影响,研究结果表明知识获取对开发性创新有显著正向影响,知识获取对探索性创新没有显著直接影响。

综上所述,大多数学者研究的是知识积累、知识类型、知识获取等对双元性创新的影响,虽然部分研究分析了双元性创新和知识转移的关系,但是并没有将知识转移和双元性创新整合在一个研究框架之中,分析回任人员知识转移对双元性创新的影响。

1.2.5 研究评述

通过以上对本领域研究现状的分析,可以发现目前的研究仍存在以下亟待解决的问题:

(1)人员流动一直被认为是知识跨组织转移的重要途径之一,但是长期以来,国内外大多数学者都是从各自不同的角度提出或者分析跨国公司内部的知识转移问题,较少有学者以回任人员为研究对象,深入剖析和阐明回任人员的知识转移模型及过程。

(2)跨国公司回任人员知识转移影响因素是知识转移发生的前因,虽然大多数研究都对影响知识转移的因素进行了分析,但是并没有将知识转移和回任过程相结合,研究回任人员知识转移的影响因素,也未对各类影响因素进行验证,从而无法得出各因素对于回任人员知识转移影响的作用大小,以及各因素之间的相互关系。

(3)当前的研究大都是针对子公司向母公司的知识转移,对携带重要知识的外派人员回到组织后,如何利用回任人员的这些知识以促进跨国公司的双元性创新缺少深入分析,也较少有学者使用实证研究的方法深入剖析回任人员的知识转移与双元性创新的关系,探究回任人员知识转移对双元性创新的影响机理。

针对现有研究中存在的不足,本书拟开展跨国公司回任人员知识转移的研究。以我国跨国公司回任人员为研究对象,分析回任人员知识转移的模型和过程,探索回任人员知识转移的关键影响因素,剖析各因素对回任人员知识转移的影响,分析回任人员知识转移与双元性创新的关系,提出回任人员知识转移的管理策略。这不仅具有重要的理论意义和学术价值,而且对于促进我国跨国公司的可持续发展具有重要的实践价值。

1.3 研究内容和方法

1.3.1 研究内容

本书以我国跨国公司回任人员为研究对象,采用理论研究和实证研究相结合的研究方法,对回任人员知识转移的前因和后果进行研究,主要研究内容如下:

1. 跨国公司回任人员知识转移概述

探讨跨国公司、回任人员、知识及知识转移的含义,从回任人员、母公司人员、国际知识和知识转移机会四个方面提出跨国公司回任人员知识转移模型,并探究跨国公司回任人员四阶段知识转移的过程。

2. 跨国公司回任人员知识转移的关键影响因素识别

用文献研究和深度访谈的研究方法,归纳总结回任人员知识转移的影响因素,并运用实证研究的方法,借助 SPSS 19.0 软件和 Amos 17.0 软件对收集的数据进行探索性因子分析和验证性因子分析,萃取回任人员知识转移的关键影响因素。

3. 跨国公司回任人员知识转移影响因素实证研究

首先,分析知识转移意愿、知识转移能力和知识转移机会与回任人员显性知识转移和隐性知识转移的关系,探讨关系质量在其中的调节作用,实证检验意愿—能力—机会对回任人员知识转移的具体影响。其次,将组织支持分为组织文化支持、组织氛围支持和组织制度支持,从理论上分析组织支持与回任人员显性知识转移和隐性知识转移的关系以及自我效能对知识转移的作用,并运用实证研究的方法,验证组织支持各构面对回任人员知识转移的作用机理。最后,将私人关系分为感情、人情和面子三个维度,从理论上分析感情、人情和面子通过信任的中介对显性知识转移和隐性知识转移的影响,并运用实证研究的方法,验证私人关系对回任人员知识转移的作用机理。

4. 跨国公司回任人员知识转移对双元性创新的影响

首先,阐述跨国公司回任人员双元性创新的含义、维度和影响因素;其次,从回任支持的视角,探讨回任支持、知识转移对回任人员探索性创新和开发性创新的影响,明确创新自我效能的调节作用以及有调节的中介效用,从而揭示回任支持、知识转移和双元性创新之间的相互作用机理；然后，从回任适应的视角，研究工作适应、人际适应和一般适应与知识转移对回任人员双元性创新的影响，分析吸收能力的调节作用，厘清回任适应、知识转移和双元性创新之间的相互作用机理。

5. 跨国公司回任人员知识转移管理策略

根据理论研究和实证研究的结果，从提升回任人员知识转移的意愿—能力—机会、建立知识转移的组织支持机制、加强回任人员的适应管理等方面，提出跨国公司回任人员知识转移的管理策略。

1.3.2 研究方法

1. 文献分析

本书采用文献分析的方法，通过文献资源库，查阅国内外跨国公司、回任人员、知识转移、双元性创新等领域的有关文献，明确跨国公司回任人员知识转移的研究现状，分析归纳跨国公司回任人员知识转移的影响因素，并借鉴有关文献、设计研究中的调查量表，为实证研究提供更为准确的样本数据，保证实证分析的合理性与有效性。

2. 理论研究

本书采用理论分析的方法，结合知识管理理论、人力资源管理理论和创新管理理论，探讨跨国公司回任人员知识转移关键影响因素、知识转移与双元性创新之间的作用关系，并根据 Baron et al.（1986）提出的中介作用检验方法和 Cohen et al.（2003）提出的调节作用检验方法，从理论上，分析知识转移前因、后果及其与知识转移之间可能存在的中介作用和调节作用，以厘清跨国公司回任人员知识转移的机理。

3. 实证研究

运用实证研究的方法，检验跨国公司回任人员知识转移关键影响因素、知识转移与双元性创新之间的作用关系。在实证研究中，以跨国公司回任人员作为研究与调查的对象，首先进行研究变量的操作化，编制问卷调查表，在此基础上进行数据的收集，然后运用 SPSS 19.0 和 Amos 17.0 统计分析软件对数据进行描述统计分析、信度和效度分析，运用层级回归的方法，分析变量之间的直接效应、中介效应和调节效应，并运用拔靴法（Bootstrap Method）检验有调节的中介作用。

第 2 章
跨国公司回任人员知识转移概述

2.1 跨国公司回任人员及知识转移

2.1.1 跨国公司

1. 跨国公司的定义

关于跨国公司的定义尚未形成统一的意见。Ghoshal et al.（1990）将跨国公司定义为经营多个国家或地区的一系列分公司的总和，而这些公司通常对全球各地的环境差异能够敏锐察觉，应付自如。Sundaram et al.（1992）认为跨国公司是在一个统一的决策系统下运作的，并且两个主权实体之间存在交易行为的组织形式。林彩梅（2006）认为一个企业在另一个国家或地区进行经营事业的直接投资，则可被称为跨国公司。曾纪幸等人（1998）则认为跨国公司是企业从事跨国经营活动，且海外的子公司都由位于某地的总部所控制管理的组织形式。联合国在1973年对跨国公司做出如下定义：

（1）由两个或更多个国家或地区的企业组成的组织，无论其法律上的经营活动是否相同。

（2）在同一个决策系统之间的一个或多个决策中心下运作的组织。

（3）这些运营据点彼此联系，一个或多个据点活动将对其他据点产生影响的组织。

虽然不同学者对于跨国公司的定义有所不同，但是对于跨国公司是在两个或两个以上国家或地区从事生产经营活动的观点基本一致。

本书将跨国公司定义为综合利用各个国家或地区的科技人才、资金和知识等，在两个或两个以上的国家和地区之间开展研发、生产和销售等活动的组织形式。本质上，跨国公司是将全球视为一个大市场，而各个国家或地区则在这个大市场中形成了不同的次级市场或区域市场。这里所提到的市场，主要指的是两类市场：一类是产品/服务的产出市场；另一类则是资源要素的投入市场。跨国公司在同时经营不同的市场时，在策略上主要考虑的目标有三个：

（1）达成经济规模而降低成本。

（2）根据各地市场需求的不同提供差异化的产品和服务。

（3）整合各地知识资源，快速相互学习，缩短摸索时间。

而在这三个目标当中，知识整合和相互学习对于跨国公司的运营而言更为重要，与跨国公司能否有效地整合各地的技术资源和管理资源，共同研发新产品，避免各自为政、力量分散息息相关，对于跨国公司的稳定和发展至关重要。

2. 跨国公司的类型

跨国公司根据其决策行为的不同，大致可以分为以下三种类型：

（1）民族中心型公司。民族中心型公司的决策哲学是以本民族为中心，其决策行为主要体现母国与母公司的利益。公司的管理决策高度集中于母公司，对海外子公司采取集权式管理体制。这种管理体制强调公司整体目标的一致性，优点是能充分发挥母公司的中心调整功能，更优化地使用资源，但缺点是不利于发挥子公司的自主性和积极性，且东道国往往不太欢迎此模式。跨国公司发展初期，一般采用这种传统的管理体制。

（2）多元中心型公司。多元中心型公司的决策哲学是多元与多中心，其决策行为倾向于体现众多东道国与海外子公司的权益，母公司允许子公司根据自己所在地的具体情况独立确定经营目标和长期发展战略。公司的管理权力较为分散，母公司对子公司采取分权式管理体制。这种管理体制强调的是管理的灵活性与适应性，有利于充分调动各子公司的积极性和责任感，且受到东道国的欢迎。但这种管理体制的不足在于母公司难以统一调配资源，而且各子公司除了自谋发展外，完全失去了运用公司内部网络发展的机会，局限性很大。在跨国公司迅速发展的过程中，东道国在接受外来投资的同时逐渐培养起民族意识，经过多年的积累和发展，大多数跨国公司的管理体制从以集权和本民族为中心转变为多元中心型。

（3）全球中心型公司。全球中心型公司既不以母公司也不以子公司为中心，其决策哲学是公司的全球利益最大化。相应地，公司采取集权与分权相结合的管理体制，这种管理体制吸取了集权和分权两种管理体制的优点，事关全局的重大决策权和管理权集中在母公司的管理机构，但海外子公司可以在母公司的总体经营战略范围内自行制订具体的实施计划、调配和使用资源，有较大的经营自主权。这种管理体制的优点是在维护公司全球经营目标的前提下，各子公司在限定范围内有一定的自主权，有利于调动子公司的经营主动性和积极性。

2.1.2 回任及回任人员

1. 回任

回任是指驻外人员完成海外派遣任务,返回母国的过程。海外投资的兴盛促使企业在进入国际化进程后,人力资源政策的变革也应运而生。企业针对国际化变革的需求,制订了不同的人力资源规划和管理制度。虽然国际化人才的培养与训练是企业国际化成功的关键,但留住具有国际经验的人才,更是跨国公司人力资源政策的重要一项。跨国公司海外派遣的过程大致可以分为三个阶段,如图 2-1 所示。第一阶段主要是外派人员的遴选与训练,第二阶段是外派任务的执行,第三阶段是外派人员的回任。这三个阶段形成了一个半封闭的回路。

图 2-1 海外派遣的过程

海外派遣的过程以遴选及训练为始,赴任执行海外任务,待任务完成后重新返回国内,并回馈其在海外派遣期间所学到的知识,以构成一个完整的外派程序。尽管一个完整的外派程序应该是从外派人员的选任开始,持续至外派人员的成功回任,然而对于多数跨国公司而言,它们往往比较重视外派人员的遴选、训练以及其在海外执行任务的绩效,而忽略了外派人员的成功回任对企业绩效的重要性。Welch(1994)研究显示,除了一般的人事管理功能外,外派人员的回任问题也是跨国公司重要的人力资源管理实务。根据 Welch(1994)的观点,回任流程大致可以分为四个阶段,如图 2-2 所示。

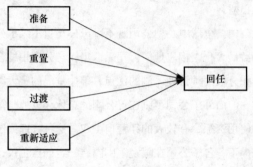

图 2-2 回任流程图

(1)准备。准备阶段包括对预回任人员对将来工作环境、预期职位及薪酬等的期望进行调查，形成预回任人员发展计划书。公司可以向预回任人员提供其在回任后可能的工作计划表，并与预回任人员进行商讨、修订等。公司也可以根据预回任人员的家庭情况对其家庭的转移提供必要的帮助。

(2)重置。在这一阶段，公司要密切关注回任对回任人员个人的影响，多年的海外生活经历会让回任人员在回任初期出现"逆文化冲突"的现象。因此，公司要提供必要的组织支持来处理这种环境转换给回任人员带来的不适应感，以便回任人员能够在短时间内开展新工作。根据 Forster（1994）的研究，全面且人性化地解决回任人员回国后的重置问题，将有效地帮助其减少因不确定性、压力所引起的环境不适应。

(3)过渡。过渡是指在必要时的暂时解决方案。如安排临时住所、学校和其他行政事务等。

(4)重新适应。重新适应是指驻外人员回任后对母国文化的重新适应和应付工作需求的处理。

2. 回任人员

回任人员是指已经完成外派任务的员工。他们拥有第一手特殊文化内容的知识，包括市场消费的特殊性信息，可以协助建立和扩展跨国公司的国际事业。回任人员知道该公司在另一个国家或地区的知名度，且他们是促使公司的业务在各地更进一步开展的全球社会网络的一部分。因此，回任人员在组织学习中扮演着一个无法被取代的角色，他们可以加速知识在母子公司之间的转移。基于此，很多跨国公司都视他们的回任人员为重要的人力资本。Lazarova et al.（2002）指出，在整个跨国公司的回任系统中，回任人员的全球化经验和职业生涯规划是公司关注的两大目标。

回任人员的特殊经历使其相较于母国公司员工而言，有其独有的特征，具体表现为：

(1)拥有丰富的海外知识和经验。回任人员拥有丰富的海外知识和经验，而这些知识和经验往往会对母国公司的发展起到重要的推动作用，母国公司想要获得回任人员这种独特的知识，就需要为此付出相应的报酬。这就使得回任人员与企业之间的关系不同于传统的雇佣劳动关系，回任人员事实上是以其所拥有的海外知识和经验作为资本，成为企业的投资者和合作伙伴。

(2)追求自主性和创新性。受海外文化环境的影响，回任人员通常会希望自己在工作中具有相当大程度的自由度和决定权，他们往往更倾向于自主安排工作方式、工作时间以及地点，而不愿意受制于管理者的安排或制度的约束。

（3）以实现自我价值为目标。有着高等教育背景的回任人员往往并不满足于生理需求和安全需求的被满足，他们更关注自身的社会交际和社会地位是否得到满足，特别注重追求自我价值是否能实现。这些回任人员往往热衷于接受充满挑战性和刺激性的工作，希望通过自己的努力得到他人的尊重和认可，实现自身价值。

（4）敢于挑战权威。长期的海外工作经历培养了回任人员强烈的求知欲以及对真理的极度渴望。这些人通常不崇尚权威，善于独立思考，对事物的发展规律有自己独到的见解，发掘事物本质是他们唯一的信仰，组织中的所谓权威并不能控制和约束他们的行为和思想。

（5）流动性高。回任人员占有海外知识资本这一特殊的生产要素，这就为他们提供了较大的职业选择权，而且他们痴迷于具有刺激性的工作、并且注重实现自我价值的性格，必然导致他们在发现目前的工作没有足够的吸引力或者自我成长的空间不够大时，会毫不犹豫地去寻求新的刺激和挑战，他们更忠诚于自我需求而不是企业需求。

2.1.3 知识及国际知识

1. 知识

知识在《牛津辞典》中被定义为从经验中获得的，且被人类发现、理解并加以学习的状态或事实。Davenport et al.（1998）提出知识是一种流动性质的综合体，其中包括结构化的经验、价值以及经过文字化的资讯。另外，专家的独到见解、为新经验做出的评估和整合以及提供的架构等，也可以纳入知识的范畴。Wiig（2004）对于知识的定义侧重于强调知识在心智模式内的组成要素，主要包括信念、观点、观念、期望、事实、判断、方法论以及实用知识等。张睿（2009）将知识定义为通过学习、训练、模仿、经验和刺激等方式获得的，并经过使用者心智模式的诠释、思考和归纳处理后形成的，用于指导人类决策和行为的信息。

知识不同于传统的人力、物力和资金资源，它是一种特有的资源存在形式，与其他资源相比较，知识具有一些独特的特性：

（1）指数增长性。所有的学习和经验曲线都具有按指数方程增加的特点。许多研究已经证实，随着知识被逐步获取和吸收，可提供的知识基数也在不断增大，而知识基数按比例的不断增大反映到知识总体上，就成了知识总体的指数增长。

（2）动态性。Nonaka et al.（1995）认为传统的知识观是一种静态的、绝对的和非人本的观念，对于组织管理而言并不适用，在组织获得竞争优势的过程中，知识应该是动态的，是不断调整和变化的。关于新旧两种知识观念，并没有对错之分，只是侧重面有所不同。传统的知识观主要强调的是知识的实体特征，而 Nonaka et al.（1995）的观点则侧重于反映知识的过程特性，后者的观点在组织知识管理过程中更为适用。

（3）可分享性。知识能够在分享的过程中得到快速增长，这是知识不同于其他资源的一个非常显著的特性。当知识在若干个单元之间进行分享时，这些单元不但可以获得新知识，而且又能够和另外的单元进一步分享这些知识，并且将问题反馈回来，进行放大和修正，从而大大提高发送者的知识价值，并且使知识总体实现指数增长。

（4）复杂性。知识主要来源于经验，这就决定了知识的默会性、复杂性和粘连性，但同时也决定了知识独特的处理复杂问题的能力。知识并不是一个只能包容少数特定问题的僵硬结构，它强大的可扩展性和包容性使得它能够以复杂的方式处理复杂的问题。

2. 国际知识

关于国际知识的定义，Subramaniam et al.（2001）认为，国际知识是指员工在外派期间获得的关于国际文化、市场、产品、顾客的信息以及难以以一种系统的方式编码或转移的其他市场信息。Oddou（2002）认为国际知识包括认知（广阔的视野、认识复杂性）、关系（社会网络）、态度（求异性、悦纳异己）和行为（跨文化技能、管理技能）。Antal（2000）在对两家德国跨国公司进行几年的追踪调查后发现，回任人员能带回的知识包括五种：显性知识、隐性知识、情境知识、自明知识和关系知识。

本书在以上研究的基础上给出国际知识的定义：国际知识是指跨国公司员工在外派期间获取的关于文化、市场、技能、关系和认知等方面的知识。

2.1.4 回任人员知识转移

1. 回任人员知识转移的含义

知识转移最早由 Teece 于 1977 年提出，他认为跨国技术转移能使企业积累丰富的、有价值的国际知识。那时，知识转移的重点内容集中在企业技术与管理方法的跨国转移。由于有效的知识转移是组织知识管理成果成功改进的关键因素，知识转移也渐渐成为知识管理的重要内容。知识转移可以发生在多个层面，包括个人、团体、部门和组织。目前，国内外不同学者基于不同的研究目的和视角，提出了不同的知识转移定义。比较有代表性的观点如表 2-1 所示。

表 2-1 知识转移的定义

作者	定义
Singley et al.（1989）	将从一个情境中获取的知识如何应用于另一个情境的过程
Gilbert et al.（1996）	知识接收者获取、沟通、应用、接受和消化知识发送方知识的过程
Szulanski（1996）	描述单位（包括个体、群体和部门等）之间的知识流动的过程，在这个过程中，复杂的、模糊的规则在新的情境中被不断地创新和维持
Daveport et al.（1998）	将知识从某一个体或部门转移到其他个体或部门的过程
Verkasolo et al.（1998）	是知识提供者与知识接收者互动的教与学的过程
Hendriks（1999）	是一种知识转移主体之间的沟通过程，这就要求知识发送方应该愿意以讲授、演讲等方式与他人沟通，将自身知识显性化，同时知识接收方也应该愿意通过聆听、模仿等方式向他人学习，并将接收到的新知识内部化
Argote et al.（2000）	一个单位（包括个人、团队和部门等）的知识经验传授给另一个单位（包括个人、团队和部门等）的过程
Garavelli et al.（2002）	一个认知过程，它由编码和通译两部分组成
董小英（2002）	把经过实践检验的有效知识应用到不同情境中，以增加知识产出，并扩大知识应用规模的过程
Joshi et al.（2004）	知识从一个实体扩散到另一实体的过程，这里的实体包括个体、团队或者企业等
Ko et al.（2005）	知识发送者将知识传递给知识接收者，使知识能为知识接收者学习和应用的过程
左美云（2004）	是知识由知识势能高的主体向知识势能低的主体转移的过程
王毅，吴贵生（2005）	是知识从知识源向知识受体传播的过程
李东等（2008）	个体或群体所拥有的有用知识被提升的过程
Wang et al.（2010）	是知识源方的知识共享和知识接收方的知识获取和应用
刘明霞（2012）	知识接收者利用各种媒介，通过与知识发送者的沟通交流获取所需知识，并对知识加以消化、吸收和应用的过程，包括知识共享和知识吸收两个阶段

从表 2-1 可以看出，知识转移的定义可以概括为三类观点：

（1）知识接收者的观点。从知识接收者观点出发，知识转移是指接收者通过获取、消化、吸收和应用知识来弥补自身知识资源的缺口，以提升自身的技能或者核心竞争优势，适应动态变化的环境。知识接收者不仅包括个体，而且还包括团队、组织等。Gilbert et al.（1996）认为知识转移是一个动态的过程，是组织不断学习过程中的一部分，是指知识接收者采用、接受和同化知识发送方知识的过程。刘明霞（2012）认为知识转移是知识接收者借助各种媒介，通过与知识发送者的互动获取所需知识，并加以吸收、应用、发展与创新的过程，包括知识共享和知识吸收两个阶段。这种定义强调知识接收方的知识接受和应用作用。

（2）知识提供者的观点。就知识提供者观点而言，知识转移是指知识源方将自身获取和创造的知识分享给他人。Joshi et al.（2004）认为知识转移是知识从一个实体扩散到另一实体的过程，这里的实体包括个体、团队或者企业等。Argote et al.（2000）指出知识转移是指一单位（包括个体、团队和部门等）的经验传授另一单位（包括个体、团队和部门等）的过程。左美云（2004）认为知识转移是知识势能高的主体向知识势能低的主体传授知识的过程。Ko et al.（2005）认为知识转移是知识发送者将知识传递给知识接收者，使知识成为知识接收者学习和应用的过程。王毅和吴贵生（2005）指出知识转移过程就是知识从知识源向知识受体传播的过程，在这一过程当中会涉及四类要素，即知识源、知识受体、转移的知识以及知识源及其受体之间的距离。这些定义强调知识源方在知识转移过程中的知识传递作用。

（3）提供者与接收者间互动的观点。Szulanski（1996）认为知识转移是指组织成员间的知识流动，即知识提供者与知识接收者间的交换。他认为影响知识转移的因素主要有知识本身的特性、知识提供者特性、知识接收者特性以及知识接收者与知识提供者之间的情境。Verkasolo et al.（1998）也主张知识转移过程中互动的重要性，认为知识转移是知识提供者与知识接收者互动的教与学的过程。知识提供者要有意愿分享知识给知识接收者，知识接收者也要有意愿参与学习以解决问题。Hendriks（1999）基于沟通理论对知识转移进行了界定，认为知识转移实质上是知识转移主体之间的沟通过程，这就要求知识发送方应该愿意以教授、演讲等方式与他人沟通，将其自身知识显性化；同时，知识接收方也应该愿意通过聆听、模仿等方式向他人学习，并将接收到的新知识内部化。此外，Garavelli et al.（2002）也认为知识转移本质上是一个认知的过程，它由编码和通译两部分组成。

综上所述，知识转移不单是一个简单的知识传递过程，还是知识的消化、吸收和再利用的过程。知识转移不同于知识共享。知识转移涉及知识源的知识分享和知识接收者的知识获取和利用。知识转移主要用来描述不同单位、部门或者组织之间的知识活动。知识共享主要描述个体层面的知识活动。此外，知识转移包含了知识共享的内容。基于此，本书将回任人员的知识转移定义为，回任人员与母公司内部成员在特定情境下通过合适的知识转移渠道相互传递知识，并对知识加以吸收、应用、发展和创新的过程。

回任人员的知识转移具有不同于一般知识转移的特点。①知识转移的内容不同。回任人员的知识转移内容是国际知识,国际知识不同于一般知识,具有价值高、隐性程度高、不可替代性高等特点,以派驻地文化、生活习惯、工作方式和市场环境为嵌入载体,难以脱离这些载体而孤立地转移。②知识转移的情境不同。回任人员的知识转移情境不同于一般的知识转移情境,在回任情境中,为了快速适应母公司环境,回任人员需要经历再社会化的过程。③知识转移的研究对象不同。一般知识转移以研究组织层面为主,明晰知识转移各阶段组织的学习内容;回任人员知识转移主要研究对象是个体,解释个体知识转移行为及其互动。

2. 回任人员知识转移的维度

关于所转移知识的类型,按维度划分的数目不同可以分为二维度、三维度、四维度、五维度和五维度以上。最常见的是 Polanyi(1962)提出的二维度划分,即显性知识转移和隐性知识转移。Spender(1996)将知识转移划分为个人和社会两个纬度。Hansen et al.(1999)认为知识转移可以分为转移意愿和转移难度两个纬度。Nelson et al.(1982)将组织知识转移划分为个人知识转移、群体知识转移、组织知识转移三个维度。Pavel et al.(2006)提出了一个基于知识转移渠道、知识转移动机和知识转移能力的知识转移模型,认为知识转移渠道、知识转移动机和知识转移能力是知识转移的三个维度。Liao et al.(2004)的研究将知识转移划分为转移分享组织知识、团队交流、程序交流三个维度。Kogut et al.(1993)将知识转移划分为个人、团体、组织和组织间领域四个维度。Winter(1987)将知识转移划分为"明晰—默会""使用中可观察—不可观察""简单—复杂"和"系统独立—系统依赖"四个维度。另外,Black(2002)将知识转移划分为联系的频率、联系的双向性、人际关系强度、接收者对发送者的态度四个维度。Fink et al.(2005)认为回任人员能够获取的知识,包括与市场相关的知识、个人技能、与工作相关的管理技能、网络知识、通用的管理知识五个维度。Antal(2000)认为回任人员的知识包括五种类型:显性知识、隐性知识、情境知识、自明知识和关系知识。

从已有研究可以看出,现有知识转移的分类多从知识类型和知识活动本身的视角展开,回任人员知识转移实质是回任人员把在国外获取的知识向企业内部进行知识转移的过程。本书一方面根据 Knudsen(2007)、周丹等人(2011)对企业资源的划分,结合知识的相似性与使用性,将跨国公司回任人员的知识转移分为互补性(Complementary)知识转移和辅助性(Supplementary)知识转移;另一方面,根据所转移知识的类型,将跨国公司回任人员的知识转移分为显性知识转移和隐性知识转移。

(1) 互补性知识转移和辅助性知识转移。

互补性知识转移是指回任人员所转移的知识是企业不曾拥有的,属于企业现有经验领域之外的,但能有效地与企业现有资源进行整合。互补性知识转移可以弥补企业内部知识的空缺,强调知识转移过程中企业所获取的知识资源与原有知识资源之间的差异性。同时,企业内部人员可以通过"干中学""用中学"等方式,将获取的互补性知识通过整合和重组实现价值的快速创造。正如 Buckley et al.(1999)所提出的,跨国公司母子公司内部不同类型的互补性知识通过不同的组合方式可以创造价值。因此,回任人员的互补性知识转移可以为企业带来新的技术、技巧和市场知识,促进企业的知识协同,实现探索性创新。

辅助性知识转移是指回任人员所转移的知识是企业本身所拥有的,是与企业现有的经验领域相匹配的。辅助性知识转移强调回任人员所提供的知识与母公司原有知识之间的相似性,即回任人员所转移的知识,通常是企业可以直接使用的,所以企业涉及的学习行为较少。通过辅助性知识转移,一方面,企业获取了与现有知识基础相似的资源,有利于企业提高原有知识的专业水平,提高内部专业化程度或效率;另一方面,企业获取的相似资源有利于形成规模经济,降低内部开发成本,节省相关费用。因此,辅助性知识转移过程增强了内部资源的专业化程度,实现规模经济;或者是通过获取相似性资源,使得外部资源与内部资源形成高效率的资源协同。

(2) 显性知识转移和隐性知识转移。

根据性质的不同,可以将知识分为显性知识和隐性知识两种类型(Brown et al., 1998; Dutta et al., 1997; Rubenstein-Montano et al., 2001)。显性知识(Explicit knowledge)是指经过人的整理和组织后,可以编码化和度量,并以文字、公式、计算机程序等形式表现出来,便于其他人学习和掌握的知识。例如,以专利、科学发明和特殊技术等形式存在的知识。隐性知识(Tacit knowledge)是指以人为载体,难以编码化、文字化和公式化的经验知识,很难通过常规方法收集和传播。因此,根据回任人员所转移的知识类型,可以将知识转移分为显性知识转移和隐性知识转移。显性知识转移是指回任人员的显性知识向母公司及母公司人员的转移,隐性知识转移是指回任人员的隐性知识向母公司及其母公司人员的转移。

2.2 跨国公司回任人员知识转移模型

根据国内外已有研究成果,结合国际知识的特征和对多个跨国公司进行调研访谈的结果,本书认为跨国公司回任人员的知识转移具有知识发送方(回任人员)、知识接收方(母公司)、转移内容(国际知识)和转移机会四个基本要素。每个基本要素都有自身的特性:回任人员的特性是知识发送能力和知识发送动机,母公司内部成员的特性是知识接受能力和知识接受动机,国际知识的特性是隐性程度和特定程度,转移机会的特性是知识转移情境和转移渠道。据此构建的跨国公司回任人员知识转移模型如图2-3所示。

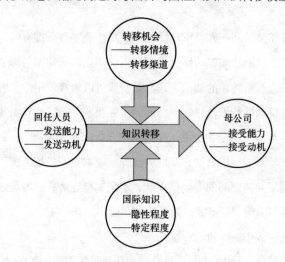

图 2-3 跨国公司回任人员知识转移模型

2.2.1 回任人员的特性

1. 回任人员知识发送能力

跨国公司回任人员知识发送能力影响母公司接受国际知识的数量和质量。回任人员知识发送能力受到职权、职责、专家权和社会网络等因素的影响。

(1)职权。职权是指任职者从该职位的等级或头衔中获得的一种权力,是职务范围以内的一种权力。回任人员从所在职位的等级或头衔中获得的权力能够影响知识转移。知识转移是建立在人际网络的基础上,回任人员在母公司有较高的职权,其在组织中的威信和影响力就较大,知识转移也显得非常容易。拥有较高职权的回任人员能够自主决定转移知识的类型、时间和方式。职权具有带动和辐射作用,回任人员可以通过职权引导和影响下属对某种知识和信息的关注和需求。Antal(2000)认为回任人员职权对知识转移有显著的影响。因此,回任人员在母公司的职权越大,转移知识的可能性越大。

(2)职责。职责是指回任人员在其工作岗位上应承担的义务和责任。Wiig(2004)认为回任人员需要机会或平台充分利用其智力资本,给他们安排一个合适的岗位是一个重要的途径。Antal(2000)研究发现,若母公司提供的岗位职责与回任人员的外派任务不一致,这会降低回任人员的工作热情和斗志,回任人员从外派经历中获取的国际知识得以充分转移和利用的机会较小。若母公司提供的岗位职责与回任人员的外派任务一致,这会使回任人员感受到被公司重用,从而激发回任人员工作的积极性和主动性,回任人员从外派经历中获取的国际知识也在职责履行的过程中得以转移。因此,回任人员国际知识的充分转移,关键在于人岗匹配,即将回任人员安排在有助于其知识和能力得以发挥的重要岗位上,让其有相应的职责来充分转移和利用其国际经验和知识。因此,回任人员的职责与其外派任务的相似性越大,知识转移的可能性越大。

(3)专家权。专家权是指个体因为掌握某一领域的专业知识或专业技能,或者在这个领域里具有丰富的实践经验,从而具有这个领域的话语权,这种话语权能够影响组织内部其他成员获取知识的意愿。专家权可以通过说服、咨询和赢得统一等方式对他人产生影响。回任人员在外派期间成果突出,贡献很大,积累了不少关于企业国际经营管理实践和关键技术难题解决等方面的知识和经验。当回任人员熟悉和掌握了有价值的国际知识时,母公司成员会把他当成该领域的专家,会信任、服从和支持他,经常向其咨询和讨教与工作任务相关的知识,国际知识也就在这种咨询和讨教过程中得以充分转移。因此,在一定知识领域拥有专家权的回任人员在母公司内部转移知识的可能性大。

(4)社会网络。社会网络反映了个体在组织内部构建的个人关系网络,这种关系网络对知识在部门内部或跨部门的流动有重要的作用。社会网络能够通过个体之间频繁的互动来促进知识尤其是隐性知识的转移。个体与社会网络各层保持紧密联系有助于获取和传授知识。Saxenian(1996)明确提出发展中国家和地区的技术学习与以跨国人际流动为载体的知识传播有直接关系,他认为跨国人员流动是我国台湾新竹与美国硅谷形成联系的"生命线",正是回任人员及其人际关系网络,为我国台湾计算机制造业发展提供了低成本知识,使之迅速崛起。回任人员所构建的社会网络决定了国际知识在母公司内部的被传播和被利用程度。因此,回任人员建设社会网络的能力越强,回任人员转移知识的可能性越大。

2. 回任人员知识发送动机

知识转移的成功仅靠回任人员的知识转移能力远远不够，还必须有激发他们最大限度地发送知识的动机。本书认为激发回任人员知识发送动机的因素主要有两个：职业考虑和组织承诺。

（1）职业考虑。母公司除了给回任人员安排合适的职位外，还需要对其薪酬、工作内容、晋升通道有明确的规定，此外，还要为其提供与职业考虑相匹配的培训机会，以满足回任人员职业生涯发展的期望和需求。职业发展平台或机会是回任人员转移知识的内在动机因素。姜秀珍等人（2011）指出，组织若想驱动回任人员转移知识，就必须提供与外派人员个人职业生涯需求一致的职业发展机会，鼓励回任人员将学习到的国际知识转移给组织。Lazarova et al.（2005）认为，企业为回任人员所提供的职业发展机会与其职业目标越匹配，回任人员转移知识的动机就越强烈。因此，回任人员职业考虑与组织提供的职业机会密切匹配时，回任人员转移知识的可能性大。

（2）组织承诺。组织承诺是指个体对组织的情感依附、对组织的信仰、对组织价值观和目标的认同。具有组织承诺的个体愿意为组织的生存和发展做出贡献。组织承诺显示了个体的集体主义思想和利他主义思想。个体的组织承诺较强，反映了个体非常认同和接受组织目标和价值，对组织有强烈的归属感和责任感，将知识转移给组织的动机就强。研究表明，对于为完成组织目标付出了更多时间和精力的个体，如果组织通过权力赋予来显示对其的信任，个体将以加倍的努力和热情为组织服务。因此，回任人员的组织承诺越强烈，转移知识的可能性就越大。

2.2.2 母公司人员的特性

1. 知识接受能力

知识转移的成功除了受到回任人员知识发送能力和知识发送动机的影响外，还受到母公司内部成员的知识接受能力和知识接受动机的影响。跨国公司回任人员知识的成功转移取决于母公司的知识接受能力，而母公司的知识接受能力又与母公司员工的知识学习倾向以及母公司将知识整合到实践过程中的能力即吸收能力密切相关。

（1）学习倾向。学习倾向是学习型组织的特点，包括持续改进、容忍错误、鼓励实验、自主工作和乐于接受新观念等，反映了母公司内部成员学习国际知识的态度和意向。组织创建开放式的学习环境，鼓励内部成员接受新观念和新想法，有助于吸收丰富多样的知识。学习倾向能影响母公司内部成员学习国际知识的积极性，影响成员接受回任人员新知识和新想法的行为和态度。由于市场、环境和技术的动态性，跨国公司只有对新市场、新技术保持较高的敏感性，才能在全球竞争中处于有利地位。母公司内部成员的学习倾向较高，有利于创新性的组织学习氛围形成，这为回任人员国际知识的转移提供了良机。另外，具有较高学习倾向的母公司内部成员，其知识更新、接受新想法的自主性比较强烈，能通过主动与回任人员沟通和交流来学习和吸收国际知识。因此，母公司内部成员的学习倾向越大，回任人员知识转移的可能性越大。

（2）吸收能力。吸收能力的概念由 Cohen et al.（1990）首次提出，是指企业对获取的外部知识进行识别、评估、理解并最终应用于商业目的的能力。吸收能力反映了组织成员消化并利用知识的能力。反映企业知识吸收能力的因素有两类：先验知识（相关领域的通用知识、解决问题的基本技能、先前学习经验和共同语言）和内部机制（通信结构、组织内部专业知识的特点和分配）。这两类因素在企业内部以结构和惯例的形式存在。这些结构和惯例既可以是正式的，也可以是非正式的；既可以是政策和程序，也可以是跨国项目和任务小组、回任报告。这些结构和惯例是知识从发送者转移到接收者的媒介，其中正式结构对显性知识转移非常有用，非正式的惯例如自发式沟通对于隐性知识转移非常有用。因而知识转移活动结构和惯例能够促进知识转移成功。因此，母公司知识吸收能力越强，回任人员知识转移的可能性越大。

2. 知识接受动机

与回任人员一样，母公司需要动机来提高接受回任人员国际知识的热情。感知知识的价值、母公司内部成员的全球思维和领导者的协同管理方式是激发母公司内部成员的知识接受动机的重要因素。

（1）知识价值。知识价值是指提供方发送的知识与接收方需求的知识之间的相关性程度。知识提供方的知识存量潜在价值越大，知识接收方也就越有可能接受和使用该知识。Gupta et al.（2000）的研究指出，知识提供方的知识优势越明显，知识接收方接受知识的动机越强。一般来说，母公司内部成员对某种知识和经验的依赖性越强烈，那么获取知识的动机越强烈。回任人员在外派期间获得的知识与母公司需求的知识相关性程度越高，母公司内部成员感知知识的价值会越大，接受回任人员的知识的动机会越强烈。因此，当母公司内部成员感知回任人员的知识价值越大时，回任人员知识转移的可能性越大。

（2）全球思维。全球思维是一种与全球化浪潮和国际通则相适应的思维方式和价值观念，它描述了个体对市场多样性的开放性程度和认知、处理能力，能够影响个体对于复杂环境中所含信息的感知能力。具有全球思维的个体，视野广阔，尊重和珍惜文化差异,思维和处事态度开放,容易接受先进的管理思想和观念。回任人员在外派经历中积累了相关领域的知识、技术和国际管理经验,优化了自身知识结构。母公司内部成员应具有全球思维,开放地接受回任人员的知识。Paul(2000)认为具有全球思维的个体通过建立网络关系来共享知识和识别关键资源。当母公司内部成员拥有全球思维时,将会积极主动地在母公司内部传播和转移回任人员的国际知识。相反,若母公司内部成员缺乏全球思维,不会主动追求和获取回任人员的国际经验和知识,甚至漠视和排斥回任人员的国际知识,回任人员的国际知识也难以实现最佳转移。因此,母公司内部成员的全球思维水平越高,回任人员知识转移的可能性越大。

(3)协同管理方式。协同管理就是将企业的各种资源(人、客户、财物、信息、流程)关联起来,使之能够为了完成共同的任务或目标而进行的协调运作,通过对有限资源的最大化开发利用,实现这些资源的利益最大化,消除在协作过程中产生的各种壁垒和障碍。Oddou et al.(2009)认为部门领导者的管理方式能促进或阻碍回任人员的知识转移。Politis(2001)研究表明领导者的协同管理方式能促进个体层面和组织层面的知识转移。Oddou et al.(2009)认为,那些重视回任人员的国际知识并注重与其他部门协同合作的领导者,为回任人员知识转移奠定了基础。因此,领导者管理方式的协同程度越高,回任人员知识转移的可能性越大。

2.2.3 国际知识的特性

1. 隐性程度

按照知识的可表达程度,国际知识可以划分为显性知识和隐性知识。隐性程度决定了国际知识在转移过程中的难易程度。Zander et al.(1995)指出知识转移过程会受到知识的可成文性、可教导性、复杂性和系统依赖性的影响,认为知识的隐性特征是阻碍知识转移的重要因素。显性知识易于表述或成文,Cummings et al.(2003)指出知识的可表述性越好,知识转移成功的可能性越大。回任人员的国际隐性知识嵌入在东道国的语言和文化、子公司的日常结构和惯例中,使得知识的表达和理解更加困难,知识在不同语种或国家文化的个体之间转移不通畅。因此,知识的隐性程度越大,回任人员国际知识转移的难度越大。

2. 特定程度

按照知识的特定程度,国际知识可以划分为通用知识和特定知识。特定程度决定了国际知识在转移过程中的难易程度。通用知识的可编码性强，容易被编成教材供人学习，在不同个体之间转移比较容易；特定知识具有较强的情境依赖性，与东道国产业政策、消费者特性、当地企业网络等交织在一起，复杂程度大大增加，这种知识在母公司内部成员之间转移就变得困难重重。因此，知识的特定程度越大，回任人员国际知识转移的难度越大。

2.2.4 转移机会的特性

1. 转移情境

转移情境是指知识转移过程中回任人员与母公司内部成员之间的关系质量、文化差异和知识距离。

（1）关系质量。关系质量是指回任人员与母公司内部成员之间关系的强弱程度。弱关系导致双方接触和交流减少，阻碍知识转移的顺利进行；强关系增加双方接触和交流的机会，促进知识转移的顺利进行。建立强关系的基础是知识转移双方之间的信任。信任能减轻甚至消除回任人员对国际知识的保护意识，使回任人员不再防备母公司其他成员的机会主义行为。信任的创造取决于两个因素：个人信任倾向和感知对方的可信度。个体感知对方与自身相似的地方越多，那么越容易产生信任并交换信息。国际隐性知识的转移需要参与方经常进行互动，而成功的互动取决于双方的信任程度。当回任人员成功社会化，即在价值观、生活习惯和处事风格等方面与母公司内部成员相似时，双方的信任关系将得以建立，国际知识在双方频繁的互动过程中顺利转移。因此，回任人员与母公司内部成员的关系质量越好，知识转移的可能性越大。

（2）文化差异。文化差异是指回任人员在东道国子公司的文化与母公司文化之间的差异程度。母公司和子公司所在的国家或地区都有其独特的文化特征，这一特征决定了母公司和子公司成员有着不同的行为方式、思维方式以及解决问题的方式，由此形成了母公司和子公司之间的文化差异。回任人员在外派任务中接受了子公司文化的熏陶，导致归国后不能立即适应母公司的社会文化环境，甚至会加重与同事和家庭成员的冲突，增加挫败感，这称为"逆文化冲击"。任何知识转移活动都有特定的文化背景，母公司和子公司之间的文化差异往往会使回任人员遭受逆文化冲击，对回任人员知识转移产生消极影响，进一步导致回任人员知识转移的不畅和组织学习效率的下降。母公司和子公司的文化差异越小，回任人员与母公司成员越有着类似的认知、情景和行为，国际知识转移的难度将越小；母子公司之间的文化差异越大，回任人员经历的文化冲击会越大，知识转移的难度越大，对知识转移的负面影响也更为突出。因此，文化差异与回任人员的知识转移呈负相关关系。

（3）知识距离。知识距离是指回任人员与母公司成员所拥有的知识水平和知识含量之间的差距。组织学习产生的一个重要条件是知识提供者与知识接收者双方的知识距离不能太大，这是因为双方的知识距离过大会导致双方之间学习的中间环节明显增多，知识转移的难度加大。知识距离对知识转移的影响是双重的。知识距离由知识深度和知识宽度两个维度构成。知识深度是指知识转移双方在某一领域内存在知识水平差距，反映了双方的知识基础或先验知识的高低水平。知识宽度是指由知识转移双方之间所拥有的知识的多样性而产生的知识结构上的差异。知识转移双方知识深度距离过大，双方沟通交流困难，知识提供者无法在知识转移过程中了解知识接收者的需求与障碍，导致知识提供者即使有再多的知识内容和再高的转移意愿，知识接收方难以接收和吸收知识；相反，知识深度距离较小，双方沟通容易，甚至无须太多言语即可了解知识接收者的学习需求，知识转移效率高。若双方的知识宽度距离较大，表明双方的知识在结构方面存在很大的互补性，可供交换的知识种类较多，双方进行知识转移的动机很强，知识转移的可能性越大；相反，若双方的知识宽度距离较小，双方可供互补的知识较少，因而转移的动机较低，知识转移效率也低。在跨国公司回任人员知识转移的过程中，回任人员和母公司成员之间的知识距离与知识转移成倒 U 形关系。回任人员与母公司成员之间只有存在一定的知识距离，才会产生转移知识以补充自身知识基础的需要。但知识距离不应太小或太大，知识距离太小会导致双方可供交换的知识太少，知识转移机会较小；知识距离太大，会导致双方知识学习过程较长，知识转移的难度加大。

2. 转移渠道

回任人员知识转移渠道的选择与国际知识的特性密切相关。国际知识的特性决定了知识转移渠道。

合适的知识转移渠道是回任人员成功转移国际知识的关键。不同特性的知识，其转移渠道也不相同。例如，高度隐性知识嵌入回任人员的思想和观念中，无法通过技术和工具直接转移，回任人员与母公司内部成员以培训或讲座的形式开展频繁的沟通和交流才能实现隐性知识最大化的转移。知识转移渠道主要分为两种类型，即人际渠道和技术渠道。

（1）人际渠道。人际渠道是指知识转移双方通过正式和非正式的面对面的沟通交流和互动讨论等方式来进行知识转移，如采用培训、会议、师徒制等方式进行知识转移。当国际知识的隐含性较高时，无法以文件资料、数据图表等形式转移所有内容，人际交流、会议研讨、双方面对面对谈、在职培训、师徒制等可能是比较有效的转移方式。Bennett et al.（1999）建议，高度隐性知识的转移需要通过对话和在职培训等方式才能实现有效转移。人员的沟通以直接对话和当面讨论最为有效，而文档传递内容必须清楚具体，才能使学习者准确理解和把握。因此，人际渠道对高度隐性或复杂特定的国际知识转移的作用更加明显。

（2）技术渠道。技术渠道是指知识转移双方利用信息技术、网络、纸质介质或采用一些辅助性工具来充当知识共享与转移的媒介，例如利用信息系统、电子知识库、技术手册、出版物、微博等来进行知识转移。显性知识一般通过文字来表达，也可以借助具体的文件数据、科学公式、标准化程序进行沟通与分享，但可能有无法阻止的知识溢出效果的发生。技术渠道对显性或通用的国际知识转移的作用更加明显。

2.3 跨国公司回任人员知识转移过程及其特点

2.3.1 跨国公司回任人员知识转移过程

已有研究从不同的角度提出了知识转移过程。Gibert et al.（1996）提出将知识转移过程分为五个阶段：知识获取、交流、应用、接受和同化。Szulanski（1996）提出知识转移过程模型，并将知识从源单元到接收单元的转移过程分为四个阶段：初始阶段、实施阶段、调整阶段和整合阶段。Lam（1997）在 Szulanski 的知识转移过程模型的基础上，指出知识内嵌在文化、沟通方式、业务流程等特定的情境之中，难以脱离这些情境而孤立地转移，他认为知识转移过程包括四个阶段：开始阶段、执行阶段、蔓延阶段和整合阶段，且这四个阶段均是在一定的知识转移情境下执行相应的知识转移任务。上述文献为研究回任人员知识转移过程奠定了理论基础。但这些研究成果并不能描述知识转移在回任情境中的展开过程，也不能详细说明各参与者在这一过程中的具体作用。为了充分利用回任人员的国际知识，更合理地描述回任人员的知识转移过程，本书在一般知识转移过程研究的基础上，借助关键事件法，提出了跨国公司回任人员知识转移过程，如图 2-4 所示。

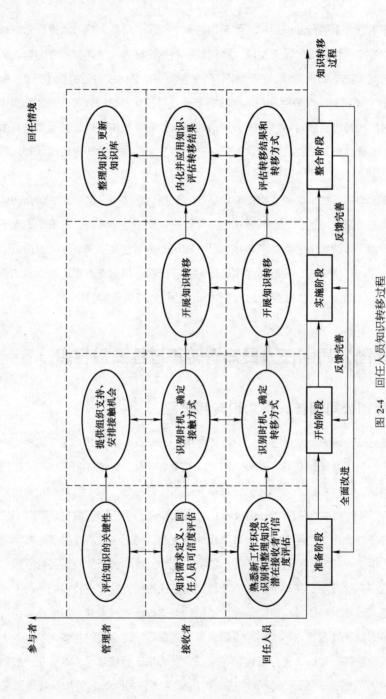

图 2-4　回任人员知识转移过程

从图 2-4 可以看出，回任人员知识转移过程分为准备阶段、开始阶段、实施阶段和整合阶段四个阶段，四个阶段循环迭代，形成闭合环路。回任人员、接收者、管理者是主要参与者。各参与者在各阶段有各自的参与任务和目标。其中，回任人员在整个知识转移过程中起主导作用。回任人员知识转移过程是一个循环往复的动态迭代过程，即尝试——满意——重复的过程。也就是说，对知识转移尝试评估结果的满意度影响后续阶段的知识转移行为，尤其是影响潜在接收者接受回任人员知识的开放性。

1. 准备阶段

在准备阶段，回任人员的任务主要集中在三方面：①熟悉新工作环境。在海外派遣期间，参与知识转移双方都经历了较大的变化。一方面回任人员得到了成长和发展，其看问题的视角、思维方式、处理事务的能力发生了变化，与母公司内部成员产生差异；另一方面，母国和母公司也经历了日新月异的变革和发展。如果知识转移双方没有事先了解这些变化，很可能会影响后续阶段的知识转移进程。因此，在准备阶段，回任人员需要参加母公司组织举办的各种集体活动，充分认识和了解母公司内部成员的个性、知识和能力等特点，以便回任人员制订各种应对计划或策略，为后续阶段双方信任关系的建立奠定基础。此外，回任人员还需熟悉母公司的价值、规则和信仰，适应和再适应母公司的规范。②识别和整理知识。回任人员从外派任务中获取和积累的知识类型复杂多样，包括市场知识、技术知识和管理知识，但这些知识并非都是母公司经营发展所必需的，对母公司的作用价值也是有区别的。因此，回任人员需要评估各类知识对于母公司经营发展的作用价值。这可以根据母公司以往的知识获取经验，也可以根据解决具体问题的新颖性和相关性，将知识进行分类，并以一定的载体呈现出来，降低后续阶段知识转移的不通畅性。③评估潜在接收者的可信度。可信度的评估对回任人员转移非技术类知识（如个人经验和想法）非常重要。如果回任人员对潜在接收者的感知信任度高，则回任人员知识转移成功率高。相反，如果回任人员缺乏对潜在接收者的感知信任，则回任人员知识转移很有可能失败。因此，回任人员需要对潜在接收者的可信度进行评估。可以基于以往外派前或者回任期间的合作绩效和信誉来评估潜在接收者的可信度。

回任人员知识的接收者可以是同事和下属。接收者首先要确定自己的知识需求，接着对回任人员可信度进行评估。成功的知识转移是由于回任人员的知识是接收者所需要的，且接收者信任回任人员。相反，失败的知识转移一般是由于回任人员的知识与接收者需要的知识不匹配，或者即使匹配，但接收者缺乏对回任人员的信任。接收者可以根据回任人员在回任期间和外派前的成果和信誉来评估其知识需求的匹配性及可信度。

在此阶段，管理者的主要任务是评估回任人员知识的关键性。管理者是回任人员知识转移开始的"推进器"，他对知识作用价值的评估被视为重要的、不可或缺的行为。管理者对知识的作用价值的评估意味着组织重视回任人员从外派任务中获取的国际知识。

2. 开始阶段

开始阶段的主要任务是构建回任人员知识转移的推动机制。在该阶段，回任人员的任务是识别知识转移的合适时机。为了成功转移技术知识，回任人员需要将知识在合适的时机转移给合适的人。这意味着回任人员需要有足够的耐心找寻潜在接收者，并等待合适时机的出现，而不是将知识强加给母公司内部的潜在接收者。同时，回任人员也要确定合适的转移方式，例如，与更多的潜在知识接收者开展非正式互动，强化双方的关系，通过面对面的方式进行知识的转移。

当接收者知晓了回任人员的可信度及其知识的关键性后，接收者也需要识别知识转移的合适时机和接触方式。首先，接收者可以以解决具体问题为由接近回任人员。例如，回任人员的同事为了着手解决近期的项目问题而接近回任人员。一般而言，为了节约项目完成的时间，接收者比较愿意接收回任人员的显性知识。其次，接收者可以采用更多的非正式沟通方式咨询回任人员的海外经验。

在此阶段，管理者对回任人员知识的促进作用主要以两种方式展开。首先，管理者可以为回任人员安排合适的工作任务，这样有助于回任人员海外经验的充分应用。一般而言，管理者给安排的工作任务与回任人员知识的匹配度越高，回任人员知识转移成功的概率越大。其次，管理者可以邀请回任人员将在国外解决和处理具体问题的诀窍和经验通过合适的方式传授给母公司潜在接收者。

3. 实施阶段

在实施阶段，回任人员与知识接收者开展具体的知识转移。回任人员在知识转移的实施过程中需要注意两个方面：首先，接收者的吸收能力是有限的。因此，回任人员转移给接收者的知识量并不是越多越好，也无须将所有的知识全部转移给接收者。回任人员需要按照接收者吸收能力的大小来转移合适的知识量。其次，不同的接收者有不同的接受能力。针对不同的接收者，回任人员选择的知识转移方式也各不相同。例如，对于知识接受能力弱的接收者，回任人员可以通过开展工作培训来转移显性知识。回任人向接收者转移知识是一个渐进的过程，这取决于他们对早期知识转移尝试的有效性的感知。因此，回任人员知识转移不能一蹴而就，而是一个循序渐进的过程。此阶段的结果直接影响后续阶段知识转移的尝试。

接收者预期需要的满足是知识转移成功的关键。接收者对回任人员知识的接受也是一个逐步的过程。接收者愿意在每个知识转移尝试中一点一滴地接受知识。随着时间的推移，根据回任人员知识的价值大小和成功应用于任务情境中的次数，接收者对回任人员知识的认可度和接受度将提高。回任人员知识的价值在任务情境中的体现是激发接收者接受回任人员知识的动机因素。

因此，在此阶段，回任人员的知识转移能力以及知识接收者的知识吸收能力和动机是回任人员知识转移成功的关键。如果回任人员知识转移方式恰当，且母公司内部的知识接收者的吸收能力强，并意识到回任人员知识的未来价值，则知识转移顺利。相反，如果回任人员没有选择恰当的知识转移方式，且母公司内部知识接收者也没有学习知识的倾向，回任人员即使成功适应环境，成为组织内部成员，知识也难以被转移。

4. 整合阶段

在整合阶段，对知识转移的结果和方式进行评估。回任人员对上一阶段的知识转移结果进行评估，决定了后续的知识转移。如果知识被成功应用于新情境中，不考虑任何报酬和补偿的情况下，回任人员会高度满意。相反，如果知识转移不成功，由于接收者拒绝接受新知识，回任人员接下来会有三种回应：一是以后不再进行知识转移的尝试；二是有选择地知识转移，如仅与之前成功接受知识的接收者合作；三是继续转移知识的尝试。在这一阶段，回任人员对知识转移的坚持起关键作用。回任人员在此阶段的另一重要任务是对知识转移的方式进行评价，尤其是对成功的知识转移尝试进行评估。回任人员评价知识转移尝试是为了增加知识转移成功的可能性。

在此阶段，接收者主要关注知识应用的情况。当转移的知识能够被接收者内化并再造新知识，或者改进现有知识面、技能和能力时，知识转移尝试是成功的。另外，当转移的知识应用于新情境的作用明显时，接收者对知识转移的评估结果将是正面的。这将影响接收者对后续知识转移尝试的开放性和动机。

在此阶段，管理者的主要任务是整理回任人员的知识，邀请他们撰写心得和体会，通过外化使知识上升为组织层面，将新知识与原有知识不断融合，不断更新组织的知识库。

2.3.2 跨国公司回任人员知识转移过程的特点

为了更准确地反映回任人员知识转移情境，本书在一般知识转移过程的基础上，通过关键事件法提出了回任人员知识转移过程。此过程具有以下两方面的特点：

1. 将成熟的关键变量与知识转移过程相联系

研究结果显示回任人员知识转移过程取决于参与者动机、能力和互动的机会。该研究结果与以往研究结果一致。以往研究主要关注回任人员知识转移成功的关键变量（Kostova，1999；Huang et al. 2013）。例如，Blumberg et al.（1982）提出了知识转移动机—机会—能力（MOA）的工作绩效模型。本书提出的回任人员知识转移过程，各变量的相对重要性随着参与者在各阶段中的作用变化而变化。主要内容如下：

回任人员在四个阶段更关注能力而非动机。在准备阶段，强调回任人员有能力适应环境并评估国际知识的价值和接收者的可信度。在开始阶段，强调回任人员有能力进行社会互动并识别知识转移的合适时机。在实施阶段，强调回任人员有能力理解如何实施实际的知识转移。在整合阶段，强调回任人员有能力根据以往知识转移尝试转换知识转移方式。这些研究发现证实了以往研究提出的回任人员知识转移能力在知识转移过程中的关键作用，这是因为回任人员愿意不求回报地付出时间和精力来促进知识成功转移。正如 Oddou et al.（2013）在研究中提出，无偿从事知识转移活动对回任人员来说是一件正确的事情。由于回任人员拥有丰富的国际知识，为了获得同事或下属的认可和尊重，结识更多的伙伴，他们有强烈的动机将知识分享给母公司内部成员。因此，为了激发母公司内部成员快速地接受其知识，促进知识成功转移，回任人员更关注如何提高自身的知识转移能力。

感知信任在准备阶段对于提高母公司知识接收者的动机最为重要。虽然知识接收者已经了解回任人员知识的重要价值。但是，如果知识接收者缺乏接受知识的动机，回任人员知识转移过程将难以继续。由于潜在知识接收者不了解回任人员的国际知识的价值，因此，回任人员需要向接收者阐明知识价值所在，以增强潜在接收者的知识接受动机。另外，回任人员的可靠性，尤其是其可信度、知识转移经验和专家状态同样影响接收者的知识接受动机。这是因为回任人员的这些信任维度直接影响接收者对知识价值的感知。尽管回任人员很少关注接收者获取知识的能力，但其知识转移的增值方式表明了知识接收者吸收能力的重要性。因此，回任人员知识转移离不开接收者的接受能力。

最后，回任人员的知识转移还取决于回任人员与母公司知识接收者的互动机会，这一研究结果被以往研究证实。这是因为，回任人员的知识主要为隐性知识，人际互动作为一种强有力的沟通渠道，对知识转移的重要性是不言而喻的。

2. 阐述了主要参与者的作用及其互动

现有知识转移过程主要关注组织层面，明晰各阶段与组织学习的紧密相关性。本书从个体层面分析回任情境中的知识转移过程。回任人员知识转移过程不仅描述知识转移各阶段的内容，而且阐述了回任人员、接收者和管理者在知识转移过程中的作用及其互动。该知识转移过程与一般知识转移过程的区别主要有：

1）Szulanski（1996）提出的四阶段模型中的初始阶段在本书的模型中被细分为两个阶段，即准备阶段和开始阶段。此细分支持 Kwan et al.（2006）将初始阶段分为动机和匹配阶段的研究成果。

2）回任人员与接收者之间很容易出现不对称的问题，需要考虑诚信各构面的不同重要性。回任人员根据信任来选择合适的隐性知识接收者。这个发现支持了 Andrews et al.（2000）的研究结果，接收者感知知识的价值取决于感知知识拥有者的可信度。因此，研究时应该考虑信任的多维构成。

3）回任人员知识转移的开始阶段融合了 Szulanski（1996）的初始阶段和 Kwan et al.（2006）的匹配阶段的内容。为了对回任人员知识的价值及参与者的可信度进行评估，回任人员、接收者和管理者需要创造正式和非正式的互动机会。例如，管理者可以为母公司内部成员和回任人员安排相互合作的机会，以在互动期间共享国际经验。回任人员与潜在接收者的互动有助于回任人员发现知识转移的合适时机。

4）回任人员知识转移的实施阶段阐述了实际知识转移是如何发生的，这与 Szulanski（1996）和 Kwan et al.（2006）研究中实施阶段的内容类似。回任人员与接收者间的知识转移将逐步发生，构建低强度和低复杂性的知识转移能减低接收者的抵抗情绪。在这一阶段，回任人员和接收者利用回任人员的知识或通过社会互动再造新知识，最终实现知识与母公司知识库的匹配。

5）回任人员知识转移的整合阶段包括对所获取的知识的首次应用，类似于 Szulanski（1996）研究中的调整阶段。研究结果显示，对先前知识转移尝试成功的感知会影响后续阶段的知识转移行为。也就是说，一旦先前的知识转移尝试成功完成，接收者将会更有动机从事知识转移行为，更愿意发挥积极作用。回任人员知识转移过程的动态性和迭代性在循环往复过程中越发突出。

第 3 章
跨国公司回任人员知识转移影响因素识别

跨国公司回任人员知识转移影响因素是知识转移发生的前因,虽然国内外学者在知识转移影响因素方面进行了大量的研究工作,并取得了一定的研究成果,但在这一领域的研究中,大多数学者研究的是外派人员将从母公司获取的知识向子公司的转移,或者是外派人员在外派期间从子公司向母公司的逆向知识转移,并没有将知识转移和回任过程相结合,没有研究回任人员知识转移的影响因素。基于此,本研究将采用探索性因子分析和验证性因子分析相结合的方法,归纳并提出跨国公司回任人员知识转移的影响因素。

3.1 跨国公司回任人员知识转移影响因素提取

3.1.1 文献分析

本研究借助于中国知网、Elsevier 数据库、Springer 数据库、EBSCO 数据库、SAGE 数据库和 Emerald 数据库等,查阅、研读和梳理了与跨国公司回任人员知识转移相关的文献,共搜集到国内外相关研究文献 65 篇。

通过对文献的分析,共得到影响跨国公司回任人员知识转移的 26 个因素,对这些因素按以下标准进行筛选:

1) 将不同文献中表述不同但含义相近的要素进行统一命名处理。
2) 将文献中划分过细的影响因素合并或者剔除。
3) 排除出现率较低的影响因素。

经过文献分析,最终得到影响跨国公司回任人员知识转移的 18 个因素,如表 3-1 所示。

表 3-1 跨国公司回任人员知识转移影响因素

序号	因素	序号	因素
1	人际渠道	10	共享能力
2	技术渠道	11	工作适应
3	关系质量	12	人际适应
4	知识距离	13	一般适应
5	转移动机	14	感情
6	利益声誉	15	人情
7	激励机制	16	面子
8	编码能力	17	文化支持
9	传授能力	18	氛围支持

3.1.2 调研访谈分析

选择典型行业的跨国公司回任人员进行深度访谈，为了便于分析，本研究选取了陕西汽车集团有限公司、中兴通讯股份有限公司、创维集团有限公司、青岛海尔股份有限公司的回任人员作为访谈对象。为了保证数据的真实性和有效性，事先设计了访谈提纲，并在访谈前介绍了我们访谈的目的，会对访谈人员的信息及其企业的信息保密等，2013 年 5—6 月，采用半结构化方法对回任人员进行访谈，对录音材料进行分析，共访谈了 23 位回任人员，其中陕西汽车集团有限公司 6 位回任人员，中兴通讯股份有限公司 6 位回任人员，创维集团有限公司 5 位回任人员，青岛海尔股份有限公司 6 位回任人员。通过对跨国公司回任人员的访谈记录进行分析和总结，共收集到具体的影响因素 36 个，根据访谈中因素被提及的频次，选取了频次大于 10 的因素，共得到 20 个因素。大多数影响因素与已有文献中提到的因素是一致的，也有一些因素并不包含在文献分析的结果中，如制度支持和情感支持。综合上述文献分析和调研访谈分析的结果，共得到 20 个影响跨国公司回任人员知识转移的因素，如表 3-2 所示。

表 3-2 跨国公司回任人员知识转移影响因素（修正）

序号	因素	序号	因素
1	人际渠道	5	转移动机
2	技术渠道	6	利益声誉
3	关系质量	7	激励机制
4	知识距离	8	编码能力

（续）

序号	因素	序号	因素
9	传授能力	15	人情
10	共享能力	16	面子
11	工作适应	17	文化支持
12	人际适应	18	氛围支持
13	一般适应	19	制度支持
14	感情	20	情感支持

3.2 跨国公司回任人员知识转移影响因素因子分析

3.2.1 问卷设计和数据收集

本研究的研究对象为跨国公司的回任人员，本研究主要依赖校企合作关系、EMBA、MBA、MEM、硕士和博士等校友资源、社会关系网络等方式联系调研企业。为了保证调查问卷的有效性，严格对样本进行挑选，确保调查对象是跨国公司的回任人员，且外派年限在半年以上。调查企业涵盖机械制造、电子、通信等行业，企业的类型主要以国有和民营为主。在问卷发放和回收的方式上，为了提高问卷的回收率，大多数问卷是通过项目调研和访谈的形式，采访人上门直接回收由被访谈人当面填写的问卷；还有部分问卷是通过电子邮件（Email）的方式发放的，并在电子问卷发出后第二天，以电话及Email方式进行追踪和沟通，以保证问卷的正确填写和问卷的高回收率。本研究设计了一份含有28个题项的调查问卷，问卷包括基本信息8个问题和主体部分20个问题，主体部分采用李克特（Likert）五级量表法进行设计，其中1表示非常不符合，2表示不符合，3表示一般，4表示符合，5表示非常符合。2013年6—9月，分别向陕西、北京、四川、上海、广州、湖北等地的32家跨国公司的回任人员发放问卷300份，回收205份，剔除掉填写有误和填写不全面的问卷23份，最终得到有效问卷182份，有效回收率为60.67%，因此，本次调研的回收率是符合要求的。

表3-3是对有效问卷进行的统计分析。可以看出，被调查者大多数是男性，占79.7%，女性只占20.3%；年龄方面，25岁及以下的回任人员占27.5%，26～35岁的占56.6%，36～45岁的占12.6%，46岁及以上的占3.3%；教育背景方面，大专及以下25人占13.7%，本科93人占51.1%，硕士及以上64人占35.2%，可见回任人员的学历大部分为本科及以

上，占到样本的 80% 以上；关于外派时间，0.5～1 年的 52 人占 28.6%，1～2 年的 76 人占 41.8%，2～3 年的 40 人占 22.0%，3～4 年的 11 人占 6.0%，4 年以上的 3 人占 1.6%。

表 3-3 调查对象个人基本情况统计分析结果

调查对象基本信息		频数（人）	频率（%）
性别	男	145	79.7
	女	37	20.3
年龄	25 岁及以下	50	27.5
	26～35 岁	103	56.6
	36～45 岁	23	12.6
	46 岁及以上	6	3.3
教育背景	大专及以下	25	13.7
	本科	93	51.1
	硕士及以上	64	35.2
外派时间	0.5～1 年	52	28.6
	1～2 年	76	41.8
	2～3 年	40	22.0
	3～4 年	11	6.0
	4 年以上	3	1.6

3.2.2 信度分析

信度指的是测量结果的一致性和稳定性，也就是研究者对相同的或相似的现象或群体进行不同的测量（不同形式的或不同时间的），其结果的一致性程度。任何测量的观测值都包括了实际值和误差值两部分，而信度越高表示其误差值越低，如此一来，所得的观测值就不会因形式或时间的改变而改变，因而其测量结果的稳定性也就越高。在实证研究中，像问卷这样的测量工具往往会因为语意、尺度标示、分类模糊等问题，而使得调查对象因不能准确理解题意填答，从而丧失了问卷的信度。因此，在做实证研究之前，对收集的问卷进行一定的信度分析，是实证研究过程中不可或缺的重要环节。

许多学者在实证研究中采用内部一致性（Internal Consistency Reliability）来判断量表的信度，即测量同时组成量表题项的一组问题的内在一致性程度如何，是不是测量同一概念的。通常用克龙巴赫（Cronbach）α 作为内部一致性信度测试的标准，一般 Cronbach α 值为 0～1，且值越大，表示量表的可信度越高。如果 Cronbach α 值在 0.70 以上，则表示测量量表有较高的信度;Cronbach α 值在 0.35~0.70,表示测量量表的信度在可接受范围内;Cronbach α 值在 0.35 以下,表示测量量表的设计存在很大的问题,需要重新设计。本研究运用 SPSS 19.0 对各变量进行信度分析,采用 Cronbach α 系数检验各变量的测量项目是否具有较好的内部一致性。分析结果表明问卷整体 Cronbach α 系数等于 0.738,系数值均超过 0.70,在可接受范围内,表示内部一致性良好,量表的可信度较高。

3.2.3 探索性因子分析

1. 巴特利特(Bartlett)球形检验和 KMO 检验

在进行因子分析之前,需检验各个测量项目之间是否存在较高的相关性,只有存在较高的相关性才能做因子分析。本研究运用 SPSS 19.0 软件对跨国公司回任人员知识转移的 20 个影响因素进行 KMO(Kaiser-Meyer-Olkin)测度和 Bartlett 球形检验,结果如表 3-4 所示。KMO 测度值为 0.744,根据 Kaiser 给出的 KMO 度量标准可知原有变量适合进行因子分析。Bartlett 球形检验卡方统计值的显著性概率为 0.000,小于 0.01,表示相关系数矩阵不是一个单位矩阵,适合进行因子分析,因此,本研究采用主成分法来提取因子。

表 3-4 KMO 测度和 Bartlett 球形检验结果

KMO 样本测度		0.744
Bartlett 球形检验	Approx. Chi-Square	1940.912
	自由度(df)	190
	显著性概率(Sig.)	0.000

2. 因子提取分析

本研究对所有题项进行探索性因子分析,采用 Varimax 正交极大旋转法抽取因素,以特征根大于或等于 1 为因素抽取的原则抽取因素的有效数目,得到跨国公司回任人员知识转移影响因素的相关矩阵的特征值,如表 3-5 所示。

表 3-5 总方差解释表

成分	初始特征值			提取成分后特征根		
	特征根	方差解释(%)	累计方差解释(%)	特征根	方差解释(%)	累计方差解释(%)
1	4.640	23.201	23.201	4.640	23.201	23.201
2	2.950	14.752	37.953	2.950	14.752	37.953
3	2.623	13.116	51.069	2.623	13.116	51.069

（续）

成分	初始特征值			提取成分后特征根		
	特征根	方差解释（%）	累计方差解释(%)	特征根	方差解释(%)	累计方差解释(%)
4	1.742	10.250	61.319	1.742	10.250	61.319
5	1.273	8.711	70.030	1.273	8.711	70.030
6	1.193	6.365	76.395	1.193	6.365	76.395
7	0.764	3.819	80.213	—	—	—
8	0.622	3.111	83.325	—	—	—
9	0.557	2.785	86.110	—	—	—
10	0.457	2.285	88.395	—	—	—
11	0.432	2.161	90.556	—	—	—
12	0.349	1.746	92.301	—	—	—
13	0.341	1.706	94.008	—	—	—
14	0.283	1.415	95.422	—	—	—
15	0.231	1.157	96.579	—	—	—
16	0.203	1.016	97.596	—	—	—
17	0.146	0.730	98.326	—	—	—
18	0.121	0.606	98.932	—	—	—
19	0.111	0.554	99.486	—	—	—
20	0.103	0.514	100.000	—	—	—

由表 3-5 可知,20 个因素中的前 6 个因子的特征根大于 1,分别为 4.640、2.950、2.623、1.742、1.273 和 1.193,如果特征值大于或等于 1 就表明因子是有意义的,可以被保留下来,这 6 个主成分因子的方差解释分别为 23.201%、14.752%、13.116%、10.250%、8.711% 和 6.365%,累计方差解释为 76.395%,说明前 6 个因子基本上保留了原始指标的信息,因此提取前 6 个因子是可以接受的。

3. 因子载荷分析

因子分子中,因子载荷的绝对值越大,表明该因子和该变量的重叠性越高,在解释因子时越重要。判断是否保留一个项目的标准定为:第一,该项目在某一因素上的载荷超过 0.50;第二,该项目不存在交叉载荷,即不在两个因素上都有超过 0.35 的载荷。应用 SPSS 19.0 对数据进行分析,结果如表 3-6 所示。由表 3-6 可知,有 1 个因素(第 20 个因素)的因子载荷都小于 0.4,根据上述标准,删除了这个因素,保留了 19 个因素。

对回任人员知识转移的19个影响因素重新进行探索性因子分析，KMO值为0.738，Bartlett球形检验的显著性水平（Sig.=0.000）小于0.05，表示这些数据适合做因子分析。再次进行因子分析，结果如表3-7所示，根据特征根大于1的标准，提取了前6个因子，累计方差解释为79.050%，超过60%，这说明提取前6个因子是合理的。

表3-6 旋转后的因子载荷矩阵

	因子					
	1	2	3	4	5	6
1	0.029	−0.114	0.326	0.024	**0.815**	0.073
2	0.285	−0.118	0.109	0.056	**0.814**	0.036
3	0.410	0.035	−0.108	−0.011	**0.727**	−0.047
4	0.217	−0.007	**0.893**	−0.025	0.128	0.032
5	0.122	−0.051	**0.925**	0.011	0.017	−0.042
6	0.160	−0.018	**0.861**	0.110	0.164	−0.087
7	**0.834**	−0.001	0.233	0.021	0.121	−0.013
8	**0.646**	0.013	0.205	0.022	0.408	0.040
9	**0.907**	0.008	0.063	0.058	0.057	0.034
10	**0.780**	−0.034	0.103	0.032	0.189	0.011
11	0.014	**0.950**	−0.071	−0.043	−0.049	−0.051
12	−0.014	**0.954**	−0.032	−0.028	−0.055	−0.043
13	−0.015	**0.942**	0.023	0.022	−0.067	−0.044
14	0.029	−0.084	0.022	−0.011	0.063	**0.790**
15	0.012	0.002	−0.046	0.029	0.005	**0.828**
16	0.006	−0.056	−0.009	0.153	0.034	**0.834**
17	0.063	−0.002	0.024	**0.917**	−0.017	0.093
18	0.089	−0.084	0.035	**0.908**	0.006	0.039
19	−0.031	0.023	0.074	**0.842**	0.120	0.046
20	−0.001	0.035	−0.238	0.362	−0.187	0.367

表3-7 剔除因素后的总方差解释表

成分	初始特征值			提取成分后特征根		
	特征根	方差解释（%）	累计方差解释（%）	特征根	方差解释(%)	累计方差解释（%）
1	4.625	24.341	24.341	4.625	24.341	24.341
2	2.856	15.030	39.370	2.856	15.030	39.370
3	2.492	13.114	52.484	2.492	13.114	52.484

（续）

成分	初始特征值			提取成分后特征根		
	特征根	方差解释（%）	累计方差解释（%）	特征根	方差解释（%）	累计方差解释（%）
4	2.041	10.740	63.224	2.041	10.740	63.224
5	1.741	9.165	72.388	1.741	9.165	72.388
6	1.266	6.662	79.050	1.266	6.662	79.050
7	0.624	3.282	82.332	—	—	—
8	0.561	2.952	85.284	—	—	—
9	0.466	2.452	87.736	—	—	—
10	0.432	2.275	90.011	—	—	—
11	0.351	1.846	91.857	—	—	—
12	0.342	1.799	93.656	—	—	—
13	0.283	1.491	95.147	—	—	—
14	0.235	1.235	96.382	—	—	—
15	0.205	1.077	97.460	—	—	—
16	0.147	0.775	98.234	—	—	—
17	0.122	0.640	98.874	—	—	—
18	0.111	0.584	99.458	—	—	—
19	0.103	0.542	100.000	—	—	—

为了使因子载荷矩阵中系数更加显著，采用方差最大法对因子载荷矩阵实施正交旋转以使因子具有命名解释性。旋转后的因子载荷矩阵的统计意义是原始变量与公共因子的相关系数。对初始因子载荷矩阵进行旋转，并将同一类因子较高载荷的影响因素排在一块，得到因子载荷矩阵，如表 3-8 所示。

表 3-8 旋转后的因子载荷矩阵（剔除因素）

影响因素	因子					
	1	2	3	4	5	6
转移动机	**0.818**	0.329	0.021	−0.114	0.078	0.030
利益声誉	**0.816**	0.111	0.279	−0.118	0.042	0.063
激励机制	**0.734**	−0.104	0.404	0.034	−0.046	−0.010
编码能力	0.136	**0.899**	0.210	−0.008	0.030	−0.025
传授能力	0.017	**0.926**	0.121	−0.051	−0.035	0.018
共享能力	0.163	**0.862**	0.158	−0.018	−0.079	0.118
人际渠道	0.124	0.234	**0.833**	−0.001	−0.008	0.026

（续）

影响因素	因子					
	1	2	3	4	5	6
技术渠道	0.413	0.208	**0.642**	0.013	0.042	0.025
关系质量	0.060	0.062	**0.908**	0.009	0.038	0.061
知识距离	0.194	0.104	**0.779**	-0.033	0.014	0.035
文化支持	-0.049	-0.071	0.014	**0.950**	-0.054	-0.045
氛围支持	-0.058	-0.034	-0.012	**0.954**	-0.041	-0.026
制度支持	-0.064	0.025	-0.017	**0.942**	-0.051	0.017
工作适应	0.052	0.012	0.031	-0.081	**0.797**	-0.004
人际适应	-0.013	-0.061	0.018	0.005	**0.842**	0.041
一般适应	0.026	-0.019	0.006	-0.053	**0.836**	0.156
感情	-0.029	0.013	0.065	0.001	0.097	**0.921**
人情	-0.011	0.021	0.094	-0.081	0.052	**0.919**
面子	0.111	0.065	-0.031	0.025	0.049	**0.846**

从表 3-8 的分析结果可以看出，原来的 19 个影响因素就转化为了 6 个主成分因子。从旋转后的因子载荷矩阵得知：转移动机、利益声誉和激励机制，反映跨国公司回任人员知识转移意愿对知识转移的影响，该因子可称为知识转移意愿因子；编码能力、传授能力和共享能力，反映跨国公司回任人员知识转移能力对知识转移的影响，该因子可称为知识转移能力因子；人际渠道、技术渠道、关系质量和知识距离，反映跨国公司回任人员知识转移机会对知识转移的影响，该因子可称为知识转移机会因子；文化支持、氛围支持和制度支持，反映组织支持对跨国公司回任人员知识转移的影响，该因子可称为组织支持因子；工作适应、人际适应和一般适应，反映回任适应对跨国公司回任人员知识转移的影响，该因子可称为回任适应因子；感情、人情和面子，反映私人关系对跨国公司回任人员知识转移的影响，该因子可称为私人关系因子。

3.2.4 验证性因子分析

为了进一步检验六类影响因素的合理性，本研究采用 Amos 17.0 对获得的数据进行验证性分析，并对单因子模型、二因子模型、三因子模型、四因子模型和六因子模型进行比较，各项拟合指数如表 3-9 所示。

表 3-9 不同模型拟合指数的比较

模型	χ^2	df	RMSEA	GFI	CFI	TLI
单因子模型	1515.277	152	0.173	0.264	0.061	0.249
二因子模型	1043.003	151	0.140	0.519	0.381	0.508
三因子模型	749.027	149	0.116	0.677	0.578	0.669
四因子模型	617.127	146	0.104	0.746	0.662	0.740
六因子模型	246.177	137	0.052	0.942	0.917	0.940

注：1. 单因子模型：知识转移意愿+知识转移能力+知识转移机会+组织支持+回任适应+私人关系
　　2. 二因子模型：知识转移意愿+知识转移能力+知识转移机会+组织支持+回任适应；私人关系
　　3. 三因子模型：知识转移意愿+知识转移能力+知识转移机会；组织支持+回任适应；私人关系
　　4. 四因子模型：知识转移意愿+知识转移能力+知识转移机会；组织支持；回任适应；私人关系
　　5. 六因子模型：知识转移意愿；知识转移能力；知识转移机会；组织支持；回任适应；私人关系

从表 3-9 可以看出，六因子模型的拟合指标各项指数为：$\chi^2/df=1.8012$，RMSEA=0.052，GFI=0.942，CFI=0.917，TLI=0.940 均达到拟合标准，且这 5 个拟合优度指标均显著优于其他模型，说明六因子模型拟合度较高且模型较简约。同时，六因子模型测量指标对跨国公司回任人员知识转移影响因素的标准化因子载荷在 0.50～0.90 之间，如图 3-1 所示，所有的因子载荷都具有统计学上的显著性，说明跨国公司回任人员知识转移影响因素的结构效度得到了很好的数据支持。

3.2.5 影响因素分析

通过探索性因子分析和验证性因子分析，本研究归纳并提取了影响跨国公司回任人员知识转移的六类影响因素，分别为知识转移意愿、知识转移能力、知识转移机会、组织支持、回任适应和私人关系，对各影响因素的具体分析如下：

1. 知识转移意愿

跨国公司回任人员的知识转移是由他的知识转移意愿直接决定的，知识转移意愿是回任人员打算进行知识转移的主观倾向强度。回任人员采取某一行为的意愿与该行为实际发生之间存在显著关系，回任人员在采取某一行为之前，会先决定其是否愿意采取该行为，也就是说回任人员是先有了行为的意愿，才有了实际行为的发生。跨国公司回任人员知识转移的意愿越强烈，越有利于将国际市场所获得的市场知识、国际经验等共享和转移给他人。

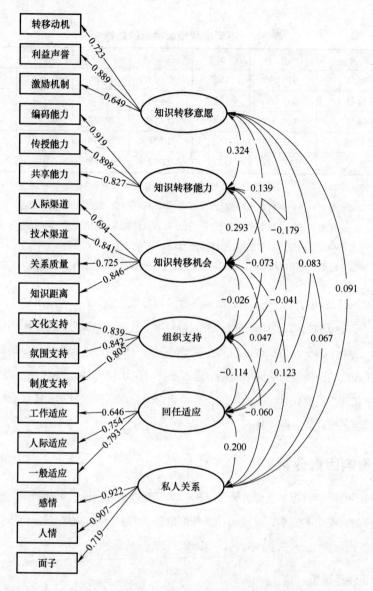

图 3-1 跨国公司回任人员知识转移影响因素模型

2. 知识转移能力

知识转移能力是回任人员运用合适的方式对知识进行解释说明,并传授知识的能力。回任人员的知识具有隐含性、复杂性和专有性,这将导致知识产生模糊性,阻碍知识转移的进行。如果跨国公司的回任人员拥有知识的编码技巧和编码能力,具备一定的传授能力,并能将知识进行有效的共享,则知识转移效果将大大增强。

3. 知识转移机会

在跨国公司中，知识转移机会包含两个方面：一是回任人员知识转移的情境，例如回任人员和其他人员之间存在的现实的或潜在的关系以及知识距离；二是回任人员和其他人员之间存在的有助于知识转移的渠道。如果回任人员和其他人员建立了直接或间接的关系，同时他们之间存在适合于知识转移的渠道，则知识转移才可能有效地进行。

4. 组织支持

组织支持是组织给回任人员提供的各种支持，包括文化支持、氛围支持和制度支持。组织文化支持是跨国公司回任人员通过对组织赖以生存及发展的精神支柱（组织成员的共同信仰、共同价值观以及公认的行为方式等）的感知而产生的知识转移的积极态度和行为。组织氛围是组织成员个体对组织环境的一种主观感知，它作为一种非正式的组织制度，能深刻地影响组织成员对待事物的态度及行为。组织制度支持是跨国公司给予回任人员的各种制度性支持。组织支持决定了回任人员对待、传播、消化和吸收知识的行为，从而影响跨国公司回任人员的知识转移。

5. 回任适应

回任适应是回任人员与工作、人际和环境的融合程度，涉及工作适应、人际适应和一般适应。工作适应是指回任人员对分配的工作或任务的适应程度；人际适应是指回任人员与其他员工人际关系的适应程度；一般适应是指回任人员对非工作环境的适应，如对生活环境、交通、设施等的适应程度。回任人员长期的海外工作经历使得他们习惯了他国的文化和组织氛围，回国后与母公司文化和氛围反而会发生碰撞。当回任的职位不能满足其职业发展要求时，不适应感即会出现，将影响其知识转移效率。因此，跨国公司回任人员越适应回任后的工作、人际和环境时，越有利于其将知识转移给其他人员。

6. 私人关系

私人关系是双方基于互惠和相互利益基础上的一种友谊关系或社会联系，并以友谊、感情、互惠、面子、人情、利益等原则运作，主要包括人们之间的血缘、亲缘关系，或包括同乡、朋友、同学等在内的较紧密的关系。感情是回任人员对跨国公司的认同，若感情深厚，回任人员甚至愿意不计报酬为跨国公司的发展做出奉献。人情是依社会规范所做出的正当及恰当行为，而且它是遵循互惠法则的。面子作为一种典型的文化现象在中国社会根植已久，它在某种意义上决定了个体的行为表现，从而无所不在地影响着社会交往。因此，私人关系也有利于回任人员知识的有效转移。

第 4 章
跨国公司回任人员知识转移影响因素实证研究

4.1 意愿—能力—机会对回任人员知识转移的影响

4.1.1 理论模型构建

1. 知识转移意愿—能力—机会

依据 Fishbein et al.（1975）的计划行为理论（Theory of Planning Behavior，TPB）模型，人类的行为会受到执行行为的意愿、对即将执行的行为所持的态度以及执行行为的信心的影响。将此理论映射到回任人员的知识转移行为中来，可以这样认为，回任人员的知识转移会受其知识转移意愿、知识转移能力以及对知识转移所持的态度的影响。此外，Szulanski（1996）、Zander et al.（1995）、Gupta et al.（2000）就知识转移主体的转移动机和意愿对知识转移的影响做了研究，结果表明，知识转移障碍受动机性因素影响很小；反之，可以认为知识转移主体的转移动机和意愿对知识转移行为或效果都有正向的影响。Minbaeva et al.（2004）通过研究发现，知识内部转移能力是跨国公司主要竞争优势的来源之一，知识转移主体的转移能力越强，知识在跨国公司内部转移的水平越高，虽然该理论的研究背景是基于组织层面的，但是由于组织是个体的社会集合体，个体是组织知识转移的主要参与者，因此，本研究尝试将组织层面的影响因素引入个体层面，探讨其在个体层面的适用性，分析知识转移意愿和转移能力对回任人员知识转移的影响。

此外，Albino et al.（1998）构建的知识转移分析框架中，将知识转移渠道纳入知识转移的主要构成要素中，认为转移渠道越好，越能减少转移的不确定性和模糊性，保证知识转移在数量和质量上的高水平。王开明等人（2000）研究认为，知识转移应该是由知识的发送和知识的接收两个基本过程组成的，而这两个过程又是由知识的发送者和接收者分别完成的，同时通过转移渠道将二者联系起来。徐笑君（2011）通过实证研究，证实了知识转移渠道的丰富性对知识转移的有效性有正向影响。可见，在一个完整的知识转移机制中，知识转移渠道是不可或缺的，并且丰富的知识转移渠道为知识转移提供了更多的知识转移机会，有利于剔除转移主体间的沟通障碍，降低转移主体间的不确定性，提高转移主体参与知识转移的积极性。基于此，本研究引入知识转移机会的概念，分析其对回任人员知识转移的影响，并用知识转移渠道的丰富性进行衡量。

2. 关系质量

关系质量是对合作伙伴关系强度及效果的公认评估，可以据此捕获合作伙伴对合作及整合的期望。目前，学者们对于关系质量的定义并没有达成共识，在不同的研究背景下，会有不同的观点。一般来说，关系质量的维度主要包括信任、沟通和承诺三个方面：①信任是个体或组织间建立良好人际关系的根本保障，而良好的人际关系又是促进组织成员参与知识转移的"催化剂"。Aulakh et al.（1996）通过实证研究指出，跨国公司营销战略联盟间的信任对联盟间的知识转移有着显著的正向影响。②组织成员间日常的沟通交流，一方面能够实现部分知识的成功转移；另一方面，增进了彼此的感情，进一步增强了成员间分享知识、经验和想法的意愿。③承诺是指员工与组织之间为了各自利益的实现尽自己最大努力去维持相互之间的稳定关系。在 Mathews et al.（2002）的研究中指出，组织承诺能够说明工作者的态度与行为，以及个人与组织之间的联系。

基于以上论述可以看出，关系质量对于回任人员的知识转移也有重要的影响。由于本研究的研究对象是回任人员，在提取影响知识转移的直接因素时，是从回任人员个体特征的角度进行考虑，但是关系质量涉及回任人员与母公司员工以及母公司之间的联系，它的好坏对回任人员知识转移的影响更多的是一种调节作用。因此，本研究将回任人员与母国员工的关系质量作为调节变量，探讨其对回任人员知识转移的调节作用。

3. 知识转移

由于显性知识容易编码，容易沟通且易被其他人学到，对于回任人员而言难以形成竞争优势，而隐性知识是隐含的和难以被模仿的，因此不易被复制和窃取，是回任人员自身竞争力的基础和源泉。因而，在特定的组织环境中，对于回任人员而言，在其知识转移意愿、能力以及机会一定的情况下，他在显性知识转移和隐性知识转移过程中所表现出的积极性会有所不同。正如 Simonin（1999）和 Martin et al.（2003）的研究表明，隐性知识比显性知识转移起来更加困难。因此，本研究在构建理论模型时，将回任人员的知识转移划分为显性知识转移和隐性知识转移两个维度，考察知识转移意愿—能力—机会对不同特性知识转移的影响程度及其差异性。

基于以上论述，本研究构建了知识转移意愿—能力—机会对跨国公司回任人员知识转移影响的理论模型，如图 4-1 所示。模型中将回任人员的显性知识转移和隐性知识转移作为因变量，知识转移意愿—能力—机会作为自变量，并将回任人员与母国员工之间的关系质量作为调节变量，探讨关系质量在意愿—能力—机会与回任人员知识转移之间的调节作用。

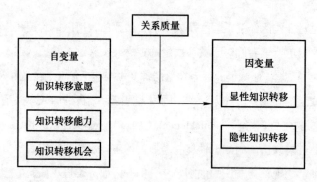

图 4-1　意愿—能力—机会对回任人员知识转移影响的理论模型

4.1.2　研究假设

1. 转移意愿与知识转移

转移意愿是指知识拥有者在组织共有的价值取向和奋斗目标的驱动下，所产生的自发地将自身所拥有的新知识传递给组织内其他成员的动机。计划行为理论认为个体的行为意愿是预测行为的最佳变量，个体对特定行为的意愿越强，表示他越有可能执行该行为；Simonin（1999）认为战略联盟合作伙伴之间若没有知识转移的动机，他们就会把自己的知识保护起来，这种防御行为会阻碍知识的转移；我国学者王毅等人（2005）以及林莉（2004）也认为知识源的转移意愿是个体层面知识转移的主要影响因素。

知识转移方的知识转移意愿的强弱直接关系到其转移知识的数量和质量，是实现知识转移的必要前提。特别是对于隐性知识，由于隐性知识本身的默会性，其拥有者需要花费比显性知识转移更高的代价和更多的精力才能使得隐性知识转移得以实现。在这种情况下，如果知识转移方出于对自身地位和利益的考虑，不愿意投入太多努力与其他人分享自己的隐性知识，那么就会阻碍隐性知识的转移。

对于回任人员这一特殊群体而言,回国后面临的社会压力和组织压力会使得回任人员出于对自身利益的保护,不愿意与他人分享自己在国外学到的先进知识和经验。因此,回任人员的知识转移意愿对知识转移的影响程度要比一般个体的知识转移意愿更为强烈。作为国际知识的拥有者,只有当他们有较高的转移意愿时,才能保证国际知识转移的顺利开展。

基于以上分析,本研究提出以下假设:

H_{1a}:知识转移意愿对回任人员显性知识转移有显著的正向影响。

H_{1b}:知识转移意愿对回任人员隐性知识转移有显著的正向影响。

2. 转移能力与知识转移

知识转移能力是指知识转移方在组织内以适合的方式解释说明知识并将知识进行转移的能力。柯江林等人(2006)认为,知识转移能力是影响个体间知识转移的三个决定因素之一,它是知识发送者知识得以顺利转移的重要保障。Chini(2004)实证分析了知识转移的影响因素,研究结果表明知识转移能力对知识转移效果有显著的正向影响。徐国东等人(2011)在研究联盟知识转移影响因素时,提到知识转移方对知识的编码能力、对接收方反馈信息的把握能力等都会对知识转移产生影响。

显性知识编码方便、易于沟通,能够以文本、文档的形式有效地进行转移,但是由于存在接收方个体能力的差异,知识转移方在编撰文本、文档以及选择传播方式上,要尽可能地满足大多数知识接收者的阅读需求,这就对知识转移方的知识转移能力有一定的要求。另外,隐性知识由于复杂性和难以编码性,与显性知识转移相比,对知识转移者的个体要求更高。知识转移者需要具备良好的观察能力、表达编码能力以及渠道选择的能力,能够根据不同知识接收对象选择与之相适宜的转移方式。熊朗羽(2012)的研究表明,知识转移能力与隐性知识转移绩效有显著的正相关关系。

本研究假定在参与知识转移的过程中,回任人员承担的是中转站的角色。一方面,他们先利用自身的国外经验和技能将从国外转移过来的知识理解吸收,即知识的解码过程;另一方面,他们将这些解码后的知识通过选择的适宜渠道转移给组织中的其他个体,即知识的编码及传输过程。在整个过程中,回任人员的转移能力越强,知识转移就越顺利。

基于上述分析,本研究提出以下假设:

H_{1c}:知识转移能力对回任人员显性知识转移有显著的正向影响。

H_{1d}：知识转移能力对回任人员隐性知识转移有显著的正向影响。

3. 转移机会与知识转移

柯江林和石金涛（2006）认为，知识转移机会是知识转移的基础，如果知识转移方与接收方没有适当的接触机会，就丧失了进行知识转移的可能。本研究认为知识转移机会主要是通过知识转移渠道实现的。知识转移渠道是知识在传递者和接收者之间进行传递的媒介和途径。Ghoshal et al.（1990）曾指出，如果知识传输渠道不存在了，那么跨国公司的知识流动就无法实现。

沟通理论将知识转移渠道分为正式和非正式两类。正式的知识转移渠道主要是以文字、图形或公式记录的，以各种外部化的信息载体为工具的传播形式，这种转移渠道通常都是建立在规范的体系和标准之上的，例如跨国公司内部的文档交流、任务说明书以及电子数据交换等。非正式的知识转移渠道以人与人之间的交往互动作为主要形式，任何能够促进人际交流互动的组织情境都可以被认为是非正式的知识转移渠道，如企业联欢会、员工生日会、企业年会等。正式知识转移渠道有利于显性知识的共享和转移，而非正式的知识转移渠道则有利于隐性知识的共享和转移。本研究在设计问卷时也将知识转移的渠道分为正式渠道和非正式渠道两类，将各种渠道的使用作为组织知识转移渠道丰富程度的衡量标准。

回任人员在完成海外工作任务返回母国公司后，如果组织中的知识转移渠道比较丰富，为回任人员提供了更多的知识转移机会，将能够在很大程度上提高回任人员进行知识转移的主动性和积极性。正如Buckley et al.（2005）通过对四家跨国公司向在华公司转移知识的案例研究发现，跨国团队中丰富的个体交流为跨国界知识的国际流动提供了有效的途径。

基于上述分析，本研究提出以下假设：

H_{1e}：知识转移机会对回任人员显性知识转移有显著的正向影响。

H_{1f}：知识转移机会对回任人员隐性知识转移有显著的正向影响。

4. 关系质量的调节作用

关系质量对企业间知识转移的影响得到一致认可。在企业合作过程中，关系质量对于双方信息和资源的交换数量和质量至关重要，好的关系质量有利于合作创新企业间的知识转移。已有研究以合作伙伴间的相互信任界定关系质量，发现合作伙伴行为的可预见性、善意性可以促使双方在更大程度上共享资源，积极地履行承诺，及时化解冲突，有利于企业间的知识共享。艾时钟等人（2011）的研究表明，信任、沟通和承诺都对 IT 外包企业的知识转移有显著的正向影响。此外，Aulakh et al.（1996）指出，信任可以避免投机行为，通过减少冲突，降低双方的沟通成本，使知识转移的成本更低。

本研究认为上述关系质量在组织层面的正向影响，在个体层面同样适用。因此本研究引入回任人员与母国员工之间的关系质量作为调节变量，认为关系质量形成了回任人员与母国员工间无形的知识转移通道，好的关系质量对回任人员的知识转移具有调节作用。

基于上述分析，本研究提出以下假设：

H_{1g}：关系质量在知识转移意愿与回任人员显性知识转移之间起调节作用。

H_{1h}：关系质量在知识转移意愿与回任人员隐性知识转移之间起调节作用。

H_{1i}：关系质量在知识转移能力与回任人员显性知识转移之间起调节作用。

H_{1j}：关系质量在知识转移能力与回任人员隐性知识转移之间起调节作用。

H_{1k}：关系质量在知识转移机会与回任人员显性知识转移之间起调节作用。

H_{1l}：关系质量在知识转移机会与回任人员隐性知识转移之间起调节作用。

4.1.3 实证研究

1. 问卷设计

本研究的问卷设计过程分为初始问卷设计和正式问卷设计两个阶段：①在初始问卷设计阶段，通过收集和整理以往学者的成熟量表，结合本研究的目的，设计初始调查问卷；并通过专家访谈搜集一些建设性的修改建议，然后根据修改建议对初始问卷进行调整。②在正式问卷设计阶段，选取西安高新技术产业开发区一家跨国公司近两年回国的回任人员进行预调研，并采用 SPSS 19.0 对预调研回收的问卷数据进行探索性因子分析，根据分析结果对调查问卷进行修正，剔除个别因子载荷较低的题项，然后再结合专家访谈建议，对问卷进行二次修正，形成用于正式调查的问卷。

本研究的正式调查问卷分为两部分：第一部分是调查对象的基本信息，包括调查对象的年龄、性别、婚姻状况、学历、外派次数、外派时间以及现任职位 7 个题项，调查基本信息的目的是对受访者的基本情况有一定的了解，也方便之后对有效问卷进行筛选，为描述性统计分析奠定基础；第二部分是问卷的主体部分，共 29 个题项，主要由知识转移意愿、知识转移能力、知识转移机会、关系质量、显性知识转移以及隐性知识转移 6

大变量的相关题项组合而成。该部分题项采用 Likert 五级量表法进行设计,"5"表示"非常同意","4"表示"同意","3"表示"中立态度","2"表示"不同意","1"表示"非常不同意"。

为了保证所设计的测量量表具有较高的信度和效度,在进行各个变量指标和题项的选择上,主要采取以下方法:一是直接借鉴和运用现有国内外文献中的成熟量表;二是参考以往文献的研究结论,并结合本研究所研究问题的具体特点来界定指标。因此,本研究中所用到的各变量的测量题项都具有一定的科学性和理论支持。

(1)回任人员知识转移意愿。借鉴 Szulanski(1996)、Zander et al.(1995)、Gupta et al.(2000)关于知识转移动机及意愿的测量量表,本研究设计了 5 个题项对回任人员的知识转移意愿进行测量:

1)我很乐意参与同事之间的沟通和交流,并主动把自己的知识和经验与其他同事分享。

2)我认为其他同事获得了我的知识后不会对我产生威胁。

3)在进行知识转移的过程中,我传递知识时会全盘托出。

4)我认为越多的人使用我的知识,对我自身发展越有好处。

5)我经常主动参与同事之间的知识转移活动,而不是因为公司领导的安排而参加。

(2)回任人员知识转移能力。参考 Martin et al.(2003)、Minbaeva et al.(2004)关于知识转移能力以及知识整合能力的测量量表,本研究设计了 4 个题项对回任人员的知识转移能力进行测量:

1)我能够很好地理解和吸收在外派公司获得的先进知识和经验。

2)我能够将在国外获得的先进知识和经验有效地进行加工整合并传递给他人。

3)我的同事能够很快地掌握我所分享的先进知识和经验,并利用它们提升工作效率。

4)我能够充分利用各种渠道、形式与同事分享我所拥有的先进知识和经验。

(3)回任人员知识转移机会。借鉴 Albino et al.(1998)、徐笑君(2011)关于组织内知识转移渠道及其丰富性的测量量表,本研究设计了 5 个题项对回任人员的知识转移机会进行测量:

1)文本交流(任务说明书、内部文档等非电子版)。

2)通信交流(电话、传真、电子邮件等)。

3)非正式交流(聊天、聚会等)。

4)正式交流(会议、正式讨论等)。

5）工作体验（员工互访、跨职能团队、工作轮换等）。

（4）关系质量。本研究根据 Mathews et al.（2002）关于组织承诺研究的测量量表，以及艾时钟等人（2011）在研究 IT 企业间关系质量中所设计的测量量表，结合跨国公司员工的人际关系特征，最终设计了 5 个题项对回任人员与母公司的关系质量进行测量：

1）我与母公司及同事之间有着维持长期合作关系的意愿和承诺。

2）我与母公司及同事之间很少发生冲突和误会。

3）我和我的同事之间能够自由地分享和交流彼此的观点、情感和对未来的希望。

4）我和我的同事之间经常互相帮助，以使大家都尽可能做好自己的工作。

5）我和我的同事不仅在工作上互相扶持，在生活中也彼此关心。

（5）回任人员的知识转移。借鉴 Simonin（1999）、Martin et al.（2003）的显性知识转移和隐性知识转移测量量表，本研究分别设计了 5 个题项对回任人员显性知识转移和隐性知识转移进行测量。

其中，显性知识转移的题项为：

1）我经常与同事分享我的工作报告和办公文件。

2）我经常向同事推荐我阅读过的优质书籍和刊物。

3）我会与同事分享我在国外学到的先进技术知识。

4）我会与同事讨论工作内容并制订工作计划。

5）我常和同事通过电子邮件沟通工作进展和安排。

隐性知识转移的题项为：

1）我经常与同事分享我在国外的工作经验。

2）我经常与同事分享我的专业技能。

3）我经常与同事分享一些有关工作方面的观点。

4）我会与同事分享一些我在工作方面的小窍门。

5）当需要时我会与同事分享自己的失败与教训。

2. 数据收集

为了收集到真实有效的数据信息，在问卷调查对象的选择上，进行了严格的筛选，主要调查对象是我国跨国公司的回任人员，且这些回任人员是在最近五年内完成海外派遣任务返回的。为了确保问卷的有效回收，本次问卷发放主要采取以电子邮件为主、纸质问卷为辅的问卷发放方式，并且在问卷发出后及时跟进，尽量避免发出的问卷没有回音。另外，对于收回的问卷，也进行了严格的区分，所有信息不完整的或不符合调查对象要求的问卷全部被视为无效问卷。

2014年6—9月，向西安、北京、成都、武汉以及东部沿海城市的85家跨国公司的300位回任人员发放了调查问卷，回收了264份，剔除信息不完整或不符合要求的问卷31份，得到有效问卷233份，有效回收率达77.7%。

对回收的233份有效问卷进行分析，样本的基本特征统计分析结果如表4-1所示。从表4-1显示的数据可以看出，问卷的调查对象在一定程度上能够反映回任人员的知识转移特征，获得的数据能够满足研究分析的要求。

表4-1 调查对象个人基本情况统计分析结果

调查对象基本信息		频数（人）	频率（%）
性别	男	125	53.6
	女	108	46.4
年龄	25岁及以下	63	27.0
	26~35岁	93	39.9
	36~45岁	60	25.8
	46岁及以上	17	7.3
婚姻状况	未婚	107	45.9
	已婚	126	54.1
学历	大专及以下	40	17.1
	本科	112	48.1
	硕士及以上	81	34.8
外派次数	1次	98	42.1
	2次	99	42.5
	3次	28	12.0
	4次及以上	8	3.4
外派时间	0.5~1年	76	32.6
	1~2年	83	35.6
	2~3年	54	23.2
	3~4年	20	8.6
现任职位	一般员工	112	48.1
	基层管理人员	62	26.6
	中层管理人员	47	20.2
	高层管理人员	12	5.2

3. 无偏性和信效度分析

（1）无偏性分析。为了确保回收的问卷具有无偏性，本研究使用 Levene 方差齐性检验法和独立样本 T 检验法，分析了通过两种途径收集到的样本数据是否存在显著差异，结果如表 4-2 所示。从表 4-2 中可以看出，通过电子邮件发放的问卷和现场发放的问卷所形成的两组样本，其均值和方差均无显著差异（Sig.>0.05），说明数据收集渠道的差异并没有对数据造成显著的影响，可以将其合并在一起进行分析。因此，在本次调研中不存在调查渠道的差异性。

表 4-2 双样本差异性检验结果

		Levene 检验		T 检验			
		F	Sig.	t	df	Sig.（双侧）	均值差值
知识转移意愿	假设方差相等	1.37	0.24	−0.29	231	0.77	−0.04
	假设方差不相等	—	—	−0.29	228.17	0.77	−0.04
知识转移能力	假设方差相等	2.26	0.13	0.95	231	0.35	0.13
	假设方差不相等	—	—	0.95	229.74	0.34	0.13
知识转移机会	假设方差相等	2.01	0.26	1.40	231	0.16	0.18
	假设方差不相等	—	—	1.42	230.56	0.16	0.18
关系质量	假设方差相等	5.36	0.32	1.58	231	0.12	0.21
	假设方差不相等	—	—	1.60	229.89	0.11	0.21
显性知识转移	假设方差相等	5.08	0.53	1.68	231	0.29	0.22
	假设方差不相等	—	—	1.72	225.95	0.31	0.22
隐性知识转移	假设方差相等	3.69	0.16	2.52	231	0.15	0.33
	假设方差不相等	—	—	2.54	230	0.13	0.33

同源性偏差（Common Method Variance）是指由于同样的数据来源或评分者、测量环境、项目语境以及项目本身特征所造成的预测变量与效标变量之间的人为的共变性。例如，在一个人填写的问卷中，各变量之间即使在理论上没有关系，也可能会出现相关的现象。这种人为的共变被视为一种系统误差，是一种源于测量方法而不是研究构念的变异。通常可以使用 Harman 单因素检验法检验问卷是否存在显著的同源性偏差，即将问卷中涉及的所有指标放在一起进行因子分析，检查非旋转因子分析的结果，如果同源性偏差较为显著，就会析出一个因子，或者说单独一个因子将解释大多数的变异。本研究使用主成分分析法对所有潜在变量进行因子分析，在未旋转前得到的第一个主成分，仅占到总方差的 18.59%，并没有占到太多，这说明在本研究收集到的问卷中，同源性偏差

并不是一个严重的问题。

（2）信度分析。本研究使用 SPSS 19.0 对各变量的组合信度以及问卷的整体信度进行了分析，结果如表 4-3 所示。从表 4-3 中可以看出，问卷整体的 Cronbach α 系数等于 0.95，表示问卷整体的内部一致性良好；各变量的 Cronbach α 系数值均在 0.70 以上，表示用于测量各变量的题项的内部一致性良好。因此，认为本研究中使用到的问卷信度良好，收集到的数据具有稳定性和可靠性。

表 4-3　信度与收敛效度分析结果

变量	题项	非标准化因子载荷	标准化因子载荷	S.E.	C.R.	Sig.	平均方差抽取量(AVE)	变量α系数	问卷整体α系数
知识转移意愿	KTI1	1.00	0.80	—	—	—	0.70	0.88	0.95
	KTI2	0.91	0.68	0.08	10.91	***			
	KTI3	1.17	0.82	0.08	13.92	***			
	KTI4	1.13	0.83	0.08	14.09	***			
	KTI5	0.84	0.72	0.07	11.69	***			
知识转移能力	KTC1	1.00	0.80	—	—	—	0.77	0.80	
	KTC2	0.97	0.83	0.07	14.13	***			
	KTC3	0.93	0.76	0.07	12.57	***			
	KTC4	0.95	0.80	0.07	13.33	***			
知识转移机会	KTO1	1.00	0.75	—	—	—	0.69	0.81	
	KTO2	0.89	0.82	0.11	8.16	***			
	KTO3	0.83	0.77	0.10	8.63	***			
	KTO4	1.12	0.82	0.11	10.11	***			
	KTO5	0.91	0.67	0.11	8.70	***			
关系质量	RQ1	1.00	0.76	—	—	—	0.71	0.79	
	RQ2	1.03	0.73	0.09	11.36	***			
	RQ3	1.13	0.77	0.09	12.07	***			
	RQ4	0.98	0.77	0.08	11.99	***			
	RQ5	1.11	0.80	0.09	12.52	***			
显性知识转移	EKT1	1.00	0.72	—	—	—	0.67	0.80	
	EKT2	1.27	0.79	0.11	11.78	***			
	EKT3	1.19	0.86	0.09	12.62	***			
	EKT4	1.05	0.75	0.10	11.02	***			
	EKT5	1.14	0.80	0.10	11.80	***			

（续）

变量	题项	非标准化因子载荷	标准化因子载荷	S.E.	C.R.	Sig.	平均方差抽取量(AVE)	变量α系数	问卷整体α系数
隐性知识转移	TKT1	1.00	0.87	—	—	—	0.73	0.81	0.95
	TKT2	1.10	0.89	0.06	19.27	***			
	TKT3	0.88	0.84	0.05	16.83	***			
	TKT4	0.98	0.83	0.06	16.55	***			
	TKT5	0.89	0.75	0.06	13.88	***			

注：***表示 $P<0.001$。

（3）效度分析。结合本研究的特点，本研究拟选择内容效度和建构效度来说明问卷的效度情况。检验一个测量量表是否具有内容效度，多是依靠研究者的经验判断，研究者必须考虑两件事情：一是测量量表是否真正地测量到了想要测量的构念，二是测量量表是否涵盖了所要测量的构念的各层面。为确保研究所使用的调查问卷具有内容效度，本研究所采用的量表是在现有文献研究成果的基础上整理而成的，并通过专家访谈和问卷预调查的方式，对测量量表进行了修正，从而保证了本研究的测量量表具有一定的内容效度。

收敛效度是指从不同角度出发得到的用于测量同一构念各变项之间的一致性程度。关于收敛效度的检验，可以从验证性因子分析得到的各题项的因子载荷以及显著性着手。如果用于测量某一构念的各指标的标准化因子载荷都大于 0.5 且该构念的组合信度大于 0.6，则认为该测量量表具有良好的收敛效度。从表 4-3 中可以看出，测量量表中所有指标的标准化因子载荷均在 0.6 以上，标准差几乎都不超过 0.1（$P<0.001$），同时所有构念的组合信度均大于 0.7，这说明研究中所用到的测量量表具有良好的收敛效度。

在测量量表中，若是任何两个不同因素构念间的相关系数不等于 1，表示两个因素构念是有区别的，而该测量量表也被认为是有区别效度的。具有区别效度的测量量表，测量不同因素构念的测量指标变量会落在不同因素构念上，而测量相同因素构念的测量指标变量会落在同一因素构念之上。一般来说，可以利用构念间的协方差结合各构念的平均方差抽取量（AVE）来判断测量量表是否具有良好的区别效度。当测量量表各因素构念的方差大于与其他构念的协方差，且各因素构念的 AVE 大于 0.5 时，说明测量量表具有良好的区别效度。本研究中构念间的协方差如表 4-4 所示，从表 4-4 中可以看出，本研究中涉及的 6 个构念的 AVE 均在 0.6 以上，且各因素构念的方差均大于与其他构念的协方差。因此，本研究中所使用的测量量表具有良好的区别效度。

表 4-4 构念间的协方差

构念	AVE	1	2	3	4	5	6
1. 知识转移意愿	0.70	0.52	—	—	—	—	—
2. 知识转移能力	0.77	0.32	0.48	—	—	—	—
3. 知识转移机会	0.69	0.31	0.32	0.45	—	—	—
4. 关系质量	0.71	0.31	0.34	0.28	0.39	—	—
5. 显性知识转移	0.67	0.37	0.35	0.31	0.32	0.46	—
6. 隐性知识转移	0.73	0.39	0.38	0.34	0.35	0.37	0.54

4. 描述性统计和相关性分析

变量的描述性统计和相关性分析是进行统计分析的基础和前提，使用一些数据统计量来直观地描述原始数据的集中程度、离散状况以及变量之间的相关关系等特征，之后就可以对数据的总体特征进行较为准确的归纳，从而便于选择合适的统计分析方法。在本研究中，关于变量的描述性统计，主要包括变量的均值、标准差以及变量之间的相关系数。为了初步确认知识转移意愿、转移能力、转移机会以及关系质量是否对回任人员的知识转移有影响，在做进一步的假设验证之前，本研究首先采用 Pearson 相关性分析方法对各个潜在变量之间的相关性进行了分析。相关性分析是对研究假设的初步检验。相关性分析结果可以用 Sig.（或 P）值进行检验，其中当相关系数对应的 Sig.（或 P）值小于 0.05 时，就认为变量间存在显著相关性；当 Sig.（或 P）值小于 0.01，就认为变量间的相关关系极其显著。

本研究变量的描述性统计和相关性分析结果如表 4-5 所示，表中给出了所有变量的均值、标准差以及变量间的相关系数及其显著性指标。从表 4-5 可以看出，知识转移意愿与显性知识转移（$r=0.43$, $P<0.01$）和隐性知识转移（$r=0.52$, $P<0.01$）、知识转移能力与显性知识转移（$r=0.49$, $P<0.01$）和隐性知识转移（$r=0.52$, $P<0.01$）、以及知识转移机会与显性知识转移（$r=0.53$, $P<0.01$）和隐性知识转移（$r=0.55$, $P<0.01$）都呈现出显著的正相关关系。此外，除了性别与知识转移能力有略显著的相关关系外，所有描述回任人员基本信息的变量与自变量以及因变量之间的相关关系并不显著，这表明知识转移行为在不同性别、年龄、婚姻状况、教育背景、外派次数、外派时间和现任职位的回任人员中差异不是太大。

第4章 跨国公司回任人员知识转移影响因素实证研究

表 4-5 变量的描述性统计和相关性分析结果

变量	1	2	3	4	5	6	7	8	9	10	11	12	13
1. 性别	1.00	—	—	—	—	—	—	—	—	—	—	—	—
2. 年龄	0.03	1.00	—	—	—	—	—	—	—	—	—	—	—
3. 婚姻状况	0.04	0.27**	1.00	—	—	—	—	—	—	—	—	—	—
4. 教育背景	−0.17*	−0.26**	−0.50	1.00	—	—	—	—	—	—	—	—	—
5. 外派次数	0.10	0.32**	0.13	−0.11	1.00	—	—	—	—	—	—	—	—
6. 外派时间	−0.09	−0.01	−0.03	−0.02	−0.41**	1.00	—	—	—	—	—	—	—
7. 现任职位	0.08	0.36**	0.14	−0.06*	0.15	0.03	1.00	—	—	—	—	—	—
8. 知识转移意愿	0.08	0.15	0.13	−0.09	0.13	−0.01	0.03	1.00	—	—	—	—	—
9. 知识转移能力	0.20**	0.05	−0.02	−0.10	0.02	−0.04	−0.06	0.03	1.00	—	—	—	—
10. 关系机会	0.14	−0.05	0.05	−0.08	0.04	0.03	0.01	0.03	0.02	1.00	—	—	—
11. 关系质量	0.01	0.04	−0.05	−0.08	0.09	0.10	0.03	0.04	0.05	0.03	1.00	—	—
12. 显性知识转移	0.02	0.06	−0.02	−0.10	0.09	0.05	0.01	0.43**	0.49**	0.53**	0.03	1.00	—
13. 隐性知识转移	0.11	−0.11	0.04	0.02	0.05	0.08	−0.06	0.52**	0.52**	0.55**	0.04	0.08	1.00
均值	0.54	2.12	0.54	3.12	1.73	2.08	1.82	3.96	3.86	3.81	3.83	3.77	3.73
标准差	0.50	1.20	0.50	0.81	0.71	0.95	0.93	0.70	0.67	0.66	0.61	0.67	0.72

注：*表示 $P<0.05$，**表示 $P<0.01$。

5. 假设检验

本研究采用回归分析的方法对假设进行验证，首先分析知识转移意愿、知识转移能力和知识转移机会对显性知识转移及隐性知识转移的影响，然后检验关系质量的调节作用。由于受本研究样本覆盖面和数量的限制，变量的描述性统计分析结果显示描述回任人员基本情况的变量与理论模型中的自变量和因变量之间并无显著相关关系，因此，问卷中关于回任人员基本情况的变量（包括回任人员的性别、年龄、婚姻状况、教育背景、外派次数、外派周期以及现任职位）未作为控制变量引入回归分析的模型当中。

（1）主效应检验

1）知识转移意愿—能力—机会与显性知识转移的关系。在本研究中，假设 H_{1a}、H_{1c} 和 H_{1e} 提出了回任人员的知识转移意愿、能力和机会对其显性知识转移有显著的正向影响。本研究采用逐步回归分析法对上述假设进行了验证，分析结果如表 4-6 所示。

表 4-6 各自变量对显性知识转移的逐步回归分析结果

变量	模型 1			模型 2			模型 3		
	β	Tol	VIF	β	Tol	VIF	β	Tol	VIF
知识转移意愿	0.713***	1.000	1.000	0.503***	0.536	1.866	0.412***	0.392	2.549
知识转移机会	—	—	—	0.308***	0.536	1.866	0.258***	0.483	2.069
知识转移能力	—	—	—	—	—	—	0.171***	0.418	2.391
R^2	0.509			0.560			0.572		
调整 R^2	0.507			0.556			0.566		
F 变化	39.194***			26.560***			17.057***		

注：***表示 $P<0.001$，β 表示标准系数，Tol 表示容差值，VIF 表示方差膨胀因子。

表 4-6 表明，所有自变量的方差膨胀因子（VIF）均小于 10，容差值（Tolerance）均大于 0.1，因此，本回归模型中无多重共线性问题。知识转移意愿首先进入回归方程，随后知识转移机会进入回归方程，最后知识转移能力进入回归方程，同时调整的 R^2 值是逐步增大的（从 0.507 增加到 0.566），因此可以认为回归模型对被解释变量的解释效果较好，具有较高的拟合度。

从表 4-6 中的模型 3 可以看出，知识转移意愿（$\beta=0.412$，$P<0.001$）、知识转移机会

第4章 跨国公司回任人员知识转移影响因素实证研究

($\beta=0.258$,$P<0.001$)和知识转移能力($\beta=0.171$,$P<0.001$)均对回任人员显性知识转移有显著正面影响,因此假设H_{1a}、H_{1c}、H_{1e}获得了支持。

2)知识转移意愿—能力—机会与隐性知识转移的关系。本研究中的假设H_{1b}、H_{1d}和H_{1f}提出了知识转移意愿、能力和机会对回任人员隐性知识转移有显著的正向影响。采用逐步回归分析法对上述假设进行了验证,分析结果如表4-7所示。

表4-7 各自变量对隐性知识转移的逐步回归分析结果

变量	模型1			模型2			模型3		
	β	Tol	VIF	β	Tol	VIF	β	Tol	VIF
知识转移意愿	0.712***	1.000	1.000	0.442***	0.464	2.157	0.373***	0.392	2.554
知识转移能力	—	—	—	0.368***	0.464	2.157	0.223***	0.483	2.069
知识转移机会	—	—	—	—	—	—	0.159***	0.413	2.424
R^2	0.507			0.570			0.581		
调整R^2	0.505			0.566			0.576		
F变化	37.323***			23.634***			12.865***		

注:***表示$P<0.001$,β表示标准系数,Tol表示容差值,VIF表示方差膨胀因子。

在表4-7中,所有自变量的方差膨胀因子(VIF)均小于10,容差值(Tolerance)均大于0.1,因此,该回归模型中也无多重共线性问题。在隐性知识转移的回归模型中,首先进入回归方程的仍然是知识转移意愿,随后进入回归方程的是知识转移能力,最后知识转移机会进入回归方程,同时调整的R^2值也是逐步增大的(从0.505增加到0.576),因此可以认为回归模型对被解释变量的解释效果较好,具有较高的拟合度。

从表4-7中的模型3可以看出,知识转移意愿($\beta=0.373$,$P<0.001$)、知识转移能力($\beta=0.223$,$P<0.001$)和知识转移机会($\beta=0.159$,$P<0.001$)均对回任人员隐性知识转移有显著正面影响,因此假设H_{1b}、H_{1d}、H_{1f}也获得了支持。

(2)调节效应检验

1)关系质量在知识转移意愿与回任人员知识转移之间的调节作用。为了验证关系质量在知识转移意愿与回任人员显性知识转移以及隐性知识转移之间的调节作用,分别将回任人员的显性知识转移和隐性知识转移设为因变量,再依次引入自变量(知识转移意愿）、调节变量（关系质量）以及自变量和调节变量的交互项（知识转移意愿×关系质量），层次回归分析的结果如表 4-8 所示。

表 4-8 知识转移意愿与关系质量对回任人员知识转移的层次回归分析结果

变量	显性知识转移			隐性知识转移		
	模型 1	模型 2	模型 3	模型 4	模型 5	模型 6
自变量						
知识转移意愿	0.642***	0.639***	0.572***	0.692***	0.680***	0.612***
调节变量						
关系质量	—	0.041	0.036	—	0.069	0.053
交互项						
知识转移意愿×关系质量	—	—	0.252**	—	—	0.267**
R^2	0.539	0.565	0.572	0.553	0.573	0.627
调整 R^2	0.537	0.561	0.567	0.551	0.570	0.622
ΔR^2	0.539	0.025	0.008	0.553	0.020	0.054
F	8.938***	7.442***	7.509***	6.914***	8.851***	9.591***

注：**表示 $P<0.01$，***表示 $P<0.001$。

从表 4-8 中的模型 3 和模型 6 可以看出，知识转移意愿与关系质量的交互项对回任人员显性知识转移和隐性知识转移都有显著的正向影响（模型 3，$\beta=0.252$，$P<0.01$；模型 6，$\beta=0.267$，$P<0.01$）。这表明，回任人员与母公司员工的关系质量越高，知识转移意愿与显性知识转移以及隐性知识转移之间的正向关系越强，支持了假设 H_{1g} 和 H_{1h}。图 4-2 表明了这种交互的影响模式，根据 Cohen et al.（2003）推荐的程序，分别以高于均值一个标准差和低于均值一个标准差为基准描绘了不同强度的关系质量下知识转移意愿对回任人员知识转移的影响水平的差异。从图 4-2 中可以看到，知识转移意愿对回任人员知识转移的影响水平会因为关系质量的不同而发生较大幅度的改变。由此也可以看出，良好的关系质量在促进个体参与知识转移的过程中发挥着重要的作用。

2）关系质量在知识转移能力与回任人员知识转移之间的调节作用。为了验证关系质量在知识转移能力与回任人员显性知识转移以及隐性知识转移之间的调节作用，首先将回任人员的显性知识转移和隐性知识转移分别设为因变量，再依次引入自变量（知识转移能力）、调节变量（关系质量）以及自变量和调节变量的交互项（知识转移能力×关系质量），层次回归分析的结果如表 4-9 所示。

第4章 跨国公司回任人员知识转移影响因素实证研究

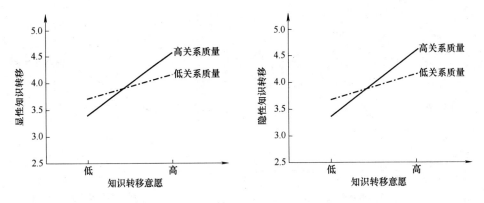

图 4-2 关系质量在知识转移意愿与回任人员知识转移之间的调节作用

表 4-9 知识转移能力与关系质量对回任人员知识转移的层次回归分析结果

变量	显性知识转移			隐性知识转移		
	模型1	模型2	模型3	模型4	模型5	模型6
自变量						
知识转移能力	0.363***	0.352***	0.331**	0.457***	0.451***	0.423**
调节变量						
关系质量	—	0.086*	0.063	—	0.082	0.071
交互项						
知识转移能力×关系质量	—	—	0.109**	—	—	0.187**
R^2	0.572	0.626	0.635	0.571	0.627	0.646
调整 R^2	0.566	0.619	0.623	0.566	0.620	0.635
ΔR^2	0.572	0.054	0.090	0.571	0.056	0.019
F	8.938***	7.268***	8.866***	6.748***	7.637***	10.591***

注：*表示 $P<0.05$，**表示 $P<0.01$，***表示 $P<0.001$。

从表 4-9 中的模型 3 和模型 6 可以看出，知识转移能力与关系质量的交互项对显性知识转移和隐性知识转移都有显著的正向影响（模型 3，$\beta=0.109$，$P<0.01$；模型 6，$\beta=0.187$，$P<0.01$）。这表明，回任人员与母公司员工的关系质量越高，知识转移能力与显性知识转移以及隐性知识转移之间的正向关系越强，支持了假设 H_{1i} 和 H_{1j}。图 4-3 表明了这种交互的影响模式。由于在短期内，个体的知识转移能力提升是有限的，甚至是不明显的，而个体间的关系质量可以通过施加一些外力而得到很大的改善，因此，可以通过改善回任人员与母公司员工的关系质量，来推动回任人员的知识转移。

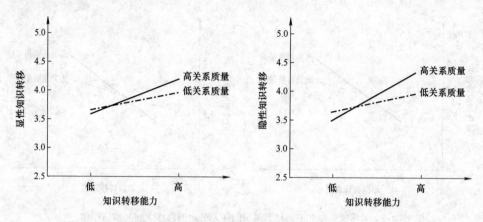

图 4-3 关系质量在知识转移能力与回任人员知识转移之间的调节作用

3）关系质量在知识转移机会与回任人员知识转移之间的调节作用。为了验证关系质量在知识转移机会与回任人员显性知识转移以及隐性知识转移之间的调节作用，首先将回任人员的显性知识转移和隐性知识转移分别设为因变量，再依次引入自变量（知识转移机会）、调节变量（关系质量）以及自变量和调节变量的交互项（知识转移机会×关系质量），层次回归分析的结果如表 4-10 所示。

表 4-10 知识转移机会与关系质量对回任人员知识转移的层次回归分析结果

变量	显性知识转移			隐性知识转移		
	模型 1	模型 2	模型 3	模型 4	模型 5	模型 6
自变量						
知识转移机会	0.561***	0.557***	0.498**	0.573***	0.549***	0.507**
调节变量						
关系质量	—	0.023	0.019	—	0.092*	0.083*
交互项						
知识转移机会×关系质量	—	—	0.121**	—	—	0.168**
R^2	0.560	0.583	0.595	0.531	0.553	0.584
调整 R^2	0.558	0.580	0.590	0.529	0.549	0.579
ΔR^2	0.560	0.023	0.012	0.531	0.023	0.031
F	5.441***	6.702***	7.608***	10.748***	8.254***	9.643***

注：*表示 $P<0.05$，**表示 $P<0.01$，***表示 $P<0.001$。

从表 4-10 中的模型 3 和模型 6 可以看出，知识转移机会与关系质量的交互项对显性知识转移和隐性知识转移都有显著的正向影响（模型 3，$\beta=0.121$，$P<0.01$；模型 6，$\beta=0.168$，

$P<0.01$）。这表明，回任人员与母公司员工的关系质量越高，知识转移机会与显性知识转移以及隐性知识转移之间的正向关系越强，支持了假设 H_{1k} 和 H_{1l}。图 4-4 给出了这种交互的影响模式，从图 4-4 中可以看出，在关系质量发生变化时，知识转移机会对隐性知识转移的影响水平的变化幅度比知识转移机会对显性知识转移的影响水平的变化幅度略大。可见，良好的关系质量有助于提高知识转移机会的有效利用率。

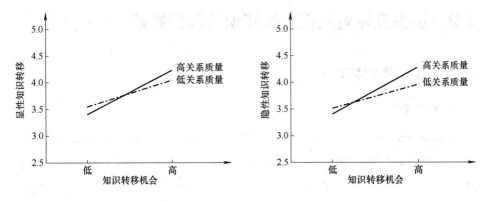

图 4-4 关系质量在知识转移机会与回任人员知识转移之间的调节作用

4.1.4 研究结果

本研究的基本假设中，知识转移意愿对回任人员显性知识转移和隐性知识转移都有显著正面影响，回归系数分别为 0.412 和 0.373，且均达到了 0.001 的显著性水平，因此假设 H_{1a} 和 H_{1b} 得到了实证数据的支持；知识转移能力对回任人员显性知识转移和隐性知识转移均有显著正面影响，回归系数分别为 0.258 和 0.223，并且也都达到了 0.001 的显著性水平，因此假设 H_{1c} 和 H_{1d} 也得到了实证数据的支持；知识转移机会与回任人员显性知识转移和隐性知识转移之间的正向关系也达到了 0.001 的显著性水平，回归系数分别为 0.171 和 0.159，因此 H_{1e} 和 H_{1f} 同样得到了实证数据的支持。关于关系质量的调节作用，本研究提出了 $H_{1g} \sim H_{1l}$ 的 6 个假设，其中关系质量在知识转移意愿与回任人员显性知识转移之间的正向调节作用显著（$\beta=0.252$，$P<0.01$）、在知识转移意愿与回任人员隐性知识转移之间的正向调节作用显著（$\beta=0.267$，$P<0.01$）、在知识转移能力与回任人员显性知识转移之间的正向调节作用显著（$\beta=0.109$，$P<0.01$）、在知识转移能力与回任人员隐性知识转移之间的正向调节作用显著（$\beta=0.187$，$P<0.01$）、在知识转移机会与回任人员显性知识转移之间的正向调节作用显著（$\beta=0.121$，$P<0.01$）、在知识转移机会与回任人员隐性知识转移之间的正向调节作用显著（$\beta=0.168$，$P<0.01$）。

跨国公司回任人员知识转移影响因素是知识转移发生的前因，本节探讨了知识转移意愿—能力—机会对回任人员知识转移的影响，将回任人员的知识转移分为了隐性知识转移和显性知识转移，并将关系质量作为调节变量，明确了知识转移意愿、知识转移能力和知识转移机会与隐性知识转移和显性知识转移之间的关系。

4.2 组织支持对回任人员知识转移的影响

4.2.1 理论模型构建

1. 组织支持

Eisenberger et al.（1986）提出了组织支持感（Perceived Organizational Support，POS）的概念，并在系统研究的基础上提出了组织支持理论（Organizational Supportive Theory，OST）。该理论指出，组织支持感是员工对组织是否看重自己的贡献以及能否关注他们切身利益的感知和看法。组织支持感理论认为，当员工感受到组织支持时，工作中通常会有更好的表现，因此组织支持是员工乐意为组织付出的一个重要因素，但是以往的研究过度强调员工贡献，而忽略了组织支持。基于互惠以及社会交换原则，个体大多都怀有感恩之心，他们愿意回报曾经给予自己帮助的人。组织支持理论为研究如何激励回任人员进行知识转移提供了理论基础。

目前，学术界关于组织支持的结构和维度的划分还缺乏统一的认识，主要有以下三种分类：

（1）单维度组织支持。国外相关学者对于员工感知的组织支持的研究侧重于Eisenberger在1986年提出的单维度概念：情感性支持。此概念与组织支持和工作压力的感受相关，认为当员工感受到较大的外界压力时，如果在组织内感受到情感上的支持，那么员工会将来自组织领导者的关心、尊重、支持等方式当作组织是否重视他们的贡献以及是否关心他们福利的依据。当然有学者发现，单维度组织支持的概念和测量有其弊端，有必要进一步探索。

（2）双维度组织支持。McMillan（1997）认为，单维度的组织支持仅包含了尊重支持和亲密支持这两种情感性支持，没有涉及员工对设备、信息、资源、工具方面的需要，而这些工具性需求是完成工作的基本保障，能为员工提供有效的服务，从而使得员工感受到组织的重视。因此，McMillan（1997）在研究中提出，组织支持是由情感性支持以及工具性支持这两个方面所组成的。情感性支持能够满足员工的社会需要及心理需要，主要包括亲密支持、网络整合以及自尊支持等；而工具性支持能够提供有利于员工开展工作的一系列功能性支持，包括物质支持、信息支持以及行为支持等。Rousseau et al.（1998）也提出组织支持包括两个维度，即情感支持和与职业相关的工作支持。凌文辁等人（2001）同样指出，感知的组织支持作为我国员工贡献的前因之一，可分为生活支持和工作支持两个部分。

（3）多维度组织支持。Kraimer et al.（2004）对外派员工进行组织支持调查，发现组织支持主要分为适应性支持、事业性支持以及经济性支持这三个维度。Yamaguchi（2001）根据组织支持来源的不同，将其划分为行政管理人员支持、生产员工间的相互支持、一线直接上级支持、中层管理者支持以及高层管理者支持这五个维度。Rhoades et al.（2002）提出组织支持可分为三种类型：组织奖励及工作条件；管理支持；程序公平。在组织文化支持方面，Dension et al.（1995）提出，组织文化不仅和组织绩效紧密联系，也和个体的态度关系密切；Boawas（2009）指出组织文化和员工的工作绩效呈正相关关系，而和员工的离职行为呈负相关关系。关于组织氛围支持，曹科岩（2012）研究指出，支持性组织氛围和员工的知识转移绩效显著正相关；Shalley et al.（2004）提出员工如果能够得到组织支持以及主管的鼓励，那么员工的创新性将表现得更好。在组织制度支持方面，唐辉等人（2013）认为组织制度与知识转移意愿呈显著正相关关系。

组织支持理论认为，组织支持能够满足回任人员的社会情感性需求，如果他们能够感知到组织愿意并且可以对他们的工作给予回报，他们会为了组织利益而付出更多努力。在总结前人研究成果的基础上，本研究认为组织支持理论能衡量回任人员追求组织目标的态度与行为之间的关系。但是目前的研究是从组织层面出发宏观地进行考察，对于组织支持的维度划分却不够明确具体。

2. 自我效能

自我效能（Self-efficacy）最早由美国心理学家Bandura提出，是其社会认知理论中的重要概念。Bandura（1997）认为自我效能是人们的一种信念，该信念能够促使人们去完成任务或工作，它并不涉及技能本身，描述的是人们是否有自信能够利用现有的技能而去努力完成工作。

自我效能描述的是主体以自身作为参照对象，对自己的行为进行的反思及评价。自我效能与人们的技能、行为、能力相关，它被视为人们发挥其心理和行为潜能时的一种动机因素。周文霞等人（2006）认为，自我效能指的是人们对于自身是否能够利用现有的技能，去完成某项工作的自信程度。Lunenburg（2011）研究发现，自我效能有利于提高员工的工作动机以及工作绩效。在梳理和归纳了国内外学者对自我效能的研究后发现，现有研究主要关注自我效能与员工的工作动机、工作绩效等的关系，较少将自我效能与跨国公司回任人员联系起来研究。本章以自我效能为调节变量，研究自我效能在组织支持与跨国公司回任人员知识转移关系中所起的作用，从而提升员工的知识转移意愿。这里所涉及的自我效能是指回任人员在外派任期结束回到母公司后，能够利用学到的国际知识来完成知识转移的自信程度。

3. 模型构建

基于上述分析，本研究认为，组织支持是组织为回任人员顺利开展工作而提供的一系列功能性支持，和满足回任人员的社会需要以及心理需要的一系列的情感性支持，具体包括组织文化支持、组织氛围支持和组织制度支持。

（1）组织文化。组织文化是组织全体成员拥有的信仰及价值观，也是组织得以生存及发展所必需的精神支柱，它会在很大程度上决定组织内员工对待新知识的态度以及行为。Abou-Zeid(2002)指出，文化差异是影响回任人员知识转移的主要因素。Delong（1997）认为，组织文化会影响个体对待知识转移的态度及行为，进而影响整个组织的知识转移。因此，跨国公司的管理者要通过提供组织文化支持来促使回任人员进行知识转移。

（2）组织氛围。组织氛围是组织成员个体对组织环境的一种主观感知，它作为一种非正式的组织制度，能深刻地影响组织成员对待事物的态度及行为。Tesluk et al.（2011）研究表明，组织氛围指的是各个个体对组织环境共同的体验，同时是组织内成员对组织环境的一种主观描述，这种主观描述会对个人动机和行为产生影响，并且会随着环境的变化而发生变化，进而对员工的知识转移行为产生影响。

（3）组织制度。由于回任人员把自己的国际知识作为其个体的竞争优势，并且他们深知分享知识会导致这种竞争优势丧失，因此他们往往不愿意主动地去和他人分享知识。Leonard-Barton（1995）的研究结果表明，组织的激励制度会深刻影响成员的知识转移。因此跨国公司针对回任人员制定的激励制度，应促使他们产生进行知识转移的动机和行为。然而已有研究成果都是基于一个比较宏观的视角，并未将焦点放至跨国公司提供的组织支持方面。因此，跨国公司应该从组织支持方面给回任人员提供有利因素，促进回

第4章 跨国公司回任人员知识转移影响因素实证研究

任人员有效地进行知识转移。同时有了组织支持，回任人员的自我效能也会促进其进行知识转移。

据此，本研究以跨国公司回任人员为研究对象，提出组织支持对跨国公司回任人员知识转移的影响模型。以组织支持为自变量、回任人员知识转移为因变量、回任人员的自我效能为调节变量，并将组织支持分为组织文化支持、组织氛围支持和组织制度支持三个维度，将回任人员的知识转移分为显性知识转移和隐性知识转移两个维度，探究组织支持对跨国公司回任人员知识转移的影响机制。本研究构建的理论模型如图4-5所示。

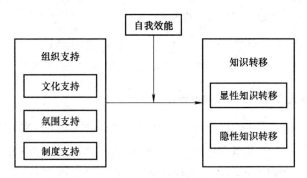

图4-5 组织支持对回任人员知识转移影响的理论模型

4.2.2 研究假设

1. 组织文化支持与回任人员知识转移

组织文化支持是跨国公司回任人员通过对组织赖以生存及发展的精神支柱——组织成员的共同信仰、共同价值观以及公认的行为方式等的感知而产生的知识转移的积极态度和行为。组织文化支持决定了员工对待、传播、消化和吸收知识的行为，从而影响跨国公司回任人员的知识转移。

组织文化会对知识源（即回任人员）的知识转移意愿与知识转移动机产生直接影响，这样的组织文化环境，会增强回任人员对组织的认可程度，并且能有效地降低其进行知识转移的阻力，从而激发回任人员的知识转移意愿和行为。O'Dell et al.（1998）提出，组织文化有利于促进个体间进行知识转移。组织要通过塑造学习支持型及创新型的组织文化，激发组织内部成员进行知识转移的动机。Drucker（1998）研究表明，组织文化会对知识转移绩效产生直接的影响。特别是隐性知识，由于其本身具有默会性，因此需要知识的拥有者有更强烈的知识转移意愿，才能够成功转移。如果隐性知识拥有方考虑自己的自身地位和利益，不投入太多精力与他人分享自己的隐性知识，那么最终会阻碍隐性知识的转移。

组织文化与回任人员的知识转移态度也密切相关。组织文化对个体的职业成就感以及职业满意度产生影响。对于回任人员这样的特殊群体来说，回任之后面临社会方面与组织方面的各种压力，出于对自身利益的保护，而不愿意将自己获得的国际知识与他人分享。因此，对于回任人员来说，要有促使其进行知识转移的组织文化，以保证跨国公司回任人员知识转移的顺利进行。

基于以上分析，本研究提出以下假设：

H_{2a}：组织文化支持对回任人员显性知识转移有显著的正向影响。

H_{2b}：组织文化支持对回任人员隐性知识转移有显著的正向影响。

2. 组织氛围支持与回任人员知识转移

组织氛围与组织文化的概念不同，它反映的是组织中可见的日常工作的层面。组织氛围表达的是员工对企业内部环境的一种主观感知，它不仅体现回任人员所处的环境特征，而且也包含了组织中各成员之间进行心理互动的主观感受，从而影响回任人员的工作态度、知识转移行为以及绩效。回任人员如果能够感受到组织认可他们的知识转移工作，并且能够给其提供进行知识转移所需的相关帮助时，回任人员就会更倾向于进行知识转移。Scott et al.（1994）的相关研究指出，支持性的组织氛围和回任人员知识转移绩效之间呈现出显著的正相关关系。

在激烈的市场竞争环境中，知识是企业实现动态竞争优势的关键所在，而获取竞争优势的最根本途径就是进行知识转移。Amabile et al.（2004）研究指出，组织氛围展现的是一个组织对于它的所有员工进行知识转移的一种期望信息。如果跨国公司回任人员能够感受到有利于其进行知识转移的组织氛围，那么这将会在一定程度上激励和促进回任人员投入更多的精力进行知识转移，进而对组织绩效和能力的提升产生积极的作用。顾远东等人（2010）的相关研究结果指出，组织的创新氛围会对个体的创新行为有显著的正相关关系。

从社会交换的视角来看，当回任人员通过组织实施的政策措施认为组织值得信赖时，回任人员的情感承诺会增加，并且利他主义行为也会随着增加，进而会增强知识转移行为。其他研究也表明，信任对回任人员知识转移有显著的影响。Kankanhalli et al.（2005）发现，员工间相互信任的组织氛围有助于减小知识转移的消极影响。Schepers et al.（2007）

发现，组织过分强调个人竞争会阻碍员工间的知识转移行为，而团队的合作氛围则有助于创造一个和谐及信任的知识转移环境。

基于以上分析，本研究提出以下假设：

H_{2c}：组织氛围支持对回任人员显性知识转移有显著的正向影响。

H_{2d}：组织氛围支持对回任人员隐性知识转移有显著的正向影响。

3. 组织制度支持与回任人员知识转移

研究表明，企业内部人员进行知识转移的动机是来自于组织内成员的自尊、互惠和自我实现。跨国公司若实施工作授权制度，就会让回任人员感觉到被尊重，这有助于回任人员提升并发挥其主人公意识，从而增强他们进行知识转移的动机。另外，激励制度也会影响回任人员的知识转移，激励制度会让回任人员有动机去转移知识，特别是隐性知识。一个组织明文规定的组织制度是员工进行工作的标准，同时各种激励制度也是员工努力工作的目标。

信息只有与具体实际结合起来才能够成为知识，所以知识转移的进行在很大程度上是因为人的存在。由于知识的形成具有高成本、高风险、外部性以及收益不确定性等特征，回任人员有可能为规避风险而对知识进行有意的垄断。戴俊和朱小梅（2005）的研究表明，知识转移在一定外部激励的条件下才会发生。因此，组织制度的科学合理性是知识转移的保证。Schepers et al.（2007）发现，程序公平和员工间进行知识转移的行为呈正相关关系。Lin et al.（2006）研究发现，程序公平以及分配公平可以通过组织承诺而对隐性知识转移产生显著的正向影响，其中分配公平则是通过员工间的互相信任来影响知识转移的。

基于以上分析，本研究提出以下假设：

H_{2e}：组织制度支持对回任人员显性知识转移有显著的正向影响。

H_{2f}：组织制度支持对回任人员隐性知识转移有显著的正向影响。

4. 自我效能的调节作用

自我效能在回任人员知识转移中的研究还没有受到广泛的关注，但是国内外有关学者对自我效能与员工工作绩效之间的关系已经进行了深入的研究。自我效能较强的回任人员会有更大的信心进行知识转移。例如，吕晓（2014）实证研究了知识型员工工作压力、自我效能感和离职倾向之间的关系，研究结果表明自我效能感在工作压力中的人际关系、职业发展、自身发展维度与离职倾向间具有调节作用。冯静等人（2011）研究指出,具有高水平自我效能的人倾向于选择挑战性较大的任务,他们更重视能力的锻炼,而不会过分在意结果。此外,吴莹(2014)通过对不同行业的员工进行调研,发现一般自我效能感对工作中的三个方面有显著的正向影响,即工作绩效中的任务绩效、工作奉献以及人际促进,同时其研究结果也表明员工的一般自我效能感可促进其工作绩效的提高。王娟茹(2015)的实证研究也表明,自我效能在回任支持对双元性创新的影响中具有调节作用。

本研究认为,跨国公司回任人员在高水平的自我效能下,不仅其开展工作时更具创新性,而且更倾向于愿意投入更多的时间及精力进行更加有效的知识转移行为。因此本研究引入回任人员的自我效能作为调节变量,回任人员的自我效能越高,组织支持越能促进回任人员进行显性知识和隐性知识的转移。

基于以上分析,本研究提出以下假设:

H_{2g}:自我效能在组织文化支持与回任人员显性知识转移之间起正向调节作用。

H_{2h}:自我效能在组织文化支持与回任人员隐性知识转移之间起正向调节作用。

H_{2i}:自我效能在组织氛围支持与回任人员显性知识转移之间起正向调节作用。

H_{2j}:自我效能在组织氛围支持与回任人员隐性知识转移之间起正向调节作用。

H_{2k}:自我效能在组织制度支持与回任人员显性知识转移之间起正向调节作用。

H_{2l}:自我效能在组织制度支持与回任人员隐性知识转移之间起正向调节作用。

4.2.3 实证研究

1. 问卷设计

本研究的量表设计参考了西方学者已有的成熟量表,经过反复推敲修改,对变量各维度及各测量题项酌情改善,使得量表具有良好的信度和效度,最终量表由"基本信息"和"主体部分"(组织支持、自我效能、知识转移)两大部分组成。第一是调查对象的基本信息,包括调查对象的性别、年龄、婚姻状况、学历、外派次数、外派时间以及现任职位这 7 个测量题项。对调查对象的基本信息进行调查是为了了解受访者的基本情况,同时也为了能够更有效地对调查问卷进行筛选,为进行描述性统计分析打下基础。其二是问卷的主体部分,共 30 个题项,主要由组织文化支持、组织氛围支持、组织制度支持、回任人员的自我效能、显性知识转移以及隐性知识转移 6 大变量的相关题项组合而成。这些题项主要采用 Likert 五级量表法来进行设计。

为了保证设计的测量量表具有较高的信度及效度,本研究在选择各个变量指标和题

第4章 跨国公司回任人员知识转移影响因素实证研究

项时,主要采取下列方法:一是直接借鉴、运用现有国内外研究中的成熟量表;二是参考国内外学者以往的研究成果,并且结合本研究中问题所具有的特点来进行指标的界定。所以本研究所用到的各个变量的测量题项都具有相关理论的支持,同时具备科学性。

(1)组织文化支持。在组织文化的测度上,林钲琴等人(2005)认为成员对于组织目标的认同能使其更愿意为工作付出努力、发挥潜能,从而转移其知识与技能,特别是隐性知识,它的转移在很大程度上是基于信任、互助以及公平。张杰(2007)认为,创新学习支持表现为组织成员之间集思广益、互相支持,进而发挥集体智慧,促使其不断创新,在中国文化情景下,除非得到明确的组织支持,不然回任人员一般不愿意主动进行知识转移。此外,组织对成员提供创新支持,可以促使成员间频繁地进行交流,提升凝聚力,提高其知识转移的意愿和热情,进而不断产生新的思想、观念以及行为。因此,结合前人的研究以及前文所述,本研究设计了以下5个题项来测度组织文化支持:

1)我非常认同组织的价值观和目标。

2)组织非常重视员工的建议并能及时反馈。

3)组织非常倡导员工间相互交流。

4)组织非常重视员工培训。

5)我可以愉快地发表自己的意见。

(2)组织氛围支持。组织氛围作为非正式制度,深刻影响组织成员的态度与行为。组织成员的心理资本以及工作态度和行为受组织氛围的影响。在组织氛围的测度方面,肖洪钧和苗晓燕(2009)提出,领导行为影响团队绩效,而领导风格决定领导行为。当领导重视团队进行知识共享时,回任人员较愿意进行知识分享。曹科岩(2012)的研究指出,来自于上级以及同事的信任能够促进知识转移行为的发生。因此,结合前人对于组织氛围的测度方法,本研究设计了以下5个题项对组织氛围支持进行测量:

1)组织能够提供回国工作所需的资源支持。

2)领导和同事对我非常信任和认可。

3)领导和同事乐于给我提供帮助。

4)我与领导和同事的关系非常融洽。

5)我的领导非常乐观民主。

(3)组织制度支持。组织制度要有弥补回任人员分享知识而丧失独特知识优势的功能,否则他们大多不愿意主动转移知识。Subramaniam et al.(2006)认为员工与组织激励制度的相互依存关系会对员工的知识转移具有较大程度的影响。参考 Waston(2006)

关于组织制度的测量量表，本研究设计了以下 5 个题项对组织制度支持进行测量：

1）我认可组织对回任人员的薪酬激励制度。

2）我认可组织对回任人员的职位晋升制度。

3）我认可组织的精神荣誉制度。

4）我认可组织的工作授权制度。

5）我能够参与组织制度的制定。

（4）自我效能。借鉴 Pintrich et al.（1990）、李力等人（2014）的自我效能测量量表，结合回任人员的特征，本研究设计了以下 5 个题项对自我效能进行测量：

1）我相信我能做好自己工作上的事情。

2）我相信自己能与领导和同事良好沟通。

3）我相信我能清楚地表达自己的想法。

4）我相信同事能听取并接受我的独到见解。

5）我相信自己在组织的作用无人可替代。

（5）跨国公司回任人员的知识转移。本研究将跨国公司回任人员的知识转移划分为显性知识转移及隐性知识转移。同时借鉴了 Simonin（1999）、Martin et al.（2003）关于显性知识转移及隐性知识转移的测量量表，分别设计了 5 个测量题项对跨国公司回任人员的显性知识转移以及隐性知识转移进行测量。

其中，显性知识转移的测量题项为：

1）我经常与同事分享我的工作报告和办公文件。

2）我经常向同事推荐我阅读过的优质书籍和刊物。

3）我会与同事分享我在国外学到的先进技术知识。

4）我会与同事讨论工作内容并制订工作计划。

5）我常和同事通过电子邮件沟通工作进展和安排。

隐性知识转移的测量题项为：

1）我经常与同事交流自己在国外的工作经验。

2）我经常与同事分享我的专业技能。

3）我经常与同事分享一些有关工作方面的观点。

4）我会与同事分享一些我在工作方面的小窍门。

5）当需要时我会与同事分享自己的失败与教训。

第4章 跨国公司回任人员知识转移影响因素实证研究

2. 数据收集

为了使收集到的数据信息真实有效，要对问卷调查对象进行严格筛选，主要调查对象是我国跨国公司的回任人员，且这些回任人员是在最近五年内完成外派任务返回母公司的。为了确保有效地回收调查问卷，调查问卷采用电子邮件发放为主、纸质问卷为辅的发放方式，并在调查问卷发放后及时关注，以此来避免发出的调查问卷没有回音。此外，对于回收的调查问卷进行严格的筛选，所有信息填写不完整的、不符合调查对象要求的调查问卷均被视为无效。

2016年6—9月，向西安、北京、成都、武汉以及东部沿海城市的85家跨国公司的246位回任人员发放了调查问卷，回收了224份，剔除信息不完整或不符合要求的问卷27份，得到有效问卷197份，有效回收率达80.1%。

对回收的197份有效问卷进行了统计分析，样本基本特征的统计分析结果如表4-11所示。从表4-11显示的数据情况来看，问卷的调查对象在一定程度上能够反映回任人员的知识转移特征，获得的数据能够满足研究分析的要求。

表4-11 调查对象个人基本情况统计分析结果

调查对象基本信息		频数（人）	频率（%）
性别	男	138	70.1
	女	59	29.9
年龄	25岁及以下	5	2.5
	26~35岁	167	84.8
	36~45岁	22	11.2
	46岁及以上	3	1.5
婚姻状况	未婚	135	68.5
	已婚	62	31.5
学历	大专及以下	6	3.1
	本科	150	76.1
	硕士及以上	41	20.8
外派次数	1次	8	4.1
	2次	95	48.2
	3次	42	21.3
	4次	22	11.2
	5次及以上	30	15.2

(续)

调查对象基本信息		频数（人）	频率（%）
外派时间	0.5~1 年	11	5.6
	1~2 年	117	59.4
	2~3 年	25	12.7
	3~4 年	25	12.7
	4 年以上	19	9.6
现任职位	一般员工	45	22.9
	基层管理人员	94	47.7
	中层管理人员	53	26.9
	高层管理人员	5	2.5

由表 4-11 的统计数据可以得到以下结论：

1）在调查对象的个人信息中，男女比例有一定的差异，其中男性占 70.1%，女性占 29.9%，这样的结果正好与跨国公司内部的真实情况相符合，在大多数跨国企业中男性都较女性偏多，尤其是驻外人员中男性员工的比例占大多数，所以这一结果正好验证了调查数据的真实性。在年龄阶层方面，所占比例最大的是 26~35 岁（84.8%），说明跨国公司的回任人员中以年轻者居多，这与现代企业日益年轻化的组织结构现象相符，并且跨国公司外派的人员中多为技术类型员工，需要较多的青年技术员工参与跨国企业外派的任务。关于调查对象的学历方面，所占比例最多的是本科学历（76.1%），其次是硕士及以上（20.8%），而大专及以下学历的很少（3.1%），出现这种现象，可能是由于跨国公司在选拔外派人员时对技术和语言有一定的要求，所以在学历方面会有一定的要求，并且越来越向高学历方向发展。综上分析，个人信息的统计数据结构是合理的。

2）在外派信息中，调查对象外派次数大部分为 1~2 次，从事外派的时间大多数在 1~2 年（59.4%）。这说明跨国企业人员外派大多为短期或中期，这与实际情况是比较相符的，因为很多驻外人员受到家庭因素、环境适应性等的限制，不可能长期在国外工作，除非一些双职工外派情况。关于调查对象在公司中的职位信息，基层管理人员所占比例接近一半（47.7%），而一般员工为 22.9%，中层管理人员为 26.9%，高层管理人员为 2.5%，这正好与企业中的组织层级人数逐级递减相符合，越高层人数越少。

3. 无偏性及信效度分析

（1）无偏性分析。为了确保回收的问卷具有代表性和无偏性，本研究使用方差分析

第4章 跨国公司回任人员知识转移影响因素实证研究

对两种途径收集的数据进行双样本 T 检验，通过电子邮件发放的问卷和现场实际发放的问卷两组样本的数据无显著性差异（$P>0.001$），说明不同的数据收集渠道对这两部分数据没有产生显著的影响，可以把它们合并在一起进行分析。所以在本次问卷调查中不存在问卷收集渠道上的差异性。

此外，本研究应用 Harman 单因素检验法来检验同源性偏差是否存在，也即把问卷的所有指标放在一起来进行因子分析，以检查非旋转因子分析的结果。假如同源性偏差较为明显存在，就会得出一个因子，或者单独这一个因子就足以解释大多数变异。本研究使用主成分分析法对所有的潜在变量进行因子分析，并且在未旋转的情况下得到第一个主成分，其占到的载荷量为 28.824%，并没有占到多数，表明同源性偏差不是一个严重问题。

（2）信度分析。本研究运用 SPSS19.0 对问卷的一致性进行了分析，结果如表 4-12 所示。由表 4-12 可知，问卷整体的 Cronbach α 系数为 0.827，表示问卷整体的内部一致性良好；另外各个变量的 Cronbach α 系数都大于 0.78，达到了可以接受的水平，这就说明本次调研数据是非常可靠的，并且调查问卷的信度良好。

表 4-12　Cronbach α 的系数

变量	维度构成	题项数量	各变量 α 系数	问卷整体 α 系数
组织支持	组织文化支持	5	0.805	0.827
	组织氛围支持	5	0.797	
	组织制度支持	5	0.790	
自我效能	自我效能	5	0.781	
知识转移	显性知识转移	5	0.808	
	隐性知识转移	5	0.832	

（3）效度分析。本研究的量表是综合借鉴多个国内外成熟量表及相关研究者的意见，通过访谈、小规模测试等方法最终确定的，内容效度较好。

本研究拟采用探索性因子分析的方法对本问卷的结构效度进行评价和检验。在进行因子分析之前，首先需要进行的就是 KMO 检验和 Bartlett 球形检验，以此来检验题项变量间是否适合进行因子分析。KMO 的指标值范围为 0～1：当 KMO 值>0.9 时，表示题项变量间的关系很好，很适合做因子分析；当 KMO 值>0.80 时，关系良好，适合进行因子分析；当 KMO 值<0.5 时，表示题项变量间不适合做因子分析。Bartlett 球形检验的显著

性概率<0.05，说明样本数据间可以通过抽取因子来简化数据的结构，也就是说适合做因子分析。本研究采取探索性因子分析法提取因子，然后通过方差最大的正交旋转方法获得各因子的载荷，根据 Kaiser 的建议来提取主因子，题项在公因子上的旋转后的因子载荷的绝对值>0.5，说明量表具有良好的收敛效度，而且题项在一个公因子上的载荷>0.5，并且在其他因子上的载荷远低于 0.5，则说明量表具有很好的区分效度，对于在多个因子上的载荷在 0.5 左右的则加以删除。根据以上原则，应用 SPSS 19.0 对本研究的变量进行探索性因子分析，分析结果如表 4-13~表 4-15 所示。

表 4-13 组织支持探索性因子分析结果

因子	测量题项	因子载荷
组织文化支持	我非常认同组织的价值观和目标	0.799
	组织非常重视员工的建议并能及时反馈	0.824
	组织非常倡导员工间相互交流	0.855
	组织非常重视员工培训	0.813
	我可以愉快地发表自己的意见	0.788
组织氛围支持	组织能够提供回国工作所需的资源支持	0.776
	领导和同事对我非常信任和认可	0.812
	领导和同事乐于给我提供帮助	0.866
	我与领导和同事的关系非常融洽	0.806
	我的领导非常乐观民主	0.858
组织制度支持	我认可组织对回任人员的薪酬激励制度	0.768
	我认可组织对回任人员的职位晋升制度	0.749
	我认可组织的精神荣誉制度	0.832
	我认可组织的工作授权制度	0.766
	我能够参与组织制度的制定	0.820
	解释的总方差	74.267%
Bartlett 球形检验	KMO 值	0.811
	近似卡方（χ^2 统计值）	1775.514
	df（自由度）	105
	Sig.（显著性概率）	0.000

第4章 跨国公司回任人员知识转移影响因素实证研究

表 4-14 自我效能探索性因子分析结果

因子	测量题项	因子载荷
自我效能	我相信我能做好自己工作上的事情	0.738
	我相信自己能与领导和同事良好沟通	0.861
	我相信我能清楚地表达自己的想法	0.869
	我相信同事能听取并接受我的独到见解	0.760
	我相信自己在组织的作用无人可替代	0.783
Bartlett 球形检验	解释的总方差	73.421%
	KMO 值	0.786
	近似卡方（χ^2 统计值）	317.897
	df（自由度）	10
	Sig.（显著性概率）	0.000

表 4-15 知识转移的探索性因子分析结果

因子	测量题项	因子载荷
显性知识转移	我经常与同事分享我的工作报告和办公文件	0.741
	我经常向同事推荐我阅读过的优质书籍和刊物	0.772
	我会与同事分享我在国外学到的先进技术知识	0.809
	我会与同事讨论工作内容并制订工作计划	0.832
	我常和同事通过电子邮件沟通工作进展和安排	0.791
隐性知识转移	我经常和同事交流自己在国外的工作经验	0.715
	我经常和同事分享自己的专业技能	0.784
	我常和同事交流一些有关工作方面的观点	0.805
	我会和同事分享一些我在工作方面的小窍门	0.831
	当需要时我会与同事分享自己的失败与教训	0.791
Bartlett 球形检验	解释的总方差	78.032%
	KMO 值	0.880
	近似卡方（χ^2 统计值）	984.239
	df（自由度）	45
	Sig.（显著性概率）	0.000

从表 4-13 可知，组织支持包含的三个因子累计方差贡献率为 74.267%，同时组织文化支持、组织氛围支持、组织制度支持的因子载荷均在 0.7 以上，而且测量变量在三个因子载荷上的区分很明显，因此具有较好的收敛效度和区分效度。

从表 4-14 可以看出，自我效能是一个单维度变量，五个题项的因子载荷均在 0.7 以上，解释了总方差的 73.421%，故具有比较好的收敛效度，由于是单因子变量，因此无须考虑区分效度。

由表 4-15 可知，知识转移量表中因子方差累计贡献率为 78.032%，并且因子载荷均大于 0.7，表明此类题项具有较好的收敛效度和区分效度。

综上所述，本研究量表的建构效度均达到了要求，因此，本研究对各个变量进行测度的题项是有效的，基本能够保证测量结果的正确性和可靠性。

4. 描述性统计和相关性分析

本研究变量的描述性统计和相关性分析结果如表 4-16 所示，表中列出了所有变量的均值、标准差、变量间的相关系数等显著性指标。由表 4-16 可以看出，组织文化支持与显性知识转移（$r=0.29$，$P<0.01$）以及隐性知识转移（$r=0.36$，$P<0.01$）、组织氛围支持与显性知识转移（$r=0.39$，$P<0.01$）以及隐性知识转移（$r=0.43$，$P<0.01$）、组织制度支持与显性知识转移（$r=0.33$，$P<0.01$）以及隐性知识转移（$r=0.34$，$P<0.01$），均呈现出显著的正相关关系。而描述回任人员基本情况的变量，包括教育背景、外派次数和外派周期，与理论模型中的自变量和因变量之间有略微的相关关系。

表 4-16 变量的描述性统计和相关性分析结果

变量	1	2	3	4	5	6	7	8	9	10	11	12	13
1. 性别	1.00	—	—	—	—	—	—	—	—	—	—	—	—
2. 年龄	-0.19*	1.00	—	—	—	—	—	—	—	—	—	—	—
3. 婚姻状况	0.09	-0.27**	1.00	—	—	—	—	—	—	—	—	—	—
4. 教育背景	0.02	-0.15	0.11	1.00	—	—	—	—	—	—	—	—	—
5. 外派次数	-0.07	0.16	-0.27*	-0.08	1.00	—	—	—	—	—	—	—	—
6. 外派时间	0.03	0.18*	-0.41**	-0.03	0.34**	1.00	—	—	—	—	—	—	—
7. 现任职位	0.22*	-0.31**	0.21*	0.09	-0.18*	-0.08	1.00	—	—	—	—	—	—
8. 组织文化支持	0.04	0.14	-0.09	0.02	0.13	0.12	-0.12	1.00	—	—	—	—	—
9. 组织氛围支持	-0.07	0.04	-0.02	0.10	0.15	0.02	-0.05	0.05	1.00	—	—	—	—
10. 组织制度支持	-0.01	0.10	-0.06	-0.03	0.15	0.07	-0.17	0.16	0.15	1.00	—	—	—

(续)

变量	1	2	3	4	5	6	7	8	9	10	11	12	13
11. 自我效能	0.07	0.14	−0.05	0.18	0.11	0.12	−0.06	0.05	0.14	0.15	1.00	—	—
12. 显性知识转移	−0.09	0.04	−0.13	0.05*	0.23*	0.04	−0.14	0.29**	0.39**	0.33**	0.07	1.00	—
13. 隐性知识转移	−0.09	0.16	−0.10	−0.04	0.26*	0.19*	−0.07	0.36**	0.43**	0.34**	0.14	0.13	1.00
均值	1.40	2.12	1.32	3.17	3.85	4.11	2.91	3.53	3.82	3.21	3.93	3.74	3.90
标准差	0.49	0.43	0.47	0.46	1.28	1.27	0.77	0.67	0.59	0.71	0.50	0.57	0.52

注：*表示 $P<0.05$，**表示 $P<0.01$。

5. 假设检验

本研究采用回归分析的方法对假设进行验证，首先分别分析组织文化支持、组织氛围支持、组织制度支持对回任人员显性知识转移和隐性知识转移的影响，然后检验自我效能在组织支持与回任人员知识转移之间所起的调节作用。受样本覆盖面以及数量上的限制，前述的描述性统计分析结果表明，描述回任人员基本情况的变量与理论模型中的自变量和因变量之间有略微显著的相关关系。因此，问卷中关于回任人员基本情况的变量（包括回任人员的性别、年龄、教育背景、外派次数以及外派时间）被作为控制变量引入回归分析的模型中。

（1）主效应检验。在本研究中，假设 H_{2a}、H_{2c}、H_{2e} 和 H_{2b}、H_{2d}、H_{2f} 提出的组织文化支持、组织氛围支持和组织制度支持三个维度对跨国公司回任人员显性知识转移和隐性知识转移有显著的正向影响。为了验证这三对研究假设，首先将显性知识转移或隐性知识转移设为因变量，其次加入控制变量（性别、年龄、教育背景、外派次数、外派时间），最后将自变量组织文化支持、组织氛围支持、组织制度支持分别放入方程，逐步回归分析，结果如表 4-17 所示。

表 4-17 组织支持对知识转移影响的逐步回归分析结果

变量	显性知识转移		隐性知识转移	
	模型 1	模型 2	模型 3	模型 4
控制变量				
性别	0.122	0.104	0.064	0.106
年龄	0.070	0.053	0.052	0.091
教育背景	0.083	0.088	0.032	0.088

(续)

变量	显性知识转移		隐性知识转移	
	模型1	模型2	模型3	模型4
控制变量				
外派次数	0.142	0.141	0.048	0.067
外派时间	0.135	0.107	0.132	0.237**
自变量				
组织文化支持		0.301**		0.108
组织氛围支持		0.293**		0.106
组织制度支持		0.334**		0.250**
F值	8.575**	17.416**	26.533**	22.233**
R^2	0.086	0.237	0.522	0.715
ΔR^2	0.086	0.151	0.522	0.179
ΔF	8.575**	6.138**	26.533**	14.058**

注：**表示 $P<0.01$。

从表4-17中的模型2可以看出，组织文化支持（$\beta=0.301$，$P<0.01$）、组织氛围支持（$\beta=0.293$，$P<0.01$）、组织制度支持（$\beta=0.334$，$P<0.01$）均对跨国公司回任人员显性知识转移有显著正面影响，因此假设 H_{2a}、H_{2c} 和 H_{2e} 获得了支持。从表4-17中的模型4可以看出，组织文化支持对跨国公司回任人员隐性知识转移的影响未达到显著水平（$\beta=0.108$），且组织氛围支持对跨国公司回任人员隐性知识转移的影响也未达到显著水平（$\beta=0.106$），但组织制度支持对跨国公司回任人员隐性知识转移有显著正面影响（$\beta=0.250$，$P<0.01$），因此假设 H_{2b}、H_{2d} 未获得数据支持，而假设 H_{2f} 获得了支持。

（2）调节效应检验

1）自我效能在组织文化支持与回任人员知识转移之间的调节作用。为了验证自我效能在组织文化支持与跨国公司回任人员显性知识转移及隐性知识转移之间的调节作用，本研究把跨国公司回任人员的显性知识转移以及隐性知识转移作为因变量，再引入控制变量（性别、年龄、教育背景、外派次数、外派时间），最后再加入自变量（组织文化支持）、调节变量（自我效能）以及自变量与调节变量的交互项（组织文化支持×自我效能）。为了消除共线性的影响，在构造组织文化支持及自我效能的交互项时，将组织文化支持及自我效能分别进行了标准化处理，层次回归分析的结果如表4-18所示。

第4章 跨国公司回任人员知识转移影响因素实证研究

表 4-18 组织文化支持与自我效能对回任人员知识转移的层级回归分析结果

变量	显性知识转移				隐性知识转移			
	模型1	模型2	模型3	模型4	模型5	模型6	模型7	模型8
控制变量								
性别	0.064	0.024	0.097	0.057	0.045	0.106	0.049	0.037
年龄	0.028	0.033	0.055	0.051	0.135	0.091	0.088	0.087
教育背景	0.139	0.124	0.155	0.021	0.013	0.021	0.017	0.039
外派次数	0.061	0.083	0.043	0.101	0.066	0.043	0.068	0.073
外派时间	0.147	0.031	0.142	0.040	0.146	0.233	0.168	0.030
自变量								
组织文化支持		0.364**	0.277**	0.330**		0.188**	0.449**	0.384**
调节变量								
自我效能			0.372**	0.306*			0.249*	0.177*
交互项								
组织文化支持×自我效能				0.259**				0.275**
R^2	0.082	0.150	0.158	0.265	0.130	0.199	0.214	0.235
F值	11.066**	10.817**	9.639**	8.460**	18.482**	15.279**	11.074**	8.316**
ΔR^2	0.082	0.061	0.037	0.233	0.130	0.086	0.095	0.207
ΔF	11.066**	9.785*	8.240**	10.687**	18.042**	10.640**	9.332**	11.673**

注：**表示 $P<0.01$。

从表 4-18 的模型 4 和模型 8 中可以看到，组织文化支持和自我效能的交互项对跨国公司回任人员的显性知识转移以及隐性知识转移都有显著的正向影响（模型 4，$\beta=0.259$，$P<0.01$；模型 8，$\beta=0.275$，$P<0.01$）。这表明，跨国公司回任人员的自我效能越强，组织文化支持与显性知识转移以及隐性知识转移之间的正向关系也越强，假设 H_{2g} 和 H_{2h} 得到了支持。图 4-6 给出了这种交互的影响模式，从图 4-6 也可以看出，对于自我效能高的回任人员来说，组织文化支持与显性知识转移和隐性知识转移之间的正向关系更为明显，这表明自我效能对组织文化支持和显性知识转移的关系有显著正向调节作用，自我效能对组织文化支持和隐性知识转移的关系有显著正向调节作用。

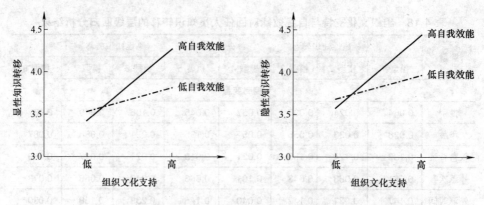

图 4-6 自我效能在组织文化支持与回任人员知识转移之间的调节效应

2）自我效能在组织氛围支持与回任人员知识转移之间的调节作用。为了验证自我效能在组织氛围支持与跨国公司回任人员显性知识转移及隐性知识转移之间的调节作用，本研究把跨国公司回任人员的显性知识转移以及隐性知识转移作为因变量，再引入控制变量（性别、年龄、教育背景、外派次数、外派时间），最后再加入自变量（组织氛围支持）、调节变量（自我效能）以及自变量与调节变量的交互项（组织氛围支持×自我效能）。为了消除共线性的影响，在构造组织氛围支持及自我效能的交互项的同时，将组织氛围支持及自我效能分别进行了标准化处理，层次回归分析的结果如表 4-19 所示。

表 4-19 组织氛围支持与自我效能对回任人员知识转移的层级回归分析结果

变量	显性知识转移				隐性知识转移			
	模型1	模型2	模型3	模型4	模型5	模型6	模型7	模型8
控制变量								
性别	0.097	0.028	0.111	0.142	0.039	0.026	0.100	0.143
年龄	0.121	0.116	0.008	0.087	0.052	0.055	0.061	0.074
教育背景	0.112	0.052	0.139	0.015	0.032	0.021	0.017	0.005
外派次数	0.043	0.073	0.081	0.111	0.042	0.063	0.066	0.108
外派时间	0.109	0.033	0.124	0.048	0.146	0.167	0.063	0.045
自变量								
组织氛围支持		0.421**	0.251**	0.201**		0.224**	0.353**	0.272**
调节变量								
自我效能			0.228**	0.186**			0.130**	0.234**

第4章 跨国公司回任人员知识转移影响因素实证研究

（续）

变量	显性知识转移				隐性知识转移			
	模型1	模型2	模型3	模型4	模型5	模型6	模型7	模型8
交互项								
组织氛围支持×自我效能				0.318**				0.355**
R^2	0.150	0.185	0.208	0.274	0.184	0.227	0.237	0.235
F值	21.884**	13.977**	10.676**	8.316**	28.003**	18.103**	12.664**	8.891**
ΔR^2	0.150	0.072	0.108	0.244	0.078	0.115	0.092	0.207
ΔF	21.884**	12.785**	8.504**	11.673**	28.003**	10.876**	9.332**	10.113**

注：**表示 $P<0.01$。

从表4-19的模型4和模型8中可以看到，组织氛围支持和自我效能的交互项对跨国公司回任人员的显性知识转移以及隐性知识转移都有显著的正向影响（模型4，$\beta=0.318$，$P<0.01$；模型8，$\beta=0.355$，$P<0.01$）。这表明，跨国公司回任人员的自我效能越强，组织氛围支持与显性知识转移以及隐性知识转移之间的正向关系也越强，假设 H_{2i} 和 H_{2j} 得到了支持。图4-7给出了这种交互的影响模式，从图4-7也可以看出，对于自我效能高的回任人员来说，组织氛围支持与显性知识转移和隐性知识转移之间的正向关系更为明显，这表明自我效能对组织氛围支持和显性知识转移的关系有显著正向调节作用，自我效能对组织氛围支持和隐性知识转移的关系有显著正向调节作用。

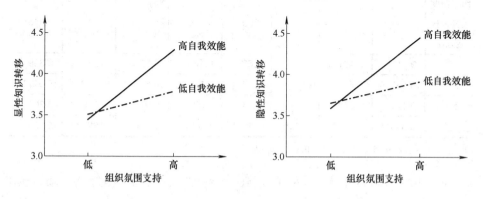

图4-7 自我效能在组织文化支持与回任人员知识转移之间的调节效应

3）自我效能在组织制度支持与回任人员知识转移之间的调节作用。为了验证自我效能在组织制度支持与跨国公司回任人员显性知识转移及隐性知识转移之间的调节作用，本研究把跨国公司回任人员的显性知识转移以及隐性知识转移设为因变量，再引入控制变量（性别、年龄、教育背景、外派次数、外派时间），最后再加入自变量（组织制度支持）、调节变量（自我效能）以及自变量与调节变量的交互项（组织制度支持×自我效能）。为了消除共线性的影响，在构造组织制度支持与自我效能的交互项的同时，将组织制度支持及自我效能分别进行了标准化处理，层次回归分析的结果如表 4-20 所示。

表 4-20 组织制度支持与自我效能对回任人员知识转移的层级回归分析结果

变量	显性知识转移				隐性知识转移			
	模型1	模型2	模型3	模型4	模型5	模型6	模型7	模型8
控制变量								
性别	0.028	0.111	0.045	0.123	0.052	0.091	0.135	0.089
年龄	0.016	0.062	0.029	0.024	0.088	0.117	0.021	0.094
教育背景	0.123	0.130	0.009	0.030	0.014	0.066	0.073	0.125
外派次数	0.061	0.083	0.066	0.102	0.042	0.103	0.067	0.120
外派时间	0.109	0.156	0.142	0.044	0.146	0.233	0.168	0.047
自变量								
组织制度支持		0.191**	0.120*	0.121**		0.171**	0.093*	0.194**
调节变量								
自我效能			0.156**	0.285**			0.171**	0.227**
交互项								
组织制度支持×自我效能				0.269**				0.345**
R^2	0.112	0.171	0.192	0.262	0.184	0.227	0.237	0.329
F 值	15.583**	12.688**	9.679**	9.567**	14.826**	14.628**	11.332**	18.517**
ΔR^2	0.112	0.059	0.071	0.234	0.078	0.015	0.079	0.301
ΔF	15.583**	8.810**	5.206**	9.019**	14.826**	12.996**	8.021**	11.529**

注：*表示 $P<0.05$，**表示 $P<0.01$。

从表 4-20 的模型 4 和模型 8 中可以看到，组织制度支持和自我效能的交互项对跨国公司回任人员的显性知识转移以及隐性知识转移都有显著的正向影响（模型 4，$\beta=0.269$，$P<0.01$；模型 8，$\beta=0.345$，$P<0.01$）。这表明，回任人员的自我效能越强，组织制度支持

与显性知识转移以及隐性知识转移之间的正向关系也越强,支持了假设 H_{2k} 和 H_{2l}。图 4-8 给出了这种交互的影响模式,从图 4-8 也可以看出,对于自我效能高的回任人员来说,组织制度支持与显性知识转移和隐性知识转移之间的正向关系更为明显,这表明自我效能对组织制度支持和显性知识转移的关系有显著正向调节作用,自我效能对组织制度支持和隐性知识转移的关系有显著正向调节作用。

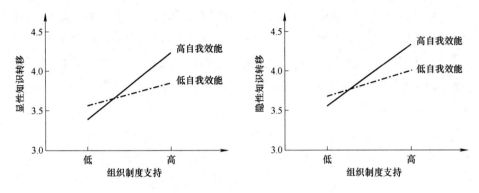

图 4-8 自我效能在组织制度支持与回任人员知识转移之间的调节效应

4.2.4 研究结果

关于组织支持对回任人员知识转移的直接影响作用,本研究的结果表明:①组织文化支持对回任人员显性知识转移有显著的正面影响,其回归系数为 0.301,且达到了 0.01 的显著性水平,假设 H_{2a} 得到了实证数据的支持;但组织文化支持对回任人员隐性知识转移的影响不显著,因此,假设 H_{2b} 未得到实证数据的支持。②组织氛围支持对回任人员显性知识转移有显著的正面影响,其回归系数分别为 0.293,且达到了 0.01 的显著性水平,假设 H_{2c} 得到了实证数据的支持;然而组织氛围支持对回任人员隐性知识转移的影响不显著,由此,假设 H_{2d} 未获得实证数据的支持。③组织制度支持对回任人员显性知识转移和隐性知识转移均有显著正面影响,其回归系数分别为 0.334 和 0.250,且达到了 0.01 的显著性水平,假设 H_{2e} 和 H_{2f} 也获得了实证数据的支持。此研究结果表明,组织支持对跨国公司回任人员的显性知识转移具有正向影响,即当跨国公司提供组织文化、组织氛围以及组织制度方面的支持时,回任人员就可以有更多的渠道与其他同事沟通交流,相互了解,增进彼此关系,会更有利于回任人员进行显性知识的转移。但是回任人员将在海外习得的隐性知识作为自己独特的竞争优势,并且组织文化支持和组织氛围支持只是心理层面的支持,回任人员不倾向于将其隐性知识与他人分享。只有当跨国公司提供明确的组织制度方面的支持时，回任人员克服了自己心理方面的顾虑，才倾向于转移他们在海外获得的知识和经验，也即假设H_{2b}和H_{2d}未得到实证数据支持的原因。

关于自我效能的调节作用，本研究提出的六个假设也得到了实证数据的支持，研究结果表明：①自我效能在组织文化支持与回任人员显性知识转移以及隐性知识转移之间起显著正向调节作用，回归系数分别为0.259和0.275，其显著性水平均为0.01，因此假设H_{2g}和H_{2h}得到了实证数据的支持。②自我效能在组织氛围支持与回任人员显性知识转移以及隐性知识转移之间起显著正向调节作用，回归系数分别为0.318和0.355，其显著性水平均为0.01，因此假设H_{2i}和H_{2j}也得到了实证数据的支持。③自我效能在组织制度支持与回任人员显性知识转移以及隐性知识转移之间起显著正向调节作用，回归系数分别为0.269和0.345，其显著性水平均为0.01，因此假设H_{2k}和H_{2l}也得到了实证数据的支持。此研究结果说明，回任人员对其转移知识的自信程度会增强组织支持与其进行知识转移的积极性。也就是说，当回任人员感受到一定的组织支持，并且自身又相信通过自己的一些努力，会使同事学到一些海外的知识和经验时，回任人员更倾向于与同事分享并且转移其独特的海外知识与经验。

4.3 私人关系对回任人员知识转移的影响

在中国，人与人之间的私人关系普遍存在，并起着非常独特的作用。中国是一个关系导向的社会，关系不仅体现了儒家文化的特征，而且能够指导人们的社会行为，影响人与人、组织和环境等的互动。因此，本节从中国具有特殊意义的私人关系出发，研究其对跨国公司回任人员知识转移的影响，既紧跟跨国公司知识管理研究的新潮流，又立足中国基本国情和中国特殊的社会文化背景。

4.3.1 理论模型构建

1. 私人关系的内涵

以往对私人关系的研究中，学者们主要使用"人际关系"和"关系"两个概念。但是中国社会中的关系相比于西方的"人际关系"，具有一定的文化特殊性，因此有学者并没有用我们常说的人际关系概念，而是使用了音译的Guanxi来表述中国人之间的私人关系。私人关系（Guanxi）作为中国人的隐性心理特征，常常用来描述其人际交往的规则。

对于中国人社会关系的展现方式及结果,西方学者往往只关注中国关系的负面影响,认为关系是一种非正式制度的替代品,是谋取私利的非伦理行为、是腐败或者不正当交易的手段。中国学者从中国传统文化角度去解释中国的关系,认为关系是一种符合中国伦理规范的行为。

由于文化背景的差异,中国人的"关系"比西方的人际关系更加复杂。中国社会学家费孝通提出了"差序格局"理论,每个人都以自己为中心结成网络,就如同把一块石头扔到水里,以这个石头(个人)为中心点,在其四周形成一圈一圈的波纹,波纹的远近可以表示社会关系的亲疏。他认为中国人在社会互动过程中,将自己作为中心,把身边的人依据亲疏远近关系划分为几个不同的"同心圆",距离中心越近的人,则关系越亲近;相反,则越疏远。而且中心与不同的同心圆之间有着不同的交往法则。从费孝通的"差序格局"观点来看,中国人的关系是以集体主义为中心,基于中国特殊文化所形成的具有特殊标准的人际互动,而不是泛指人际互动关系。

中国的"关系"与西方国家关系的含义存在显著差异。受"个人主义"的传统观念影响,西方的人际关系以社会交换理论为研究基础,把人与人之间的关系看作利益交换工具。然而在中国,关系受到我国文化影响,尤其是受到儒家文化的深远影响,讲究"集体主义"理念,关系的内涵不仅涵盖西方的人际关系成分,而且还包含了更加丰富的情感成分和社会规范成分,如血缘、亲缘、地缘等。美国学者帕森斯(Parsons)认为中国是特殊主义的关系取向,而西方是普遍主义的关系模式。特殊主义根据行为者与对象间的特殊关系来认定对象及其行为的价值高低,普遍主义则要求价值判断独立于行为者与对象的身份关系。Chen et al.(2004)指出在中国这种集体主义文化背景下,人与人之间的关系呈现出一种紧密编织的网络形式,受到隐含的心理契约的制约,关系双方必须遵循相应的社会行为准则,如保持长期的联系、相互之间的承诺、忠诚和义务等。中国人将这种特殊的关系基础往往归因为"缘",如血缘、地缘、业缘、亲缘、学缘等。

综上所述,关系包括三层含义:第一,以自我为关系中心,与周围的人所形成的社会互动网络;第二,关系受到隐含的心理契约的制约,必须遵守相应的社会行为准则;第三,以缘为认同基础,相互间就越亲近、信任、有依赖感。结合中国社会的具体情境和本研究的研究目的,本研究中将私人关系定义为:在跨国公司回任人员与其周边同事之间除工作关系之外的一种较亲密的人际关系。

2. 关系的维度划分

由于学者们的研究视角不同,现有研究对关系维度的划分有较大差异,至今尚未形成成熟的关系结构框架。对目前的学术研究进行总结归纳，关系主要有单维度、二维度、三维度和多维度。

（1）单维度。有些学者仅关注于关系的某一方面，并没有对关系划分维度，而是将其作为单维度变量进行研究。例如：Law et al.（2000）用"关系质量"对上下级之间的关系进行了描述和测量；Leung et al.（2005）使用"关系"描述了供应链企业间关系的亲密程度；张勉（2006）将关系看作一种工具，认为个体能够通过"关系"获取其所需的稀缺资源和避免一些困境。

（2）二维度。黄光国等人（2004）将国内的关系分为情感性关系与工具性关系，他指出情感性关系和工具性关系两者没有明显的区分界线，在情感性关系中有工具交换成分，在工具性关系中也有感情交流成分，只不过所含的成分有所侧重而已。他用"感情性的多寡或强弱"与"工具性的多寡或强弱"来描述关系。这种划分方式虽然能够从一定程度上反映人际交往的一些情况，但却不能反映出东、西方人际关系的本质区别，故而不能揭示中国人际关系的实质。杨宜音（1995）认为关系包含了先赋性关系（应有之情）和交往性关系（真有之情）两部分。杨中芳（1999）指出中国人际关系可分解为既定成分和交往成分。Chen et al.（2004）提出了一个关系质量的理论模型，其中关系质量包括"信"和"情"两个维度：前者表示个体的可信度，后者则表示关系对参与双方的情感性需求的满足程度。其中，"信"包括"诚意"和"能力"；"情"包括交情（即义务）和感情。

（3）三维度。Kipnis（1997）通过调查研究确认了关系的三个构成维度：感情、互惠、面子，并认为感情是其中最重要的维度。Park et al.（2001）的研究结果与 Kipnis 类似，认为互相帮助、保留面子和感情是关系的必要组成。Ramasamy et al.（2006）在关系对企业间知识转移的影响研究中将关系划分为信任、关系承诺、沟通三个维度。姜定宇（2005）通过对华人企业中的上下级样本进行测量，提出将关系分为三个维度，即人际情感、角色义务、利益关系。

（4）多维度。周丽芳等人（2006）提出了将关系划分为工具性、礼数规范、义务规范和情绪依附四个维度，并在此基础上构建了华人企业中的关系作用模式。Lee et al.（2005）对经理人的访谈结果显示关系由保留面子、互惠、感情、信任和互动五个方面组成，但其并未对这五个方面进行验证。

综上所述，现有研究对于关系的构成维度还未形成统一的、被普遍接受的观点。结合中国社会的特殊文化背景，人情、感情、面子等维度被大多数学者提出和接受。因此，本研究所涉及的跨国公司回任人员和企业员工之间的关系，主要包含感情、人情和面子三个维度。

3. 理论模型

目前关系理论的研究大多是以西方文化为背景进行的,这样形成的理论深深地印上了西方文化的烙印,其对于不同的文化适用性必然受到质疑。另外,很少有研究直接从关系本身的角度来探讨其对知识转移的影响作用,大多数研究集中在宏观层面,研究关系分类(情感性关系和工具性关系)、关系的强度、熟悉度与知识转移的关系等。还有一些社会心理学家用亲密度来判断两人之间的关系,他们认为如果两个人有较多相同的生活经验或者说两人对对方的生活状况了解得越多,关系就越亲密,双方互信度越高。这种只用亲密度、熟悉度、关系强度、联系强度等衡量人际关系的方法,对于中国人与人之间复杂的关系而言,略显简单化。对于到底是关系中的什么因素使人们决定转移自己的知识,则没有相关研究。因此有必要根据中国人关系的特殊性,对关系做一个比较细致的概念化。前文已提过,本研究中将私人关系定义为:在跨国公司回任人员与其周边同事之间除工作关系之外的一种较亲密的人际关系。按照 Kipnis(1997)对私人关系的划分方法,将其分为人情、感情、面子三个维度,并考察私人关系对不同特性知识转移的影响程度是否存在差异性。

跨国公司回任人员和企业员工的私人关系对知识转移的影响可能不是直接的,还要以其他因素为媒介。信任在企业内部的资源交换中起着重要的作用,它不仅直接影响个人和部门的资源交换决策,而且是其他因素起作用的重要的中间变量。Larson(1992)认为,关系强度的增强能增强双方之间相互学习的积极性和相互依赖性,有利于双方之间的知识转移和知识整合。王桂萍等人(2010)也认为应当利用私人关系提高信任从而促进双方之间的知识转移。

基于以上论述,本研究以跨国公司回任人员为研究对象,提出私人关系对回任人员知识转移的影响模型。以回任人员与企业员工的私人关系为自变量,回任人员知识转移为因变量,信任作为中介变量,探讨私人关系对回任人员知识转移的影响机制。本研究构建的理论模型如图 4-9 所示。

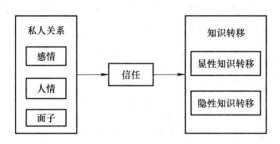

图 4-9 私人关系对回任人员知识转移影响的理论模型

4.3.2 研究假设

1. 私人关系与信任

（1）感情。感情是指人的情感，是人们在实际交往过程中，通过经验所产生的真正情感，满足了双方关爱、温情、安全感和归属感等情感方面的需求，感情越深厚，关系就越亲近。感情能够促使共同价值观的形成、机会主义的减少、个人忠诚度的增加，减少人与人之间的隔阂，能够使人对对方减少或消除防备心理，增加信任感。

（2）人情。人情是指人们在进行社会交往和互动的过程中，双方进行交换的资源。这种人情资源可以是物化的、有形的实际存在物，如金钱、礼品等人之衣、食、住、行所需之一切物品；也可以是非物化的、无形的，表现为一种活动或者过程，如给予一次机会和帮助、提供某些便利或支持、做出某些允诺或让步等，而两者在人际互动交往的活动中所具有的价值往往都是难以被客观衡量的。人情是依社会规范所做出的正当及恰当行为，而且它是遵循互惠法则的。当某个人遇到困难时，同一社交圈中的其他成员应该帮助他，而得到帮助的人应及时报答这份恩情。杨中芳（1999）曾对中国人的人际交往进行了一个本土的概念化，提出了"人人为我，我为人人"的人际交往模式。做任何事均不可以用自己的喜好来待人接物，不然会被认为是自私的。帮助对方的人又期望对方准时、准确地回报自己的需求及想要做的事，"来而不往，非礼也"说的正是这个道理。在这样的一个社会性及互依性高的人际交往模式中，人际信任的意义是要确保对方在"人人为我，我为人人"的交往中，会履行他（或她）的责任及义务。在这个交往中为对方托付给自己的事尽心尽力，如同做自己的事一样，必要时甚至还得牺牲自己的利益。为此，信任变成一个非常重要而突出的问题。如果交往双方没有信任，就不可能预期对方会回报自己，因此也就不能确保自己的需求或意愿会得到满足。

（3）面子。面子是一个人通过别人对他的态度、行为或评价而形成的自我心像。面子具有社会性，是通过人际互动得以实现的自我拥有和自尊的体现。保留面子的规范鼓励人们在自己的交往圈中扮演适当的社会角色，以满足同一圈子里的人的要求并被他们所欣赏，要求别人对其表现出尊敬或顺从。中国人十分重视面子，在人们的社会互动中，往往会以对方给自己面子的多少来判断自己被接纳和被尊重的程度，因此判断自己是否进入对方的"自己人圈子"。如果对方在公共场合时刻注意给自己保留面子，不揭短处、多说长处，那就表示对方把自己当作自己人进行保护，因此更值得信任。

跨国公司回任人员与其身边同事的相处之道必然也是基于中国这种"关系导向"的

社会交往，以"自己人"和"外人"去划分身边交往的同事，关系越近或越好，越相信对方不会对自己造成伤害，越值得信任，越会对其推心置腹。

基于以上分析，本研究提出以下假设：

H_{3a}：感情对回任人员的信任有显著的正向影响。

H_{3b}：人情对回任人员的信任有显著的正向影响。

H_{3c}：面子对回任人员的信任有显著的正向影响。

2. 信任与知识转移

知识转移难以实现的原因有很多，除了与双方转移、接受知识的能力、知识的内隐性、复杂性有关外，更重要的是相互之间存在的道德风险问题，知识的发送方需要有足够的动力去分享自己所拥有的知识。在进行知识转移的过程中，知识转移会使发送方面临知识资源贬值的风险，从而减少发送方转移知识的积极性。发送方必须愿意主动去展示知识并把它转移给对方，而不是人为地制造"黏性知识"。Suarez-Villa et al.（1997）以生物技术产业的企业组织为研究对象，研究得出，在跨企业边界研发知识分享中，对知识分享伙伴的信任是促进合作行为最为关键性的因素。Scott（2001）检验了信息技术和信任对促进组织间学习的效应，认为信任的缺乏是阻碍组织间合作性学习的最大障碍。

知识型组织要想实现知识在员工之间的转移，就需要员工之间有高频率的交流，而交流的关键就是要在交流主体之间建立信任，没有信任，就无法进行知识交流，因而也就无法转移知识。高祥宇等人（2006）研究认为，信任通过影响转移双方的心理过程，降低参与知识转移的风险和代价，提高预期的收益，从而增加知识分享和转移的意愿。另外，信任能够使知识转移活动对于参与双方来说变得更加容易，因为：第一，信任能够使知识转移双方沟通加深，扩展双方共同知识的范围，使更多的沟通渠道和媒介得到应用；第二，信任能够促使知识提供方划清自己的知识领域，减少知识分享搜索成本；第三，信任使分享关系不易受到环境噪声的影响，保持分享行为的稳定。

信任会影响知识的转移，但由于知识的性质不同，转移效果会有所不同。由于隐性知识的复杂性、默会性、黏附性更强，回任人员会根据对知识接收者的信任程度选择转移不同特性的知识，越是难转移的知识，要求信任程度越高。

本研究认为在参与知识转移的过程中，回任人员承担的是桥梁作用。他们通过选择适宜的转移渠道，将其在国外积累的知识、经验和技能等转移给身边的其他人。然而并不是每个人都愿意和其他人分享自己所拥有的知识优势。因为在知识转移过程中，回任人员面临接收者和特定组织情境所带来的不确定性风险，如私有知识被扩散的风险、对方或第三方利用自己知识弱点的风险、接收方的投机风险、知识不被利用的风险，以及竞争优势和地位被威胁的风险等。由于这些风险的存在，回任人员对信任的人才愿意转移自己的知识。

基于以上分析，本研究提出以下假设。

H_{3d}：信任对回任人员显性知识转移有显著正向影响。

H_{3e}：信任对回任人员隐性知识转移有显著正向影响。

3. 信任的中介作用

已有研究认为人际关系对知识转移有重要的影响。例如，Bouty（2000）提出人际间的熟识程度有利于增加资源交换和共享的可能性；Jehn et al.（1997）以团队成员为主要研究对象，探讨了团队成员间关系对团队合作效能的影响，研究结果表明团队成员间关系与知识分享意愿显著正相关。关系还能够促进参与者之间更开放、更广泛、更深入地沟通，克服不同个体之间存在的沟通障碍，降低知识转移活动的难度。在中国社会文化背景下，人情、感情、面子在日常生活中被人们频繁地使用着，它们形象地描述了中国人在处理人际关系时的心理过程。

跨国公司回任人员通过在国外工作，积累了很多国际先进的技术知识和管理经验，而这些技术知识和管理经验是回任人员回国后最为重要的优势，他们一般不会轻易共享给身边的同事，只有当回任人员和其同事之间存在较为深厚的感情的情况下，回任人员才有可能与其共享这些重要的知识。例如，Shore et al.（1993）研究发现感情对员工角色外行为有积极作用，Hooff et al.（2004）认为感情与员工的知识奉献意愿和知识获取相关。因此，感情有利于知识转移行为的发生。由于人情关系的存在，回任人员会考虑把自己拥有的知识转移给那些需要这些知识以解决问题且给过自己人情的同事，即把知识作为人情回报给欠人情的同事。正如李伟民等人（2002）的研究所提出的，人情是人们进行社会互动时人与人之间交换的资源，人情有利于知识的共享。在知识转移过程中，面子意识影响着回任人员的知识转移行为，丢面子使回任人员在内心产生难堪、困窘和尴尬等不快的感觉，给面子会使回任人员认为被尊重，从而愿意把知识转移给他人。

信任在企业内部的资源交换中起着重要的作用，它不仅直接影响个人和部门的资源交换决策，而且是其他因素起作用的重要的中间变量。Larson（1992）认为，关系强度的增强能促进双方之间相互学习的积极性和相互依赖性，有利于知识转移和知识整合。王桂萍等人（2010）也认为应当利用私人关系提高信任，从而促进双方之间的知识转移。Ghoshal et al.（1989）从社会资本的角度进行了实证研究，结果表明，作为社会资本维度的重要内容，信任是社会资本中的核心内容，其他维度对于企业内部资源的交换影响，主要是通过信任这一中介实施的。

面子、人情、感情是关系的三个层面，跨国公司回任人员与其同事之间亲密的关系能促使他们的关系趋向于"自己人"（同一圈里的人）的关系，从而可增强他们之间人际信任的发展。而较高的人际信任水平能够提高回任人员知识转移的意愿水平，降低知识转移活动的难度。因此，回任人员与同事的私人关系可能通过信任间接影响回任人员的知识转移过程。

由此，本研究提出以下假设：

H_{3f}：信任在感情和回任人员显性知识转移之间起中介作用。

H_{3g}：信任在感情和回任人员隐性知识转移之间起中介作用。

H_{3h}：信任在人情和回任人员显性知识转移之间起中介作用。

H_{3i}：信任在人情和回任人员隐性知识转移之间起中介作用。

H_{3j}：信任在面子和回任人员显性知识转移之间起中介作用。

H_{3k}：信任在面子和回任人员隐性知识转移之间起中介作用。

4.3.3　实证研究

1. 问卷设计

本研究的量表设计参考了已有的成熟量表，经过反复推敲修改，对变量各维度及各测量题项酌情改善，使得量表具有良好的信度和效度，最终量表由"基本信息"和"主体部分"（私人关系、信任、知识转移）两大部分组成。第一部分是调查对象的基本信息，包括调查对象回任人员的年龄、性别、婚姻状况、学历、外派次数、外派时间以及现任职位7个题项。基本信息的测量主要参考国外学者关于回任人员知识转移实证研究中基本信息的调查题项。基本信息调查的目的是对受访对象的基本情况有一定的了解，也方便对有效问卷进行筛选，为描述性统计分析奠定基础。第二部分是问卷的主体部分，共25个题项，主要由感情、人情、面子、信任、显性知识转移和隐性知识转移6大变量的相关题项组合而成。该部分题项采用Likert五级量表法进行设计。

（1）私人关系。本研究将回任人员与其他员工之间的私人关系划分为感情、人情、面子三个维度。借鉴 Kipnis（1997）、Park et al.（2001）关于私人关系的研究量表，本研究共设计了 9 个题项对感情、人情、面子进行测度。

感情的测量题项为：

1）我和同事打交道时坦诚相待。

2）同事经常关心我，把我当朋友一样对待。

3）我和同事下班后经常接触，一起参加娱乐活动，比如吃饭、唱歌、出游等。

人情的测量题项为：

1）我的同事经常通过他/她的社会圈子帮助我。

2）如果我曾经接受了同事的帮忙，我会尽量回报他/她。

3）当我需要帮忙的时候，我同事非常愿意施以援手。

面子的测量题项为：

1）我的同事从来不在公共场合指责我，因为那样会丢我的面子。

2）即使我的同事不同意我的观点，他/她也尽量避免在公共场合批评我。

3）如果我的同事同时收到我的邀请和其他聚会的邀请，他/她会优先考虑我的邀请。

（2）信任。借鉴 Gambetta（1988）提出的关于人际信任的测量量表，本研究设计了 6 个题项对信任进行测量。

1）如果我在工作中有困难，我的同事会努力帮助我。

2）我的多数同事不会做出一些伤害我的事或说出一些伤害我的话。

3）我的同事是值得信赖的，言行一致的。

4）我对同事的技术充满信心。

5）我的多数同事即使主管不在身边也会自觉完成他们的工作。

6）同事会指出由于我的疏忽而带来的问题。

（3）回任人员知识转移。本研究将回任人员的知识转移划分为显性知识转移和隐性知识转移。借鉴 Simonin（1999）、Martin et al.（2003）关于显性知识转移和隐性知识转移的研究量表，本研究分别设计了 5 个题项对显性知识转移和隐性知识转移进行测量。其中，显性知识转移的测量题项为：

1）我经常与同事分享我的工作报告和办公文件。

2）我经常向同事推荐我阅读过的优质书籍和刊物。

3）我会与同事分享我在国外学到的先进技术知识。

4）我会与同事讨论工作内容并制订工作计划。

5）我常和同事通过电子邮件沟通工作进展和安排。

隐性知识转移的测量题项为：

1）我经常与同事分享我在国外的工作经验。

2）我经常与同事分享我的专业技能。

3）我经常与同事分享一些有关工作方面的观点。

4）我会与同事分享一些我在工作方面的小窍门。

5）当需要时我会与同事分享自己的失败与教训。

2. 数据收集

为了收集到真实有效的数据信息，本研究在问卷调查对象的选择上，进行了严格的筛选，调查对象为我国跨国公司内完成海外派遣任务返回母国的回任人员。为了确保问卷的有效回收，本次问卷发放主要采取以电子邮件为主、纸质问卷为辅的问卷发放方式，并且在问卷发出后及时跟进，尽量避免发出的问卷没有回音。另外，对于收回的问卷也进行了严格的区分，所有信息不完整的或不符合调查对象要求的问卷全部被视为无效。

2015年6—9月，向西安、北京、成都、武汉以及东部沿海城市的85家跨国公司的287位回任人员发放了调查问卷，回收了269份，剔除信息不完整或不符合要求的问卷23份，得到有效问卷246份，有效回收率达85.7%。对于无效问卷的判断原则包括以下几种情况：第一，问卷未填写完整，缺失项过多；第二，问卷答案呈现明显的规律性；第三，逻辑上判断问卷填写过于草率。

对回收的246份有效问卷进行分析，样本的基本特征统计分析结果如表4-21所示。从表4-21显示的数据情况来看，问卷的调查对象在一定程度上能够反映回任人员的知识转移特征，获得的数据能够满足研究分析的要求。

表4-21 调查对象个人基本情况统计分析结果

调查对象基本信息		频数（人）	频率（%）
性别	男	181	73.6
	女	65	26.4
年龄	25岁及以下	67	27.2

（续）

调查对象基本信息		频数（人）	频率（%）
年龄	26~35 岁	112	45.4
	36~45 岁	50	20.4
	46 岁及以上	17	7.0
婚姻状况	未婚	117	47.6
	已婚	129	52.4
学历	大专及以下	39	15.9
	本科	126	51.2
	硕士及以上	81	32.9
外派次数	1 次	78	31.7
	2 次	103	41.9
	3 次	39	15.9
	4 次及以上	26	10.5
外派时间	0.5~1 年	38	15.5
	1~2 年	83	33.7
	2~3 年	61	24.8
	3~4 年	44	17.9
	4 年以上	20	8.1
现任职位	一般员工	66	26.8
	基层管理人员	104	42.3
	中层管理人员	58	23.6
	高层管理人员	18	7.3

由表 4-21 中的统计数据可以得出如下结论：

1）在调查对象的个人信息中，男女比例有一定的差异，其中男性占 73.6%、女性占 26.4%，这样的结果正好与跨国公司内部的真实情况相符合，在大多数跨国企业中男性都较女性偏多，尤其是驻外人员中男性员工的比例占大多数，所以这一结果正好验证了调查数据的真实性。在年龄阶层方面，所占比例最大的是 26~35 岁（45.4%），其次是 25 岁及以下（27.2%），而 46 岁及以上的所占比例最小。说明跨国公司的回任人员中以年轻者居多，这与现代企业日益年轻化的组织结构现象相符，并且跨国公司外派的人员中多为技术类型员工，需要较多的青年技术员工参与跨国企业外派的任务。关于调查对象的学历,所占比例最多的为本科学历(51.2%),其次是硕士及以上(32.9%),而大专及以下学历的最少(15.9%),出现这种现象,可能是由于跨国公司在选拔外派人员时对技术和语言有一定的要求,所以在学历方面会有一定的要求,并且越来越向高学历方向发展。因此总体来说可以认为,个人信息的统计数据结构是合理的。

2)在调查对象参与的外派信息中,调查对象外派次数大部分为 2 次,从事外派的时间大多数 1~2 年(33.7%),0.5~1 年的(15.5%)比例较小,4 年以上(8.1%)最少。这说明跨国企业人员外派大多为短期或中期,这与实际情况是比较相符的,因为很多驻外人员受到家庭因素、环境适应性等的限制,不可能长期在国外工作,除非一些双职工外派情况。关于调查人员在公司中的职位信息,基层管理人员(42.3%)最多,一般员工(26.8%)次之,而中层管理人员为 23.6%,高层管理人员为 7.3%,这说明外派人员主要是基层管理人员和一般员工。

3. 信度与效度分析

(1)信度分析。本研究使用 SPSS 19.0,采用 Cronbach α 系数分析方法,对各变量的信度进行分析,结果如表 4-22 所示。

表 4-22 各测量变量的信度

变量	题项数	Cronbach α 系数	问卷整体 α 系数
感情	3	0.837	
人情	3	0.810	
面子	3	0.863	0.92
信任	6	0.925	
显性知识转移	5	0.907	
隐性知识转移	5	0.933	

由表 4-22 可知,问卷整体 Cronbach α 系数为 0.92,表示问卷整体的内部一致性良好;本研究所研究各个变量的 Cronbach α 系数都在 0.80 以上,表明用于测量各变量的题项具有良好的内部一致性。因此,本研究收集的数据具有稳定性和可靠性,问卷的信度良好。

(2)效度分析。本研究采用探索性因子分析的方法对问卷的结构效度进行评价和检验。在做因子分析之前,首先需要进行 KMO 检验和 Bartlett 球形检验,检验题项变量间是否适合进行因子分析，然后通过方差最大的正交旋转方法获得各因子的载荷。提取主因子的法则根据 Kaiser 的建议，题项在公因子上的旋转后的因子载荷的绝对值大于 0.5，说明量表具有良好的收敛效度；而且题项在一个公因子上的载荷大于 0.5，而在其他因子上的载荷远低于 0.5，则说明量表具有良好的区分效度；对于在多个因子上的载荷在 0.5 左右的则加以删除。根据以上原则，应用 SPSS 19.0 对本研究的变量进行探索性因子分析，分析结果如表 4-23～4-25 所示。

表 4-23 私人关系探索性因子分析结果

变量	测量题项	因子载荷		
		因子1	因子2	因子3
感情	我和同事打交道时坦诚相待	0.109	**0.891**	0.063
	同事经常关心我，把我当朋友一样对待	0.324	**0.788**	0.183
	我和同事下班后经常接触，一起参加娱乐活动，比如吃饭、唱歌、出游等	0.025	**0.855**	0.151
人情	我的同事经常通过他/她的社会圈子帮助我	0.342	0.056	**0.776**
	如果我曾经接受了同事的帮忙，我会尽量回报他/她	0.126	0.183	**0.838**
	当我需要帮忙的时候，我同事非常愿意施以援手	0.258	0.155	**0.799**
面子	我的同事从来不在公共场合指责我，因为那样会丢我的面子	**0.828**	0.009	0.325
	即使我的同事不同意我的观点，他/她也尽量避免在公共场合批评我	**0.806**	0.238	0.319
	如果我的同事同时收到我的邀请和其他聚会的邀请，他/她会优先考虑我的邀请	**0.858**	0.199	0.131
	解释的总方差	76.277%		
Bartlett 球形检验	KMO 值	0.859		
	近似卡方（χ^2统计值）	1235.363		
	df（自由度）	36		
	Sig.（显著性概率）	0.000		

第4章 跨国公司回任人员知识转移影响因素实证研究

表 4-24 信任探索性因子分析结果

因子	测量题项	因子载荷
信任	如果我在工作中有困难，我的同事会努力帮助我	0.809
	我的多数同事不会做出一些伤害我的事或说出一些伤害我的话	0.846
	我的同事是值得信赖的，言行一致的	0.855
	我对同事的技术充满信心	0.874
	我的多数同事即使主管不在身边也会自觉完成他们的工作	0.823
	同事会指出由于我的疏忽而带来的问题	0.913
Bartlett 球形检验	解释的总方差	65.471%
	KMO 值	0.869
	近似卡方（χ^2 统计值）	834.737
	df（自由度）	15
	Sig.（显著性概率）	0.000

表 4-25 知识转移的探索性因子分析结果

因子	测量题项	因子载荷	
		因子1	因子2
显性知识转移	我经常与同事分享我的工作报告和办公文件	0.365	**0.814**
	我经常向同事推荐我阅读过的优质书籍和刊物	0.400	**0.749**
	我会与同事分享我在国外学到的先进技术知识	0.337	**0.843**
	我会与同事讨论工作内容并制订工作计划	0.354	**0.820**
	我常和同事通过电子邮件沟通工作进展和安排	0.274	**0.802**
隐性知识转移	我经常与同事分享我在国外的工作经验	**0.797**	0.372
	我经常与同事分享我的专业技能	**0.844**	0.366
	我经常与同事分享一些有关工作方面的观点	**0.839**	0.299
	我会与同事分享一些我在工作方面的小窍门	**0.808**	0.339
	当需要时我会与同事分享自己的失败与教训	**0.736**	0.321
Bartlett 球形检验	解释的总方差	79.032%	
	KMO 值	0.910	
	近似卡方（χ^2 统计值）	1712.177	
	df（自由度）	45	
	Sig.（显著性概率）	0.000	

由表 4-23 可知，私人关系包含的三个因子方差累计贡献率为 76.277%，同时感情、人情、面子的因子载荷均在 0.7 以上，而且测量变量在三个因子载荷上的区分很明显，故具有较好的收敛效度和区分效度。

从表 4-24 可以看出，信任是一个单维度变量，其量表提取出了一个因子，而且信任的五个题项的因子载荷均在 0.8 以上，解释了总方差的 65.471%，故具有比较好的收敛效度，由于是单因子变量，故无须考虑区分效度。

由表 4-25 可知，知识转移量表通过降维提取出两个公因子，因子方差累计贡献率为 79.032%，旋转后的因子载荷的绝对值均大于 0.7，表明此类题项具有较好的收敛效度和区分效度。

综上所述，本研究量表的建构效度均达到了要求，与问卷设计相吻合，基本能够保证测量结果的正确性和可靠性，为下一步模型的验证与分析打下了良好的基础。

4. 描述性统计和相关性分析

表 4-26 给出了所有变量的均值、标准差以及变量间的相关系数及其显著性指标。从表 4-26 可以看出，变量间的相关关系都较好。自变量感情、人情、面子与显性知识转移（$r=0.472$，$P<0.01$；$r=0.392$，$P<0.01$；$r=0.255$，$P<0.01$）存在显著的正相关关系，说明回任人员与同事之间的关系越好，越有利于回任人员向其他同事转移显性知识；自变量感情、人情、面子与隐性性知识转移（$r=0.378$，$P<0.01$；$r=0.486$，$P<0.01$；$r=0.212$，$P<0.01$）存在线性的正相关关系，说明回任人员与同事之间的关系越好，越有利于回任人员向其他同事转移隐性知识；自变量感情、人情、面子与信任（$r=0.497$，$P<0.01$；$r=0.257$，$P<0.01$；$r=0.241$，$P<0.01$）存在显著的正相关关系，说明回任人员与同事之间的关系越好，越有利于回任人员对其的信任；信任与知识转移的两个维度显性知识转移（$r=0.448$，$P<0.01$）、隐性知识转移（$r=0.317$，$P<0.01$）存在显著的正相关关系，说明回任人员对同事越信任，越有利于回任人员向其同事转移知识。

5. 假设检验

（1）主效应分析　本研究采用层次回归分析法来进行假设的验证。为了对假设 H_{3a}、H_{3b} 和 H_{3c} 进行验证，首先将信任设为因变量，其次加入控制变量（性别、年龄、学历、外派次数、外派时间、现任职位），最后将自变量感情、人情、面子分别放入回归方程，结果如表 4-27 所示。从表 4-27 可以看出，回任人员和其同事之间的感情（模型 2，$\beta=0.421$，$P<0.01$）、人情（模型 3，$\beta=0.287$，$P<0.01$）、面子（模型 4，$\beta=0.253$，$P<0.01$）都对信任有显著的正向影响，因此假设 H_{3a}、H_{3b}、H_{3c} 得到数据的支持。

第4章 跨国公司回任人员知识转移影响因素实证研究

表 4-26 各变量的均值、标准差和相关系数

变量	均值	标准差	1	2	3	4	5	6	7	8	9	10	11	12
1. 性别	1.252	0.436	1	—	—	—	—	—	—	—	—	—	—	—
2. 年龄	2.130	0.755	0.079	1	—	—	—	—	—	—	—	—	—	—
3. 学历	2.036	0.501	0.054	0.065	1	—	—	—	—	—	—	—	—	—
4. 外派次数	2.331	0.934	0.014	0.084	0.043	1	—	—	—	—	—	—	—	—
5. 外派时间	2.464	0.739	0.082	0.108	0.069	0.022	1	—	—	—	—	—	—	—
6. 现任职位	2.256	0.379	0.114	0.056	0.085	0.010	0.078	1	—	—	—	—	—	—
7. 感情	3.171	0.849	0.038	0.029	0.076	0.061	−0.034	0.008	1	—	—	—	—	—
8. 人情	3.816	0.712	−0.057	0.015	0.084	0.077	0.052	0.098	0.337**	1	—	—	—	—
9. 面子	3.580	0.847	0.026	−0.024	0.083	0.103	−0.025	0.079	0.547**	0.464**	1	—	—	—
10. 信任	3.818	0.783	0.066	−0.046	0.048	0.061	0.010	−0.089	0.497**	0.257**	0.241**	1	—	—
11. 显性知识转移	3.616	0.823	0.038	0.011	0.145	0.068	0.014	−0.024	0.472**	0.392**	0.255**	0.448**	1	—
12. 隐性知识转移	3.585	0.780	0.043	0.048	0.137	0.023	0.182*	0.201*	0.378**	0.486**	0.212**	0.317**	0.496**	1

注：*表示 $P<0.05$，**表示 $P<0.01$。

表 4-27　私人关系对信任的回归分析结果

变量	信任			
	模型 1	模型 2	模型 3	模型 4
控制变量				
性别	0.122	0.058	0.098	0.104
年龄	0.070	0.007	0.077	0.053
学历	0.083	0.022	0.048	0.008
外派次数	0.110	0.109	0.114	0.025
外派时间	0.062	0.092	0.113	0.087
现任职位	0.087	0.075	0.105	0.100
自变量				
感情	—	0.421**	—	—
人情	—	—	0.287**	—
面子	—	—	—	0.253**
R^2	0.05	0.215	0.129	0.254
F 值	2.323*	10.336**	5.592**	12.85**
ΔR^2	0.050	0.165	0.079	0.204
ΔF	2.323*	55.550**	24.001**	72.295**

注:*表示 $P<0.05$，**表示 $P<0.01$。

为了验证假设 H_{3d} 和 H_{3e}，首先分别将显性知识转移和隐性知识转移设为因变量，其次加入控制变量（性别、年龄、学历、外派次数、外派时间、现任职位），最后将信任作为自变量放入回归方程，结果如表 4-28 所示。从表 4-28 中可以看出，信任对显性知识转移（模型 6，$\beta=0.453$，$P<0.01$）和隐性知识转移（模型 8，$\beta=0.377$，$P<0.01$）都有显著的正向影响，因此假设 H_{3d}、H_{3e} 得到数据的支持。

表 4-28　信任对知识转移的回归分析结果

变量	显性知识转移		隐性知识转移	
	模型 5	模型 6	模型 7	模型 8
控制变量				
性别	0.129	0.037	0.118	0.048
年龄	0.045	0.008	0.119	0.089
学历	0.201*	0.138*	0.039	0.009
外派次数	0.076	0.103	0.065	0.048
外派时间	0.034	0.078	0.187	0.211*
现任职位	0.057	0.092	0.213*	0.193*

(续)

变量	显性知识转移		隐性知识转移	
	模型5	模型6	模型7	模型8
中介变量				
信任	—	0.453**	—	0.377**
R^2	0.080	0.619	0.084	0.401
F值	3.847**	61.145**	4.075**	25.265**
ΔR^2	0.080	0.538	0.084	0.317
ΔF	3.847**	372.572**	4.075**	139.622**

注：*表示 $P<0.05$，**表示 $P<0.01$。

（2）信任的中介效应分析。根据 Baron et al.（1986）建议的分析步骤，运用层次回归分析法来验证信任在私人关系和知识转移之间所起的中介作用，层次回归的结果如表4-29所示。首先将知识转移（显性知识转移和隐性知识转移）设为因变量，其次加入控制变量（性别、年龄、学历、外派次数、外派时间、现任职位），最后将自变量私人关系（感情、人情、面子）放入回归方程。从表4-29可以看出，私人关系（感情、人情、面子）对显性知识转移（模型9，$\beta=0.424$，$P<0.01$；模型11，$\beta=0.380$，$P<0.01$；模型13，$\beta=0.338$，$P<0.01$）、隐性知识转移（模型15，$\beta=0.421$，$P<0.01$；模型17，$\beta=0.221$，$P<0.01$；模型19，$\beta=0.312$，$P<0.01$）都具有显著的正向影响。

前面的分析表明信任对显性知识转移（模型6，$\beta=0.453$，$P<0.01$）、隐性知识转移（模型8，$\beta=0.377$，$P<0.01$）具有显著的正向影响。在此基础上加入了中介变量信任后，从表4-29可以看出：感情对显性知识转移（模型10，$\beta=0.109$，无显著差异）的影响由非常显著变为不显著，人情对显性知识转移（模型12，$\beta=0.178$，$P<0.05$）的影响由非常显著变为一般显著，面子对显性知识转移（模型14，$\beta=0.211$，$P<0.05$）的影响由非常显著变为一般显著；感情对隐性知识转移（模型16，$\beta=0.106$，无显著差异）的影响由非常显著变为不显著，人情对隐性知识转移（模型18，$\beta=0.060$，无显著差异）的影响由非常显著变为不显著，面子对隐性知识转移（模型20，$\beta=0.055$，无显著差异）的影响由非常显著变为不显著。由此，可以得出：信任在感情与显性知识转移和隐性知识转移之间起完全中介作用；信任在人情与显性知识转移起到部分中介作用，在人情与隐性知识转移之间起完全中介作用；信任在面子与显性知识转移之间起部分中介作用，在面子与隐性知识转移之间起完全中介作用。由此，假设 H_{3f}、H_{3g}、H_{3h}、H_{3i}、H_{3j}、H_{3k} 获得支持。

表 4-29 信任的中介效应回归分析结果

变量	显性知识转移					隐性知识转移				
	模型 9	模型 10	模型 11	模型 12	模型 13	模型 14	模型 15	模型 16	模型 17	模型 18	模型 19	模型 20
控制变量												
性别	0.064	0.024	0.097	0.028	0.111	0.039	0.054	0.026	0.100	0.045	0.106	0.049
年龄	0.033	0.028	0.055	0.001	0.029	0.008	0.052	0.055	0.135	0.091	0.117	0.088
学历	0.139	0.124	0.155	0.121	0.116	0.121	0.022	0.032	0.013	0.014	0.021	0.017
外派次数	0.061	0.083	0.043	0.073	0.050	0.081	0.048	0.063	0.042	0.066	0.043	0.067
外派时间	0.147	0.031	0.142	0.033	0.109	0.020	0.132	0.213*	0.146	0.233**	0.167	0.237**
现任职位	0.103	0.090	0.106	0.081	0.085	0.089	0.187*	0.178	0.215*	0.195*	0.192*	0.195*
自变量												
感情	0.424**	—	—	—	—	—	0.421**	0.106	—	—	—	—
人情	—	—	0.380**	0.178*	—	—	—	—	0.221**	0.060	—	—
面子	—	—	—	—	0.338**	0.211*	—	—	—	—	0.312**	0.055
中介变量												
信任	—	0.691**	—	0.700**	—	0.708**	—	0.492**	—	0.562**	—	0.553**
R^2	0.248	0.631	0.131	0.404	0.261	0.628	0.250	0.437	0.131	0.404	0.176	0.403
F值	12.41**	56.32**	5.70**	22.32**	13.30	55.413**	12.57**	25.52**	5.70**	22.32**	8.078	22.23**
ΔR^2	0.167	0.384	0.047	0.273	0.18	0.367	0.165	0.187	0.047	0.273	0.092	0.227
ΔF	58.76**	273.89**	14.22**	120.57**	64.46**	259.21**	58.23**	87.41**	14.22**	120.57**	29.47**	100.09**

注: * 表示 $P<0.05$, ** 表示 $P<0.01$。

4.3.4 研究结果

上述实证研究结果表明：①跨国公司回任人员和其同事之间的感情、人情、面子对信任有显著的正向影响，回归系数分别为 0.421、0.287、0.253，且均达到了 0.01 的显著性水平，因此假设 H_{3a}、H_{3b}、H_{3c} 得到实证数据的支持，这充分说明跨国公司回任人员与其同事间的感情越好，回任人员对其同事就越信任；②跨国公司回任人员对其同事的信任对回任人员显性知识转移和隐性知识转移都有显著的正向影响，回归系数分别为 0.453、0.377，且均达到了 0.01 的显著性水平，因此假设 H_{3d}、H_{3e} 得到实证数据的支持，这充分说明回任人员对其同事越信任，越有利于回任人员向其同事转移显性和隐性知识。

此外，关于信任的中介效应研究发现，跨国公司回任人员与其同事的私人关系（感情、人情、面子）对显隐性知识转移都有显著的正向影响，信任对显隐性知识转移也有显著的正向影响。在加入中介变量信任后，回任人员与同事的感情对显隐性知识转移的影响由非常显著变为不显著；回任人员与同事的人情和面子对显性知识转移的影响由非常显著变为一般显著；回任人员与同事的人情和面子对隐性知识转移的影响由非常显著变为不显著。这说明信任在感情、人情、面子与隐性知识转移之间起到中介作用，在感情与显性知识转移之间起到完全中介作用，在人情、面子与显性知识转移之间起到部分中介作用。

本研究分析认为假设 H_{3h} 和 H_{3j} 得到了部分支持，可能的原因是，跨国公司内部竞争激烈，回任人员会倾向于从自身利益出发来选择是否向他人转移自己拥有的知识，而不会仅仅因为信任对方就毫不保留地分享自己的知识。显性知识一般是一些成型的文件类知识，相对于隐性知识来说较容易获得。隐性知识具有默会性，别人不仅不清楚回任人员有多少隐性知识，就连有无也难以判断。而显性知识相对隐性知识价值相对较小，不会对回任人员的竞争优势和地位构成威胁，显性知识可以作为人情回送，或是也可以因为面子而分享。这种方式刚好符合中国人礼尚往来、相互尊重、"人人为我，我为人人"的文化理念。

第 5 章
跨国公司回任人员知识转移对双元性创新的影响

5.1 跨国公司回任人员双元性创新

5.1.1 双元性创新的含义

1. 创新

创造（Creativity）和创新（Innovation）这两个术语经常被学者混淆。尽管如此，Kanter（1988）根据两个术语的侧重点不同将其区分开来，即创新不同于创造，创造强调新奇且实用的构想的产生，创新不仅强调新奇且实用性构想的产生，还涉及这些构想的实施和应用。另外，当使用"创造"这个词时，研究者指的是首次做某件事或者创造新知识（Woodman et al., 1993）；创新是一个复杂的过程，是指开发或改进想法、产品、过程的活动（Van de Ven, 1986）。同样，Janssen et al.（2004）也强调创新不仅与新想法的生成有关，而且还与新想法的引进和应用有关，旨在改进组织绩效。可以看出，创造与个体的心理、认知及能力密切相关，而创新与社会化、商业化密切相关。创新的概念更广义，包括了创造。

根据已有文献得出，"创新"是发生在组织、团队等层面的行为，"创造力"才是发生在个体层面的行为，但也有学者认为创新行为也可以发生在个体层面。个体创新是推动组织创新的重要因素，也就是说创新是由个体到团队再到组织的过程。所以，组织创新源于个体创新，由个体创新扩展而来。个体创新开始于问题识别、构想与解决办法的产生（Woodman et al., 1993）。

个体创新可以从个体的特性、行为、过程以及产出的角度加以概念化。从个体特性的角度，Hurt et al.（1977）将个体创新行为定义为个体愿意改变的意愿。Kirton（1976）

第5章 跨国公司回任人员知识转移对双元性创新的影响

将个体创新定义为不依赖过去的惯例并以不同角度思考问题和解决问题的行为。从行为角度，Amabile（1988）认为个体创新是指个体在工作上产生的新奇且实用的想法、新过程、新产品及解决办法。从多阶段过程角度，个体创新可以被看作一个复杂的行为，包括三个阶段（Scott et al., 1994）：第一阶段，个体识别问题，并提出新颖的或者可采纳的解决方案和想法；第二阶段，个体寻求新想法的支持并试图建立一个支持者同盟；第三阶段，个体将其新的解决方案和想法在一个团队或者组织中实施和应用。Janssen（2000）将个体创新行为定义为个体有意创造、引用及应用新构想和解决办法的行为，为的是替员工本身、团队和组织带来更高的绩效。Zhou et al.（2001）认为个体的创新行为除了包括构想和方案生成外，还包括构想和方案在组织内部的推广、发展和成功实施。国内学者卢小君和张国梁（2007）提出中国情境下个体创新应包括创新构想产生和创新构想执行两个阶段。可见许多学者是从创新过程的角度对个体创新行为进行界定的，将个体创新行为定义为一个多阶段的过程：个体识别问题；新颖的或者可采纳方案和想法的生成、改进、实施和应用。此外，还有学者从创新活动的结果，即个体创新带来的效用来界定个体创新。例如，West（1987）将个体创新定义为个体为达到期望绩效而采取的一系列创新活动，强调创新的个体性目标。Van der Vegt et al.（2003）认为个体创新是为了实现个体或者群体绩效而进行的一些创新努力，侧重从团队或者组织绩效角度定义个体创新。

综上所述，更多学者从创新过程和产出结果两个方面来对个体创新的概念进行界定。根据创新的流程将个体创新行为定义为新构想和新方案的产生、推广、发展与执行的行为过程。因此，本研究将跨国公司回任人员的创新定义为回任人员在工作过程中，产生、推广、发展与执行新构想和新方案的行为过程。

2. 双元性创新

Duncan（1976）首次将"双元"的概念引入管理学领域用以描述组织能力，指的是成功的企业要能够适应日益动态复杂的环境，同时兼具有效运作当前事业和适应未来变革的双重能力。自从March（1991）提出组织学习中的探索性与开发性以来，探索与开发就逐渐主导了组织学习和技术创新的研究。根据March的研究，Benner et al.（2003）基于两个维度（一个维度是与当前知识或技术轨道的接近程度，另一个维度是与现有客户/市场细分的接近程度），明确提出探索性创新（Explorative Innovation）和开发性创新（Exploitative Innovation），指出它们是两种重要的创新类型和方式。Gibson et al.（2004）提出通过建立同时具有探索性和开发性的一套过程和系统，可以更好地实现组织双元性。

与此类似，Gupta et al.（2006）、Jansen et al.（2006）、张建宇等人（2012）的研究也认为探索性创新和开发性创新是企业常见的两种创新形式。

开发性创新是在改良、调整或延伸现有知识、技术和功能的基础上降低现有产品成本并提高其性能，满足现有顾客需求，维持原有的市场地位，具有风险小和收效快的特点；探索性创新是在搜寻和取得新知识、新技术和新功能的基础上开发新产品、新工艺和新服务，满足新顾客需求，开发新兴市场，具有风险大和收效慢的特点。探索性创新依赖于通过实验和发现等行为获得的新知识和创造性见解，而开发性创新是以现有知识为基础进行细化和渐进改进的行为。追求探索性创新战略是风险偏好者，因为他们的绩效是变化的且尝试的新机会不确定性程度高。另外，偏向开发现有机会者可以维持更为稳定的绩效。两种创新的内涵比较如表 5-1 所示。

表 5-1　探索性创新和开发性创新

创新形式 具体项目	探索性创新	开发性创新
创新目标	满足新市场或新顾客需求	满足现有市场或现有顾客需求
创新结果	获得新设计、新市场和新销售渠道	优化现有设计、现有市场和现有销售渠道
知识基础	需要新知识和脱离现有知识	建立和拓宽现有知识和技能
创新来源	搜寻、变异、柔性、试验和冒险	细化、生产、效率和执行
绩效影响	远期利益，回报高度不确定	短期利益，回报低度不确定

在不断变化的动态环境中，企业为了寻求生存和发展，常常遇到一个悖论问题，即在开发利用现有知识和技术进行开发性创新与借助新知识和技术进行探索性创新之间左右为难。例如，Abernathy et al.（1978）通过对汽车行业的管理进行分析，发现企业过分注重效率会使组织流程陷入更加标准化的困境而失去组织柔性；而企业过分强调柔性则使组织的标准化程度降低，失去标准化带来的规模效应。March（1991）认为维持探索性创新和开发性创新的平衡是企业生存的关键。Levitt et al.（1988）认为，一个组织面临的基本问题，是在从事充分的开发来确保组织当前生存能力的同时，也有足够的精力从事探索来确保组织未来的生存能力。O'Reilly et al.（2013）也指出，组织应该同时追求探索性创新和开发性创新，如果企业只追求探索性创新，由于不确定因素多，加上缺乏财务上的支持，容易导致企业经营困难。而如果企业只追求开发性创新，虽然可以保持短期的竞争优势，但是从长期来看，企业缺少改变的动力和获得成长的机会，容易被其他

竞争者取代。为了解决这一悖论问题，Duncan（1976）最早提出了组织应同时具备探索性创新和开发性创新能力的观点，并把同时具备这两种能力的组织称为"双元性组织"（Ambidexterity Organization）。Cao et al.（2009）认为双元性组织能够同时进行探索性学习和开发性学习，既能开发现有的优势又能探索新的机会来提升组织的竞争优势。

有学者指出，组织双元性是基于个体能力去执行探索与开发，组织双元性也是通过个体双元性得以提升的。也就是说，个体双元性影响组织双元性。目前，学者对双元性创新的研究集中在团队（Beckman，2006）、组织（Katila et al.，2002；Sidhu et al.，2007）、联盟（Lavie et al.，2011）等层面，对个体双元性研究较少。根据组织双元性创新的概念，本研究将跨国公司回任人员的双元性创新定义为回任人员在工作过程中同时追求探索性创新和开发性创新的行为，其中，探索性创新行为是指个体依赖新知识而进行的创造性想法的产生与实施行为，开发性创新是指个体依赖现有知识而进行的改进性想法的产生与实施行为。

5.1.2 双元性创新的维度

关于双元性创新的维度，大多数学者直接将组织双元性创新分为探索性创新和开发性创新。例如，Benner et al.（2003）、Gibson et al.（2004）采用渐进式创新、为现有客户创新、结构创新、激进创新、为新兴客户创新等题项对开发性创新和探索性创新进行测量。He et al.（2004）基于 Katila et al.（2002）的研究，设计了具有 8 个题项的 Likert 五级量表来对组织探索性创新（新产品、新技术和新市场等方面）和开发性创新（产品的质量和成本等方面）进行测量。随后，Jansen et al.（2006）基于 Gibson et al.（2004）及 He et al.（2004）的研究，从探索新知识开拓新兴市场和改造原有市场满足现有客户角度出发，编制了含有 14 个题项的 Likert 七级量表对组织的探索性创新和开发性创新进行测量，该量表进一步深化了"过程—结果"不可分离的特点，通过测量活动发生的经常性来保证探索与开发两类活动发生的频率，通过对新产品、服务、成本以及质量的测量又体现了两种活动作用的结果。与此类似，钟竞和陈松（2007）、Voss et al.（2008）基于上述研究设计了 6 个题项对探索性创新和开发性创新进行测量。Azadegan et al.（2011）用企业现有产品线的新产品数量与行业现有产品的平均新产品数量之比来衡量开发性创新，用企业新产品线销售额的百分比与行业新产品线的销售百分比之比来衡量探索性创新。Chandrasekarana et al.（2012）设计了新一代产品的开发、新一代产品生产线的重新设计、进入新的技术领域和开发新的市场等题项来测度探索性创新，设计了生产工艺的改进、产品质量的提高、生产柔性的提高和开发成本的降低等题项来测度开发性创新。

还有一些学者从解决悖论关系的时间分离视角，提出了间断双元（Punctuated Ambidexterity）和顺序双元（Sequential Ambidexterity）的概念，二者都通过时间交替来实现探索与开发的平衡。例如，Tushman et al.（1985）认为间断均衡是指企业可以通过调整结构和流程来应对环境变化，这是一个连续的过程。Siggelkow et al.（2003）提出组织结构的顺序改变是探索与开发实现双元的有效途径。Cao et al.（2009）将双元性分为平衡双元性和组合双元性。Simsek（2009）根据结构维度和时间维度，将双元性分为谐和均衡、周期均衡、分块均衡以及交互均衡，这一分类结合了结构双元和顺序双元的观点。

此外，学者们也提出了双元性创新的几种测量方式，例如，Edwards（1993）指出多个测量方式应该结合为单一指数，因此有些学者将探索性创新与开发性创新两变量相乘（Gibson et al.，2004），作为双元性创新的衡量，即平衡作用的乘法模式；有些学者则将探索性创新策略与开发性创新策略相加（Lubatkin et al.，2006；王朝晖等人，2012），作为双元性创新效应，即互补作用的加法模式；也有些学者提出把探索性创新和开发性创新相减（He et al.，2004），即互补作用的减法模式；还有一些学者用平衡（乘法）和互补（减法）两维度来衡量双元性创新效应（焦豪，2011；Chandrasekarana et al.，2012；赵洁等人，2012）。

关于个体双元性创新的维度划分，主要根据个体创新所涉及的各个阶段、环节及要素进行，具体包括单维度、二维度、四维度和五维度结构。Scott et al.（1994）认为个体创新包括想法产生、想法推广和想法实现三种行为任务，首次开发了个体创新的单维量表，该量表包括 6 个题项，国内一些学者还对此量表进行了修订和验证。Janssen（2000）还开发了包含 9 个题项的单维度量表。由于个体创新行为的单维度无法充分掌握此概念的丰富性及可能存在的多构面性，因此，在单维度结构的基础上，De Jong et al.（2010）发展了包含四维度的对创新的测量，包括新想法的探索、产生、支持和应用。然而研究显示四维度的构念区分很小，单一维度更合理。Kleysen et al.（2001）将个体创新的五阶段分为机会的探寻、创新构想的产生、对创新构想的评估和调查、为创新构想的实现寻求支持、创新构想的应用和执行，该量表包括 14 个题项。本研究根据 Benner et al.（2003）的研究，将跨国公司回任人员的双元性创新行为分为探索性创新行为和开发性创新行为两个维度。

5.1.3 双元性创新的影响因素

员工创新的前因一直是学者广泛研究的对象,很多学者通过大样本、案例以及仿真的方法对员工创新的影响因素进行了研究,主要分为以下几种:

1. 组织环境因素

组织环境因素是影响员工创新行为的重要情境变量,主要包括组织结构、组织战略、组织文化、组织制度、组织氛围、组织支持和组织领导等内容。例如,Jansen et al.(2006)探讨了组织的集中化、正式化、连通性等结构前置因素对单元层面的探索性创新的影响,以及整合机制在结构差异化对双元性影响间的中介作用。Andersen et al.(2007)的研究关注战略决策过程对双元性创新的影响。Andriopoulos et al.(2009)分析了战略模式对双元性创新的重要影响。此外,张国梁等人(2010)认为组织义化对员工创新行为的提升有重要影响,员工感知文化程度越强,其创新行为越好。曾湘泉等人(2008)实证研究得出外在激励与员工创新行为之间存在倒 U 形的影响关系,内在激励正向影响员工的创新行为。Bucic et al.(2004)研究发现组织创新氛围对个体创新行为具有重要的促进作用。Chang et al.(2012)指出,风险偏好型的管理者更能容忍失败,从而倾向于进行探索性创新,而风险厌恶型的管理者通常会由于追求确定性的结构而倾向于选择开发性创新;Nemanich et al.(2009)认为领导者的领导风格也会对双元性创新产生显著影响,变革型领导能够促进双元性创新,并通过影响力、鼓舞性激励、智力激发、个性化关怀来促进双元性创新。

2. 个体特征因素

个体特征因素主要包括人格特质、认知特征、个体解决问题的方式、个体心理因素等。首先,一些学者研究了人格特质对个体创新行为的影响。例如,Mills et al.(1993)研究认为好奇心与兴趣是决定个体创造力水平的重要因素。Seibert et al.(2001)认为主动性人格能很好地预测个体创新行为。其次,一些学者研究了人的认知特征对个体创新行为的影响。例如,Sternberg et al.(1997)将个体的认知风格分为发明型、完善型和评价型三种类型,其中发明型认知风格的个体表现出更多的创新行为。再次,一些学者研究了个体解决问题的方式对其创新行为的影响。例如,Scott et al.(1994)将问题解决方式分为系统化的解决方式和直觉化的解决方式两种,并研究得出了系统化解决方式负向作用于个体的创新行为,但直觉化解决方式对个体创新行为没有正向影响。最后,在个体心理特征因素方面，一些学者研究了工作动机、情感与情绪、工作态度对个体创新行为的影响。例如，学者 Amabile（1983）研究认为内部动机有利于个体创新行为，并将外部动机分为增益性激励（如工作赞赏）与非增益性激励（如严格的监控）两种，认为增益性激励有利于个体的创新行为，而非增益性激励不利于个体的创新行为。与此类似，Amabile et al.（2005）实证研究得出积极情感对员工的创新行为有正向影响。Zhou et al.（2001）研究认为工作满意度对员工创新行为起到促进作用，员工持续承诺和组织支持感在其中起调节作用。

3. 工作特征因素

工作特征因素也与员工的创新行为相关，工作特征因素主要包括工作特性、工作时间和工作要求。首先，一些学者研究得出了任务的复杂性、挑战性、工作自主性和角色期望对个体创新行为的正向影响。例如，Amabile（1988）认为复杂性工作通常是不常规的，更具挑战性，这能促使员工新构想的生成。Tierney et al.（2004）指出工作复杂性促使个体组合各种知识，积极影响个体创新行为。Krause（2004）和 Axtell et al.（2000）认为工作自主性与新构想的生成、测试和实施有正向关系。相反，若工作中存在过多的规则、检查与控制，则会限制个体创造力的发挥。Tierney et al.（2004）指出角色期望能使个体感知管理者对创造性行为的支持，从而激发个体的创新行为。其次，工作时间对个体创新行为也有影响。例如，Amabile et al.（2002）定性研究得出低工作时间压力能使个体更具创新倾向性，高工作时间压力会使个体思维受限，不利于个体创新。最后，工作要求对个体创新行为也存在重要影响。Bunce et al.（1994）发现高工作要求会提高员工的唤醒状态，进而使员工产生创新行为。Janssen et al.（2004）研究得出工作要求与创新绩效呈倒 U 形的关系，中等强度的工作要求能带来最高的创新绩效。Tierney et al.（2011）指出感知创新工作要求对个体创新行为有负面影响。但是，Shin et al.（2017）实证研究得出感知创新工作要求对于低创新内在兴趣的个体的创新行为有积极的影响。

5.2 基于回任支持的知识转移对双元性创新的影响

5.2.1 理论模型构建

双元性创新是跨国公司应对国际环境变化的一种新的战略选择。O'Reilly et al.

第 5 章 跨国公司回任人员知识转移对双元性创新的影响

(2013)研究表明,与只进行开发性或者只进行探索性创新的企业相比较,实行双元性创新的企业更容易成功。与此类似,Bonesso et al.(2014)认为企业实现双元性创新是组织动态能力的核心,获得长期成功的企业是因为同时实施开发性创新和探索性创新两种创新。双元性创新不仅可以使跨国公司能够在现有市场上具有竞争力,而且也有利于其适应新兴市场,因此,有必要研究跨国公司的双元性创新。作为创新的主体,跨国公司本身无法完成双元性创新过程,其创新能力主要内化于知识型员工,创新活动是通过企业员工个体创新行为得以实现的。跨国公司的回任人员在外派期间积累了新鲜的国际营销经营理念和实际经验等知识,具有更加广阔的国际视野,其知识转移可为公司提供新的设计、创造新的市场、开发新的分销渠道,从而促进探索性创新的发生。同时,跨国公司若能合理利用回任人员的知识,将他们的海外知识、技术与经验进行有效转移,并促使这些知识和经验与公司内各种营销策略和管理理念进行整合与重组,提高公司对国际市场的反应能力和应对各种复杂情况的能力,则会使公司更好地迎合既有市场和客户,实现开发性创新。由此可以看出,回任人员的知识转移将影响双元性创新。

外派人员回任后,将再次面临环境与工作任务的改变,要求组织上给予相应的支持。根据 Cullen et al.(2005)的一项调查,61%的外派人员认为回任后他们的海外知识没有机会得到运用。Black et al.(1989)的研究也指出,在美国几乎有 25%的回任人员在一年内离职。回任人员的海外经验和知识不能被有效利用,原因之一是回任和外派一样会受到文化与工作环境的冲击,需要母公司提供回任支持,帮助回任人员重新适应。因此,跨国公司必须重视回任人员的管理,给予回任支持,促进回任人员进行知识的有效转移,以实现双元性创新。

然而,直到目前为止,有关如何成功转移回任人员的知识、促进回任人员双元性创新行为的发生,却很少有学者进行深入的研究。虽然一些学者发现外派人员获取的国际知识很有价值,但是很少有人深入研究影响回任支持这一前因变量对回任人员知识转移的影响。同时,回任支持和知识转移可能对开发性创新和探索性创新的影响有所差异,因此,本研究将结合知识管理理论,探讨回任支持对开发性创新和探索性创新的影响,分析知识转移在回任支持与开发性创新和探索性创新之间的中介作用。另外,回任人员的知识转移也可能受情景变量的影响,例如,回任人员的个体因素可能会影响回任支持对知识转移的作用方向,结合社会认知理论,本研究将分析自我效能在回任支持与知识转移之间所起的调节作用,并验证有调节的中介效应。本研究构建的理论模型如图 5-1 所示。

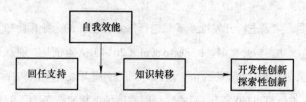

图 5-1　回任支持和知识转移对双元性创新影响的理论模型

5.2.2　研究假设

1. 回任支持和知识转移

回任支持是基于互惠的原则，通过满足回任人员的社会情绪需求，让回任人员感受到尊重、关心和认同，从而促进回任人员和组织中其他成员的合作与知识共享。当外派人员完成海外任务回到母公司时，公司通过一系列的人力资源政策和实际支持来帮助回任人员轻松面对工作转换后面临的困难，帮助员工快速适应国内的环境，组织提供的这些回任支持将内化为员工对组织支持的感知。回任支持感越高，基于互惠原则，回任人员会更加依赖组织，表现出对组织更强的情感承诺，愿意进行知识转移。例如，Sun et al. (2005)、Shalley et al. (2004)、Cox et al. (2013) 研究发现组织支持对员工的知识转移有显著影响。Lazarova et al. (2002) 认为，回任支持影响回任人员的知识转移，如果回任人员感知到组织支持，他们将愿意转移在国际市场上获取的各种知识和经验。Downes et al. (1999) 和 Kamoche (1997) 实例研究得出跨国公司必须构建支持性基础设施以获取回任人员的知识。此外，Pamela et al. (2013) 认为回任支持有利于提高回任过程的满意性，促进回任人员的知识转移。Bailey et al. (2013) 指出领导的支持有助于回任人员的知识转移。Harvey et al. (2006) 认为回任压力和冲突对回任知识转移有负面影响，因此，组织的回任支持将对回任知识转移有正面影响，公司若能给予回任人员合适的回任措施，回任人员将愿意转移他们在国际市场上获取的知识。与此类似，曹科岩等人 (2010) 的研究表明，员工感知到的组织支持对员工知识转移有正向的影响。姜秀珍等 (2011) 认为组织要想驱动回任人员分享和转移知识，就必须提供与外派人员个人职业生涯需求一致的职业生涯发展机会，鼓励外派人员将学习到的国际知识转移给组织。基于此，提出以下假设：

H_{4a}：回任支持对知识转移有显著正向影响。

2. 知识转移和双元性创新

开发性创新是与现有的技术、产品、服务、市场和顾客接近的创新，探索性创新是与现有的技术、产品、服务、市场和顾客差距较大的创新。知识的成功转移能够为创新行为提供丰富的知识技术资源,进而促成双元性创新。关于知识转移对双元性创新的影响研究,Phene et al.(2012)、Fleming et al.(2004)认为知识对这两种创新都起着重要的支持作用,知识积累可以同时促进开发性创新和探索性创新。Holmqvist(2003)研究了组织学习能力的作用,得出组织学习能为开发性创新和探索性创新创造环境,知识转移可以通过降低开发周期提高产品开发速度的结论。此外,Mom et al.(2007)研究表明管理者可以同时进行高水平的开发性创新和探索性创新,自上而下的知识转移有利于开发性创新;相反,同事间的相互横向学习或者是自下而上的知识转移有利于探索性创新。Yalcinkaya et al.(2007)研究了企业资源与开发和探索能力之间的关系,实证结果表明,技术资源影响探索能力。同时,Quinn et al.(1996)认为知识经过供给者与需求者双方的共享,双方所获得的知识会呈线性增长,如果再继续与他人互换,并将问题回馈、引申,各方都将会得到指数型成长的知识与经验,而这些指数型成长的经验与知识将会成为创新的来源。Jaffe et al.(1993)认为,知识转移具有时间积累性特征,而创新首先是大量专业知识的学习积累过程,知识的时间积累为创新奠定基础。张曙等人(1999)在其研究中提出技术创新的成功与否取决于知识转移的结果,即有价值的知识能否成功地转移给应用方,并将这些知识应用于新产品或新服务的开发并投放市场,最终体现为商品的价值和企业的竞争力。因此,回任人员的知识转移,有利于处理各种复杂情况的能力,发现母公司工作流程或方法的疏漏之处,从而促进开发性创新和探索性创新行为的发生。基于此,提出以下假设:

H_{4b}:知识转移对回任人员开发性创新有显著正向影响。

H_{4c}:知识转移对回任人员探索性创新有显著正向影响。

3. 知识转移的中介作用

回任人员的回任支持能增强其对组织的认可,有效降低知识转移的阻力,从而激发员工创新行为的产生。Rossella et al.(2010)认为回任支持有利于知识转移,回任人员感知到的支持越强,回任人员越倾向于对组织将来的行为做出积极的预期,因而更有可能相信组织将来会予以回报,愿意转移自身拥有的各种知识,而这些知识往往就是创新的重要来源。Napier et al.(1991)研究发现,回任人员在重回母公司的过程中会面临重返文化的冲击,此时必须由企业提供相应的回任支持,才能使回任人员顺利适应,减少知识转移的阻力,促进创新行为的发生。回任支持还能够促进回任人员和其他员工之间更开放、更广泛、更深入的沟通，克服不同个体之间存在的沟通障碍，降低知识转移活动的难度，促进创新性资源的吸收。因此，跨国公司对回任人员只有采取充分的回任支持，回任人员才可能将所获取的知识进行转移，准确地发现并识别更多的外部知识，并根据知识的不同特性选择最佳的知识转移方式和路径，通过对知识进行转移和整合，促进新思想、新产品、新服务和新技术的产生，以提高探索性创新和开发性创新。当回任人员在母公司感知到回任支持时，会增加回任人员与他人的互动，促进知识转移的可能性，进而创造一个利于交换知识和技术的氛围，让回任人员愿意提出意见并与他人交流，促进开发性创新行为产生。同时，当跨国公司对回任人员在工作、生活等方面提供支持时，回任人员将能够快速适应当前的工作和人际环境，转移所拥有的国际知识和经验，进而提出更多全新的想法和思想，促进探索性行为的发生。因此，知识转移在回任支持和开发性创新、探索性创新之间起中介作用。基于此，本研究提出以下假设：

H_{4d}：知识转移在回任支持和回任人员开发性创新之间起中介作用。

H_{4e}：知识转移在回任支持和回任人员探索性创新之间起中介作用。

4. 自我效能的调节作用

自我效能是个体在特定的环境中完成某一特定任务时，对于自己具备激发动机、调动认知资源、采取必要行动并最终取得成功的能力的强烈信心。Bandura（1997）认为高自我效能者，对于完成任务有自信心，喜欢冒较大的风险，会努力解决工作中遇到的问题，在失败时将失败归因于自身努力的缺失；而低自我效能者，在遭遇挫折时没有积极面对的勇气，倾向于逃避问题，在工作中遇到困难时容易轻易放弃，在失败时却将失败归因于自身能力的缺失。因此，自我效能强的回任人员在困难面前不会低头，对工作有更高的自信心，对生活往往持乐观的态度，在知识转移过程中愿意付出更多的努力。正如 McNatt et al.（2008）所指出的，高自我效能的员工以一种更为积极的态度应对困难，将更多的时间与精力投入到工作中。与此类似，O'Driscoll et al.（1992）认为，组织支持感强的员工觉得自己更有责任关心组织，愿意转移知识。Constant et al.（1994）也发现，自利、互惠、自我实现等是知识源转移知识的主要动机。Fink et al.（2005）认为当回任人员的知识对他人来说是有用的，这有利于个体产生更高的自信，导致更高的期望，愿意转移知识。所以，自我效能感高的回任人员在面对回任支持时，会激发自身的自信心，积极投入工作，愿意进行知识转移。而自我效能感低的回任人员在面对回任支持时，则信心不足，表现出低的知识转移意愿。基于此，本研究提出以下假设：

H_{4f}：自我效能在回任支持对知识转移的作用关系中起调节作用。

在以上的论述中，假设知识转移在回任支持与开发性创新、探索性创新之间起着中介的作用，且自我效能会强化回任支持对知识转移的正面影响，但并不会影响知识转移与开发性创新和探索性创新之间的正向关系。根据这些假定，可以进一步推论，自我效能越高，回任支持通过知识转移进而对开发性创新和探索性创新产生的正面效应就越强。也就是说，回任人员的自我效能越高，知识转移在回任支持与开发性创新和探索性创新之间所起的中介效应就越强。基于此，本研究提出以下假设：

H_{4g}：自我效能越高，知识转移在回任支持与回任人员开发性创新之间所起的中介效应就越强。

H_{4h}：自我效能越高，知识转移在回任支持与回任人员探索性创新之间所起的中介效应就越强。

5.2.3 实证研究

1. 问卷设计

本研究所使用的量表均来自国外已有的研究，同时在问卷设计的过程中，采用了双向翻译的方法形成了初始量表。为了提高问卷的可理解性，邀请了相关领域的一位教授和三位博士生对题项进行了评价，并根据中国情境对题项的表达方式进行了本土化修正和调整。另外，选择了26位回任人员对问卷进行了预测试，根据反馈意见，对题项进行了进一步的完善，形成了最终的调查问卷。调查问卷第一部分是调查对象的基本信息，包括调查对象回任人员的年龄、性别、回任时间和外派时间4个题项。以往的研究表明，员工的背景变量（年龄、性别等）会影响员工的创新行为。因此，本研究将回任人员的年龄、性别、回任时间和外派时间作为控制变量处理。第二部分是问卷的主体部分，共18个题项，主要由回任支持、自我效能、知识转移、开发性创新和探索性创新5个变量的相关题项组合而成。该部分题项采用Likert五级量表法进行设计。

（1）回任支持。借鉴Black et al.（1992）的研究量表，本研究共设计了4个题项对回任支持进行测量：

1）组织能够给我提供工作所需的资源支持。

2）领导和同事对我非常信任和认可。

3）领导和同事乐意对我提供无私帮助。

4）我的领导非常平易近人和乐观民主。

（2）自我效能。借鉴 Luthans et al.（2007）和高健（2008）的量表，本研究共设计了 3 个题项对自我效能进行测量：

1）我有信心完成自己在知识转移过程中所承担的任务。

2）知识转移过程中出现困难时，我确信自己会克服它。

3）我相信通过自己的努力能够让知识转移达到预期的效果。

（3）知识转移。借鉴 Zwell et al.（2000）的研究量表，本研究共设计了 3 个题项对回任人员知识转移进行测量：

1）我能够很好地理解并吸收获取的知识。

2）我能够将知识进行加工整合后有效地传递给他人。

3）我通常能选择最有效的渠道转移知识并取得良好的效果。

（4）双元性创新。借鉴 He et al.（2004）、Mom et al.（2007）和 Chang et al.（2012）的研究量表，本研究分别设计了 4 个题项对开发性创新和探索性创新进行测量。

其中，开发性创新的 4 个测量题项为：

1）我喜欢用新的方法解决工作中的问题。

2）在工作中，我有改进工作方法的热情。

3）我愿意为改进同事的想法做出贡献。

4）公司同事认为我喜欢尝试新的工作。

探索性创新的 4 个测量题项为：

1）我会寻找新的技术以及产品思想。

2）我能够产生创新的思想。

3）我会向他人宣传和促进新思想。

4）我会获取资源以实现新思想。

2. 数据收集

本研究采用问卷调查的方式获取数据，研究样本来自北京、上海、武汉、西安等地区 24 家跨国公司的回任人员。2013 年 9—11 月，通过三种形式发放问卷：①直接发放方式，选取本校 MBA 班具有外派经验的学员，与学员进行面对面交流并发放问卷；②电子邮件方式，通过作者及朋友的社会网络关系向相关人员通过电子邮件方式发放问卷；③邮寄方式，先通过查阅相关的企业名录，确定符合条件的样本企业后，通过电话与该企业的人力资源部门联系，确认可以接受调查后，将问卷直接邮寄给人力资源部门的相关人员。通过以上方式，共发放问卷 203 份，回收 183 份，有效问卷 160 份，有效回收率为 78.8%，满足数据处理的需要。

对回收的 160 份有效问卷进行了统计分析，样本基本特征的统计分析结果如表 5-2 所示。从表 5-2 可以看出，在回收的问卷中，男性占 75.6%，女性占 24.4%，这表明跨国公司的外派人员大多数为男性。25 岁及以下的回任人员占 26.2%，26~35 岁的占 53.1%，36~45 岁的占 16.9%，46 岁及以上的占 3.8%。关于回任时间，1 年以下的占 9.4%，1~2 年的占 22.5%，2~3 年的占 20.6%，3~4 年的占 16.9%，4 年以上的占 30.6%。外派时间方面，0.5~1 年的占 14.4%，1~2 年的占 43.1%，2~3 年的占 25.6%，3~4 年的占 13.1%，4 年以上的占 3.8%。可见，问卷的调查对象在一定程度上能够反映回任人员的知识转移特征，获得的数据能够满足研究分析的要求。

表 5-2 调查对象个人基本情况统计分析结果

调查对象基本信息		频数（人）	频率（%）
性别	男	121	75.6
	女	39	24.4
年龄	25 岁及以下	42	26.2
	26~35 岁	85	53.1
	36~45 岁	27	16.9
	46 岁及以上	6	3.8
回任时间	1 年以下	15	9.4
	1~2 年	36	22.5
	2~3 年	33	20.6
	3~4 年	27	16.9
	4 年以上	49	30.6
外派时间	0.5~1 年	23	14.4
	1~2 年	69	43.1
	2~3 年	41	25.6
	3~4 年	21	13.1
	4 年以上	6	3.8

3. 无偏性和信效度分析

（1）无偏性分析。本研究主要通过直接发放、电子邮件和邮寄的方式发放问卷，因此，为了检测不同途径获取的问卷数据是否存在差异，本研究将通过独立样本 T 检验法进行方差分析，通过分析发现不同发放方式所产生的样本数据无显著差异（$P>0.05$），即可将不同方式获取的问卷数据一并进行处理与分析，不存在渠道获取方面的差异性。

此外，本研究采用 Harman 单因子检测法来检验问卷是否存在同源性偏差。本研究对所有关键变量做了因子分析，产生了 5 个关键因子，解释了总方差的 73.80%，且第一个因子解释了 18.17%，不占大多数，表明同源性偏差对本研究的影响较小。

（2）信度分析。本研究采用 SPSS 19.0 统计软件对问卷信度进行了分析，结果如表 5-3 所示。由此表可知，问卷整体的 Cronbach α 系数为 0.853，表示问卷具有非常好的信度，同时研究所涉及的各个变量的 Cronbach α 系数均大于 0.7，表示用于测量各变量的题项也具有较好的信度，因此，本研究认为调查问卷数据具有较高的内部一致性，满足问卷可靠性与稳定性的要求。

表 5-3 信度分析结果

维度构成	题项数量	各变量 α 系数	问卷整体 α 系数
回任支持	4	0.814	
自我效能	3	0.918	
知识转移	3	0.724	0.853
开发性创新	4	0.835	
探索性创新	4	0.916	

（3）效度分析。

1）本研究利用探索性因子分析法对问卷的结构效度进行评价和检验，分析结果如表 5-4 所示。由表 5-4 可以看出，本研究所设计量表的 KMO 值为 0.823，同时 Bartlett 球形检验中，其显著性概率为 0.000（$P<0.05$），表示很适合进行因子分析，然后通过降维提取了 5 个主因子，整个量表提取的主因子累计方差贡献率达 73.80%，旋转后的因子载荷绝对值均大于 0.5，因此，研究设计的测量量表拥有较好的结构效度。

表 5-4 探索性因子分析结果

变量	测量题项	因子载荷				
		因子1	因子2	因子3	因子4	因子5
回任支持	组织能够给我提供工作所需的资源支持	0.064	**0.846**	0.040	0.088	0.161
	领导和同事对我非常信任和认可	-0.028	**0.791**	-0.121	0.075	0.195
	领导和同事乐意对我提供无私帮助	0.071	**0.686**	0.048	0.056	-0.031
	我的领导非常平易近人和乐观民主	0.115	**0.818**	0.053	0.144	0.177

第 5 章 跨国公司回任人员知识转移对双元性创新的影响

（续）

变量	测量题项	因子载荷				
		因子1	因子2	因子3	因子4	因子5
自我效能	我有信心完成自己在知识转移过程中所承担的任务	−0.046	0.052	**0.923**	−0.072	0.065
	知识转移过程中出现困难时，我确信自己会克服它	0.090	−0.010	**0.924**	0.046	−0.006
	我相信通过自己的努力能够让知识转移达到预期的效果	0.040	0.001	**0.927**	0.067	−0.004
知识转移	我能够很好地理解并吸收获取的知识	0.088	0.214	0.139	0.247	**0.697**
	我能够将知识进行加工整合后有效地传递给他人	0.232	0.104	−0.017	0.123	**0.813**
	我通常能选择最有效的渠道转移知识并取得良好的效果	0.138	0.146	−0.045	0.063	**0.768**
开发性创新	我喜欢用新的方法解决工作中的问题	0.144	0.120	0.013	**0.843**	0.146
	在工作中，我有改进工作方法的热情	0.198	0.057	0.018	**0.866**	0.088
	我愿意为改进同事的想法做出贡献	0.278	0.137	−0.016	**0.791**	0.130
	公司同事认为我喜欢尝试新的工作	0.257	0.124	0.075	**0.640**	0.255
探索性创新	我会寻找新的技术以及产品思想	**0.851**	0.108	−0.015	0.143	0.173
	我能够产生创新的思想	**0.856**	0.052	0.066	0.234	0.073
	我会向他人宣传和促进新思想	**0.878**	0.044	−0.017	0.216	0.072
	我会获取资源以实现新思想	**0.851**	0.083	0.077	0.146	0.240
Bartlett 球形检验	解释的总方差	73.80%				
	KMO 值	0.823				
	近似卡方（χ^2 统计值）	1621.653				
	df（自由度）	153				
	Sig.（显著性概率）	0.000				

2）为了检验"回任支持""自我效能""知识转移""开发性创新"和"探索性创新"之间的区分效度以及各个测量量表的相应测量参数，本研究采用 Amos 17.0 对关键变量进行验证性因子分析，在单因子模型、四因子模型以及五因子模型之间进行对比，结果如表 5-5 所示。从表 5-5 可以看出，五因子模型吻合得比较好（χ^2=182.226，P<0.01；

RMSEA=0.054，TLI=0.955，CFI=0.963），而且这一模型要显著优于其他四因子模型和单因子模型的拟合优度，表明测量具有较好的区分效度。

表 5-5　验证性因子分析结果

模型	χ^2	df	RMSEA	TLI	CFI
单因子模型	1015.577	138	0.200	0.369	0.431
四因子模型 a	528.821	129	0.139	0.695	0.743
四因子模型 b	276.469	129	0.085	0.887	0.904
四因子模型 c	264.751	129	0.081	0.896	0.912
四因子模型 d	281.592	129	0.086	0.883	0.901
五因子模型	182.226	125	0.054	0.955	0.963

注：1）四因子模型 a：将回任支持和自我效能合并为一个潜在因子。

　　2）四因子模型 b：将回任支持和知识转移合并为一个潜在因子。

　　3）四因子模型 c：将知识转移和开发性创新合并为一个潜在因子。

　　4）四因子模型 d：将知识转移和探索性创新合并为一个潜在因子。

4. 描述性统计和相关性分析

各变量的平均值、标准差以及相关系数如表 5-6 所示。从表 5-6 中可以看到，回任支持与知识转移（$r=0.366$，$P<0.01$）、开发性创新（$r=0.346$，$P<0.01$）及探索性创新（$r=0.194$，$P<0.05$）呈现出显著的正相关关系。同时，知识转移与开发性创新（$r=0.414$，$P<0.01$）和探索性创新（$r=0.378$，$P<0.01$）呈现出显著的正相关关系。此外，年龄（$r=-0.084$）、性别（$r=-0.012$）、回任时间（$r=0.029$）和外派时间（$r=0.148$）与回任支持都没有显著的相关关系，这表明回任支持在不同年龄、性别、回任时间和外派时间的回任人员中差异不大。

表 5-6　各变量的均值、标准差和相关系数

变量	平均值	标准差	1	2	3	4	5	6	7	8	9
1. 年龄	1.244	0.431	1.00	—	—	—	—	—	—	—	—
2. 性别	1.794	0.753	−0.019	1.00	—	—	—	—	—	—	—
3. 回任时间	3.369	1.367	−0.111	0.600**	1.00	—	—	—	—	—	—
4. 外派时间	3.213	0.772	0.051	0.043	−0.194*	1.00	—	—	—	—	—

（续）

变量	平均值	标准差	1	2	3	4	5	6	7	8	9
5. 回任支持	3.250	0.523	-0.084	-0.012	0.029	0.148	1.00	—	—	—	—
6. 自我效能	2.573	0.864	0.253**	-0.262**	-0.242**	-0.099	0.032	1.00	—	—	—
7. 知识转移	2.786	0.590	0.106	0.075	-0.022	0.343**	0.366**	0.051	1.00	—	—
8. 开发性创新	3.475	0.822	0.053	-0.072	-0.002	0.256**	0.346**	0.056	0.414**	1.00	—
9. 探索性创新	3.381	0.833	0.007	0.053	-0.036	0.384**	0.194*	0.068	0.378**	0.486**	1.00

注：*表示 $P<0.05$，**表示 $P<0.01$。

5. 假设检验

本研究主要采用层次回归分析法来进行假设的验证。为了验证假设 H_{4a}，首先将知识转移设为因变量，其次加入控制变量（年龄、性别、回任时间和外派时间），最后将自变量回任支持放入回归方程，结果如表 5-7 所示。从表 5-7 可以看出，回任支持对知识转移（模型 2，$\beta=0.335$，$P<0.01$）具有显著的正面影响。因此，假设 H_{4a} 得到了数据的支持。

为了验证假设 H_{4b} 和假设 H_{4c}，分别将开发性创新和探索性创新设为因变量，其次加入控制变量（年龄、性别、回任时间和外派时间），然后将自变量知识转移放入回归方程。结果表明，知识转移对开发性创新（模型 7，$\beta=0.373$，$P<0.01$）和探索性创新（模型 11，$\beta=0.281$，$P<0.01$）都具有显著的正面影响。因此，假设 H_{4b} 和假设 H_{4c} 获得支持。

根据 Baron et al.（1986）的建议，本研究运用层次回归分析法来验证知识转移在回任支持与开发性创新和探索性创新之间所起的中介作用。由表 5-7 可以看出，回任支持对开发性创新（模型 6，$\beta=0.311$，$P<0.05$）和探索性创新（模型 10，$\beta=0.198$，$P<0.01$）都具有显著的正面影响。同时，知识转移对开发性创新（模型 7，$\beta=0.373$，$P<0.01$）和探索性创新（模型 11，$\beta=0.281$，$P<0.01$）也具有显著的正向影响。在加入了中介变量知识转移后，回任支持对开发性创新（模型 8，$\beta=0.213$，$P<0.01$）有正面影响，对探索性创新（模型 12，$\beta=0.053$，无显著差异）的影响变为不显著，而知识转移仍对开发性创新（模型 8，$\beta=0.295$，$P<0.01$）和探索性创新（模型 12，$\beta=0.262$，$P<0.01$）具有显著的正向影响。由此，可以得出知识转移在回任支持与开发性创新之间起部分中介作用，知识转移在回任支持与探索性创新之间起完全中介作用，支持了假设 H_{4d} 和假设 H_{4e}。

表 5-7 假设检验结果

变量		知识转移				开发性创新				探索性创新		
	模型 1	模型 2	模型 3	模型 4	模型 5	模型 6	模型 7	模型 8	模型 9	模型 10	模型 11	模型 12
控制变量												
年龄	0.092	0.120	0.103	0.113	0.054	0.079	0.019	0.044	-0.010	0.002	-0.036	-0.030
性别	0.045	0.073	0.084	0.101	-0.188*	-0.162*	-0.205**	-0.184**	0.021	0.033	0.008	0.013
外派时间	0.028	-0.007	0.003	0.014	0.175	0.142*	0.164*	0.144	0.026	0.364**	0.018	0.013
回任时间	0.342**	0.283**	0.293**	0.300**	0.295**	0.241**	0.168**	0.157**	0.389**	0.140*	0.293**	0.290**
自变量												
回任支持	—	0.335**	0.330**	0.369**	—	0.311**	—	0.213**	—	0.198**	—	0.053
中介变量												
知识转移	—	—	—	—	—	—	0.373**	0.295**	—	—	0.281**	0.262**
调节变量												
自我效能	—	—	0.066	0.062	—	—	—	—	—	—	—	—
交互项												
回任支持 × 自我效能	—	—	—	0.273**	—	—	—	—	—	—	—	—
R^2	0.130	0.238	0.242	0.314	0.092	0.185	0.213	0.251	0.150	0.169	0.219	0.221
F 值	5.786**	9.618**	8.125**	9.941**	3.913**	6.996**	8.338**	8.555**	6.818**	6.246**	8.613**	7.229**
ΔR^2	0.130	0.108	0.004	0.072	0.092	0.093	0.121	0.066	0.150	0.019	0.069	0.052
ΔF	5.786**	21.834**	0.742	16.044**	3.913**	17.648**	23.741**	13.508**	6.818**	3.513*	13.581**	10.267**

注：*表示 $P<0.05$，**表示 $P<0.01$。

第 5 章 跨国公司回任人员知识转移对双元性创新的影响

尽管 Baron et al. 的中介效应检验标准被广泛运用，但其局限性是没有检验中介效应的显著性。为此，本研究进一步运用 Sobel（1982）的方法来检验中介效应的显著性。分析结果表明，知识转移在回任支持与开发性创新之间（$Z=5.607$，$P<0.01$）以及回任支持与探索性创新之间（$Z=4.941$，$P<0.01$）起着显著的中介作用。因此，假设 H_{4d} 和假设 H_{4e} 得到了数据的进一步支持。

假设 H_{4f} 提出自我效能会强化回任支持与知识转移之间的正向关系。为了验证这一假设，首先将知识转移设为因变量，其次依次引入控制变量、自变量回任支持和调节变量自我效能，最后加入回任支持和自我效能的交互项。为了消除共线性，在构造回任支持和自我效能的交互项时，将回任支持和自我效能分别进行了标准化。从表 5-7 可知，回任支持与自我效能之间的交互会对知识转移产生显著的正面影响（模型 4，$\beta=0.273$，$P<0.01$）。这表明，回任人员的自我效能越强，回任支持与知识转移之间的正向关系就越强，支持了假设 H_{4f}。图 5-2 表明了这种交互的影响模式，根据 Cohen et al.（2003）推荐的程序，分别以高于均值一个标准差和低于均值一个标准差为基准描绘了不同自我效能的回任人员在受到回任支持时知识转移水平的差异。

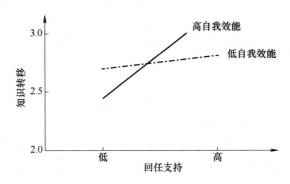

图 5-2　自我效能在回任支持和知识转移之间的调节作用

为了验证假设 H_{4g} 和假设 H_{4h}，本研究根据 Edwards et al.（2007）的建议，运用拔靴法（Bootstrapping Method），分析了在不同自我效能水平下，知识转移在回任支持与开发性创新和探索性创新之间所起的中介效应，分析结果如表 5-8 所示。由表 5-8 可以看出，当回任人员自我效能低时，回任支持对知识转移有显著正面影响（$r=0.280$，$P<0.01$），当回任人员自我效能高时，回任支持对知识转移有显著正面影响（$r=0.580$，$P<0.01$），且这两个影响系数之间存在着显著的差异（$\Delta r=0.300$，$P<0.05$）。因此，自我效能会增强回任支持对于知识转移的影响，进一步地支持了假设 H_{4f}。同时，从表 5-8 可以看出，回任支

持通过知识转移对开发性创新的间接影响在自我效能低（$r=0.098$，$P<0.01$）和自我效能高（$r=0.343$，$P<0.01$）时都显著，且两者的差异也显著（$\Delta r=0.245$，$P<0.01$）。因此，假设H_{4g}得到了数据的支持。此外，从表5-8可以看出，回任支持通过知识转移对探索性创新的间接影响在自我效能低时不显著（$r=0.058$，无显著差异），而在自我效能高时则为正向显著（$r=0.374$，$P<0.05$），且两者的差异也显著（$\Delta r=0.314$，$P<0.05$）。因此，假设H_{4h}也得到了数据的支持。

表5-8 有调节的中介效应分析

调节变量	阶段		效应		
	第一阶段	第二阶段	直接效应	间接效应	总效应
	回任支持（X）→ 知识转移（M）→开发性创新（Y1）				
	PMX	PY1M	PY1X	PY1M PMX	PY1X+ PY1M PMX
低自我效能	0.280**	0.348**	0.414	0.098**	0.511**
高自我效能	0.580**	0.592**	0.226	0.343**	0.570*
差异	0.300*	0.244	−0.188	0.245**	0.059
	回任支持（X）→ 知识转移（M）→探索性创新（Y2）				
	PMX	PY2M	PY2X	PY2M PMX	PY2X+ PY2M PMX
低自我效能	0.122	0.480*	0.025	0.058	0.083
高自我效能	0.778**	0.480*	0.215	0.374*	0.589*
差异	0.657**	0.000	0.190	0.314*	0.506

注：*表示$P<0.05$，**表示$P<0.01$；PMX代表回任支持对知识转移的影响，PY1M代表知识转移对开发性创新的影响，PY1X代表回任支持对开发性创新的影响，PY2M代表知识转移对探索性创新的影响，PY2X代表回任支持对探索性创新的影响。高自我效能代表均值加1个标准差，低自我效能代表均值减1个标准差。

5.2.4 研究结果

本研究以跨国公司回任人员为研究对象，运用实证研究的方法，探讨了回任支持对双元性创新的影响及其作用机制，分析了自我效能和知识转移在回任支持与双元性创新之间的调节作用及中介作用。研究结果表明：

（1）回任支持对知识转移有正面影响，知识转移在回任支持与开发性创新和探索性创新之间起中介效应，且知识转移对开发性创新和探索性创新的中介作用有所差异，知识转移在回任支持与开发性创新之间起部分中介作用，而在回任支持与探索性创新之间起完全中介作用，也就是说，回任支持不仅对开发性创新有直接影响，而且也通过知识转移的中介作用对开发性创新有间接影响；回任支持只能通过知识转移的中介作用而对探索性创新有间接影响。

（2）自我效能的调节作用得到验证，即自我效能在回任支持与知识转移之间起调节作用，自我效能越高，回任支持对知识转移的影响越大。

（3）检验并验证了有调节的中介效用，自我效能会强化回任支持与知识转移之间的正向关系，自我效能越高，知识转移在回任支持与开发性创新、探索性创新之间所起的中介效应就越强。

本研究的理论贡献：首先，以往研究大多数是基于组织层面来分析组织支持、知识转移和创新的关系，本研究认为知识转移和创新首先是在个体层面进行的，因此从个体层面分析了回任支持对双元性创新的影响，将双元性创新分为开发性创新和探索性创新两种类型，探讨回任支持对开发性创新和探索性创新的影响，并以知识转移为中介变量，研究结果证实知识转移在回任支持和开发性创新、探索性创新之间起中介作用，这一结论也揭示了回任支持在创新中的作用。其次，运用社会认知理论，本研究引入了自我效能这一变量，研究结果显示自我效能在回任支持与知识转移之间起正向调节作用。自我效能越高，回任支持对知识转移的正面影响越大。同时，研究结果表明，自我效能越高，回任支持通过知识转移进而对双元性创新产生的正面效应就越强。本研究的这一研究结论是对回任支持研究的重要拓展，从个体的视角探讨了个体因素对于回任支持与知识转移之间作用关系的调节影响，有利于更好地揭示回任支持对于双元性创新的影响和作用机理。另外，回任支持和自我效能共同影响知识转移的结果也进一步证明了知识转移的过程机理。

5.3 基于回任适应的知识转移对双元性创新的影响

5.3.1 理论模型构建

1. 回任适应的含义

跨国公司回任管理的研究逐渐成为国际人力资源管理领域的热点话题，如何留住具备国际视野和跨国知识的人才已成为许多跨国公司关心的重点问题。在早期学者的研究中，主要关注外派人员的甄选、培训、对东道国环境适应等外派管理，而对外派人员结束海外工作返回母国的回任管理却研究甚少。但事实上，员工即使在外派期间学习到了

跨国公司回任人员知识转移研究

大量的技术知识和工作经验，若是返回母国后无法将所学海外知识进行有效转移或用来进行自我创新，那么企业对外派员工先前的投资都会付诸东流；反之，若是跨国公司更愿意重视员工的回任管理，使员工能够逐渐适应国内环境，缓解员工对母公司的陌生感与抵触心理，这样就能够在留住人才的同时促进知识价值的不断增值，帮助组织不断实现战略目标。

Berry et al.（2007）认为回任适应指的是个体的态度与行为能够接受母国环境，即与环境需求的匹配程度。Black et al.（1991）则认为回任适应是指个体对母国文化的心理感受程度，个体越是感觉认同母国文化，说明个体越能适应当前环境。目前针对回任适应的概念界定，学术界并未给予特定的标准。借鉴 Berry et al.（2007）和 Black et al.（1991）对回任适应的界定，本研究认为回任适应指的是受东道国环境影响的外派人员完成海外任务回到母国环境后，对经过变化的母国工作、社交、文化等各方面进行接受时的心理舒适程度。

2. 回任适应的维度

目前，国内外学者对回任适应的维度划分仍存在着较大分歧，缺乏统一的划分标准。例如，Vidal et al.（2007）指出应将回任适应划分为工作适应和总体适应两个维度进行测量。其中，工作适应是指回任人员归国后对母公司内部岗位安排、薪酬体系、领导方式等工作方面的适应程度；总体适应是指对除了工作之外其他环境的适应程度。Black et al.（1991）指出回任适应应细分为三个测量维度：①对工作职责、管理方式等工作相关部分的认可程度，即工作适应；②与母公司组织内部的人员沟通及与工作以外的人员沟通的心理舒适度，即互动适应；③对饮食、气候、交通、娱乐等生活各方面的适应状况，即总体适应。为了对跨国公司回任人员的回任适应进行更深入细化的分析，许多学者在 Black et al.（1991）的三维度划分基础上加入其他维度进行研究。Suutari et al.（2002）在其研究中认为应加入组织适应构成四维度测量模型。我国学者李向民等（2008）则认为应加入心理适应构成四维度测量模型。

鉴于以上分析，本研究认为回任适应是考察回任人员重新回到母公司后能否及时有效地通过一定调整来适应当前国内的环境，借鉴 Black et al.（1991）对回任适应的三维度划分，将回任适应划分为以下三个维度进行研究：

（1）工作适应。工作适应是指回任人员对母公司的工作任务、考评标准和管理职责的心理认同度。其中，对工作任务的适应指的是回任人员对回任后的工作内容、工作类型及工作方式的认同感；对考评标准的适应指的是回任人员对回任后组织内部的绩效考核体系及薪酬等级制度的认同感；对管理职责的适应则指的是回任人员对回任后组织内部的岗位职权及岗位责任的认同感。Forster（1994）经过实证研究后发现，回任人员在回到母国后面临的绝大多数问题都与其对工作本身的适应状态分不开。赵青（2010）在分析回任适应构成维度时，通过样本数据得出工作适应是影响回任适应最大的因素。有学者指出，适当的工作安排可有效减少回任时员工产生的不安、烦躁情绪，有利于员工尽早适应工作环境，尽快投入到当前工作中。例如，华为公司会通过绩效评估和回任岗位意愿来安排回任人员的工作岗位，这样不仅充分利用了他们在外派期间所掌握的技能和经验，而且也帮助他们缓解了不同工作环境所带来的压力，从而有助于他们及时适应工作环境。

（2）人际适应。人际适应是指回任人员对工作及生活等各方面人际交流的适应情况。外派人员在外派期间深受国外思维方式和语言习惯的影响，回国后需重新熟悉国内的生活方式，尤其是人际交往。人际方面的适应包括与同事的人际交往、与他人的人际交往以及对社交氛围的适应。其中，与同事的人际交往指的是回任人员回任后在工作及生活中与同事间的社交适应状况；与他人的人际交往则指的是回任人员回任后与同事外其他人员的人际相处适应状况；对社交氛围的适应指的是回任人员对回任后国内社交方式、社交规则等方面的适应状况。Caligiuri et al.（2001）以北美企业为背景，研究得出频繁的社交有利于加快回任人员回任后对国内环境的适应。另有研究表明，多数回任人员比其他企业员工职位晋升慢是因为其缺乏与管理高层之间的沟通交流。由此可见，社会网络的建立和维护对回任人员来说非常重要。与同事间的互动不仅能够尽快获取工作技能信息，提高工作效率，还能在生活中增进彼此间的友谊，建立良好的人际关系。深谙社交规则的回任人员能够迅速建立与他人的沟通网络，以此来尽快融入当地文化环境，缓解进入新环境时的迷茫与无助。

（3）一般适应。一般适应是指回任人员对国内文化、观念、气候、医疗等各种日常生活方面的心理舒适度，包括对文化观念、风俗习惯和日常生活的感知度。其中，文化观念适应指的是回任人员对回任后母国企业文化以及当地文化观念的心理认同感；风俗习惯适应指的是回任人员回任后对母国当地传统习惯、风俗人情的心理认同感；日常生活适应则指的是回任人员对回任后各方面生活条件的心理认同感，如生活节奏、生活设施、饮食习惯、交通等。Mendenhall et al.（1987）指出跨文化适应会受到外派期间各种日常生活差异的影响，与外派类似，回任人员归国后也会同样因环境差异产生一定的冲击感。再优秀的部门主管可能会因为不适应国内风俗习惯而失去客户，再出色的技术人员也会因为不适应国内饮食和住宿而无法全身心投入工作。因此，在注重专业技能的同时跨国公司更应该关注回任人员对母国文化环境各个方面的适应状况,帮助他们减少心里的焦虑与不安,提高工作热度和积极性。

3. 模型构建

由于知识转移是双向的,回任人员在转移知识资源的同时势必会获取他人的知识,可见其吸收能力也会影响到自身的不断创新。据此,本研究将从个体层面出发,基于知识转移的中介作用和吸收能力的调节作用来研究跨国公司回任人员的回任适应对双元性创新的影响,提出在知识转移的中介作用和吸收能力的调节效应下回任适应对回任人员双元性创新的影响模型,以回任适应为自变量,以双元性创新为因变量,以知识转移为中介变量,以吸收能力为调节变量,并在回任适应划分为三个维度和双元性创新划分为两个维度的基础上,讨论跨国公司回任人员的回任适应对双元性创新的影响机制。本研究构建的理论模型如图 5-3 所示。

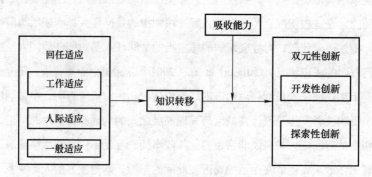

图 5-3　回任适应和知识转移对双元性创新影响的理论模型

5.3.2　研究假设

1. 回任适应与双元性创新

回任人员是跨国公司最有价值的人力资源,他们所具备的国际视野和解决问题的能力能够有效帮助跨国公司实现自身的战略目标。如果回任人员在完成海外工作归国后离职,这将对跨国公司造成巨大的影响。Brewster et al.(2005)研究发现,回任人员能够帮助跨国公司培养其灵活应对国际市场变动的能力,与没有海外经历的员工相比,回任人员更能对跨国企业保持其独有的竞争优势和占据重要市场地位做出巨大贡献。因此,回任人员对跨国公司来说是非常重要的人才资源,帮助其适应国内环境、促进其不断创新对跨国公司也具有极其深远的意义。

第5章 跨国公司回任人员知识转移对双元性创新的影响

随着国际新兴市场的不断开拓与国际竞争的不断加剧，外派已成为跨国公司人力资源的重要选择。Katrinli et al.（2010）认为，成功的回任管理可以帮助企业缩减成本，帮助跨国公司不断获取高额利润和提高灵活应对市场变化的能力。当外派人员回任后，他们会对母公司的工作职位、工作责任、工作薪酬进行相互比对，若是这些无法满足他们对回任后工作岗位的需求，则会促使他们离职。跨国公司在筛选外派人员时会以丰厚的薪酬以及高额的福利鼓励员工参与外派学习，甚至为员工做出回任升职或涨薪的承诺，但当回任人员回任后，面对相较于外派时降低的薪酬福利，往往会产生一定的心理落差，带来焦虑不安的情绪。赵必孝（1998）经过实证研究发现，薪酬福利以及绩效制度的差异往往会促使回任人员对工作失去热情和动力，降低员工对国内工作的满意度，影响其对工作的适应状况，继而难以开展创新行为。因此，企业若能在外派人员顺利完成海外工作回任后，相应提高其回任后的薪资水平，缩小绩效考核的差异，则更有助于员工及时适应国内工作环境，减少离职的发生。只有当回任后的工作环境与回任人员自身匹配程度较高时，才能促使回任人员充分发挥在海外学习到的先进技术和管理经验，继而合理利用新知识来解决当前产品技术难题，不断改善产品或服务，实现自身的开发性创新；此外，对工作岗位或薪酬体系的充分适应也能帮助回任人员减少回任时的焦虑感，进而有利于激发其新的技术思路或产品理念，勇于探索新的技术，实现自身的探索性创新。

人际交往环境的高效适应对回任人员实现双元性创新也具有巨大的影响。Caligiuri et al.（2010）以北美企业为背景，经过实证研究发现回任人员越能积极地参与人际交流，越能尽快帮助其适应国内的人文环境，从而越能通过相互学习与交流获取解决当前工作难题的新方法，或是能够在沟通交流中迸发出新思想或新理念，帮助回任人员实现自我的双元性创新。当回任人员能够尽快适应国内的人际环境时，往往更容易在与他人的交流中获取不断改进工作及发现自身缺陷的有效知识，继而不断提升自己，有效开展创新活动。与员工或他人的沟通交流是归国后必不可少的部分，回任人员对国内社交的充分适应能够帮助其及时发现当前工作存在的问题以及国内解决问题的方式，进而不断改善工作内容与处理方式，顺利开展开发性活动；同时，对社交环境的熟知也有利于回任人员在与他人的充分交流中获取新的产品理念，使回任人员能够充分寻求到资源来促使新思想得以实现，顺利开展探索性活动。

Babiker et al.（1980）在研究外派适应时指出两国之间的文化差异往往会使员工难以适应当地环境。类似于外派适应，在员工逐渐适应东道国文化环境后，面对已经发生改变的母国环境，自身的行为习惯往往更难以与母国环境实现高度匹配，这种陌生感往往令回任人员无所适从,对工作及生活的难以适应会令其选择离职。例如,长年受到海外崇尚独立化工作环境影响的外派人员,在归国后却发现需要注重团队协作,势必会因为文化观念的差异而产生心理压力,从而难以利用海外学到的先进技术来解决工作中的技术难题,难以及时发现工作方式存在的缺陷与不足,甚至也会因沟通能力有限难以与客户合作、交流,继而影响到开发性创新的实现;与此同时,这种文化观念的冲突也往往会令其出现沟通障碍,难以在与同事交流的过程中发现新的研究思路与培养对新事物的应变能力,对新旧技术更替的洞察力也会大大减弱,继而影响到探索性创新的实现。

基于以上理论分析,本研究提出以下假设:

H_{5a}:工作适应对回任人员开发性创新有显著正向影响。

H_{5b}:人际适应对回任人员开发性创新有显著正向影响。

H_{5c}:一般适应对回任人员开发性创新有显著正向影响。

H_{5d}:工作适应对回任人员探索性创新有显著正向影响。

H_{5e}:人际适应对回任人员探索性创新有显著正向影响。

H_{5f}:一般适应对回任人员探索性创新有显著正向影响。

2. 回任适应与知识转移

我国学者熊斌等人(2010)研究发现,在外派期间学习到的国际化知识与技术能否在回任后得到应用和开发,与其回任后的工作内容及岗位分配是紧密相关的,因此,回任人员在归国后所从事的工作岗位与外派期间越相似,在海外学到的知识就越能得以利用,这样不仅能够使回任人员的海外知识发挥其应有的优势,也能够促使回任人员在工作中产生足够的成就感,尽快适应国内的工作环境,继而产生转移知识的意愿。Black et al.(1991)在其研究中曾发现海外的管理职责、岗位任务与回任后的工作环境匹配程度越高,越能帮助回任人员尽快适应当前工作,越能将海外学到的处理此类工作的具体方法应用于国内工作,甚至利用海外学到的新方法帮助其他员工提高工作效率,从而将知识有效转移给其他员工。

与此类似,Shaffer et al.(1999)实证研究发现,同事越愿意帮助回任人员,越能够促使回任人员尽快适应国内的人际环境,这进一步强调了同事在员工回任后不断调整适应国内环境时所起到的重要作用。与同事间的互动能够帮助回任人员尽快获取国内工作的技巧与处理方式,提高自身的工作效率,同时,在这种融洽的交流氛围中能够相互获取信任,促进回任人员将海外学到的有用知识与企业员工相互交流与共享。此外,李文静(2014)在研究外派管理时发现,长期的外派生活会使员工与家庭之间出现隔阂,继而导致员工提前回国或选择离职。因此，对于那些互动能力相对较弱的回任人员来说，他们往往因不能及时与家人或他人建立良好的沟通关系而在回任时出现一系列负面情绪；相反，对于那些互动能力较强的人员来说，他们却可以通过与他人的主动联系与交流在回任前获取国内的最新动态信息，往往能够在回任前形成合理的心理预期，尽快适应回任后的文化环境，更愿意通过良好的社交能力将知识进行高效转移。当回任人员归国后面对已发生变化的国内环境，会受到一定的文化冲击，对国内的交流方式产生不适感，即使在外派期间学习了大量的先进技术和积累了大量的管理经验，也会因为沟通方式的不适应而无法有效共享所学知识，也会因生活方式等日常方面的问题而传递知识受限，可见回任适应对知识转移具有重要的影响作用。

基于以上理论分析，本研究提出以下假设：

H_{5g}：工作适应对回任人员知识转移有显著正向影响。

H_{5h}：人际适应对回任人员知识转移有显著正向影响。

H_{5i}：一般适应对回任人员知识转移有显著正向影响。

3. 知识转移与双元性创新

员工要想实现双元性创新，就需要掌握丰富的知识技术资源并将其应用。对于跨国公司的回任人员来说，他们在海外工作时掌握的海外市场资料和处理海外业务的能力正是其用于实现自身双元性创新所需具备的知识资源。Phene et al.（2012）研究指出，知识资源的获取对实现开发性创新与探索性创新均有着极其重要的作用，知识的不断积累能够促使员工获取解决当前工作难题的新方案与新思路，通过知识的有效转移使回任人员的海外知识得以增值，在其转移知识的同时也能够与国内员工进行深入的探讨与研究，最终形成解决本土化技术难题的具体方案，或是通过不断交流或研究，在当前工作中激发出新的研究思路或新的产品理念，实现自身的双元性创新。通过对 Mom et al.（2007）的研究结果进行分析，发现企业管理层之间知识转移的形式不同，不同的形式对开发性创新的影响和对探索性创新的影响程度也会不同。Quinn et al.（1996）在分析知识的发送方与接收方实现知识共享时得出，双方若愿意共享自身所拥有的知识或是通过相互交流进行知识互换时，知识便会出现线性增长的趋势，不仅会促使知识存量不断增大，也会使知识价值水平不断提高，而这些知识都将会成为员工实现双元性创新的重要源泉。

跨国公司的回任人员如果愿意将海外知识进行有效转移，则可以通过与国内员工互换或共享知识以促使知识量的不断扩大以及知识价值的不断提升，使其海外经验能够在国内工作与生活中得以应用，从而获得解决各种复杂问题的新方法，或发现母公司工作方式的缺陷与不足,进而不断改进当前工作,实现自身的开发性创新;知识转移的有效性也能够帮助回任人员在与他人的交流中创造出新的思想,增强其对国内市场新机遇的洞察力以及对新旧技术更替的敏锐性,进而不断突破自我,实现自身的探索性创新。

基于以上理论分析,本研究提出以下假设:

H_{5j}:知识转移对回任人员开发性创新有显著正向影响。

H_{5k}:知识转移对回任人员探索性创新有显著正向影响。

4. 知识转移的中介作用

为了应对国际市场的动态变化,本土的管理人才因其海外经历与经验的缺乏而无法满足企业发展的需求,为此,跨国公司选择将人员外派至海外进行学习与培养,当其完成海外的派遣任务,学习并了解当地子公司的企业文化及流程后,可以帮助母公司对海外子公司实施更有效的控制。在跨国公司集团内部,海外子公司拥有可以实行自主化经营的权利,能够自主制订应对外界竞争对手的战略方案,所实行的创新行为也是抗衡外部环境变动的竞争武器,这些知识资源和创新行为不仅在海外市场中至关重要,在整个跨国公司里也是最核心的竞争资源。母公司为了开拓海外市场,及时获取子公司设计的战略方案和实施的创新活动,就需要派遣本土优秀人才去海外进行学习,待其掌握这些核心技术和资源后回任到母公司,将所学习和掌握的战略技术方案等知识进行有效转移。

但深受海外文化环境影响的回任人员归国后,将面临已经随着时间推移而发生改变的国内环境,这时便需要及时调整自身各方面因素来适应当前环境,包括工作方面、人际关系、日常生活等各个方面,只有在回任人员适应了归国后的各方面变化后,才能将海外所学的战略技术和管理经验进行有效的转移,才能促使回任人员及时发现母公司应对市场竞争时的战略方案有何缺陷,发现自身解决工作问题时有何改进之处,从而促进自身双元性创新活动的发生。Furuya et al.(2009)研究了回任人员回任后的适应状况,发现跨国公司的国际化管理能力能够得以转移,最重要的原因在于回任人员归国后的不断适应与调整,而这种能力恰恰是促进创新资源得以吸收的重要因素。此外,Furuya et al.(2012)经过深入的调查研究后指出,回任人员归国后的工作内容与其在海外的任务越相似,与其在海外学到的先进技术知识匹配度越高,回任人员就会将国际化知识应用于当前工作或者通过转移共享给其他员工来实现这部分知识的价值,这种转移知识的意愿性会促使知识不断增值,而这正是实现双元性创新最重要的资源之一。由此可见,跨国公司需要帮助回任人员更迅速地适应归国后的工作与生活,这样才能增强回任人员知识转移的意愿,致使回任人员更快地发现组织内部存在的缺陷与不足,不断改进当前工作并

第 5 章 跨国公司回任人员知识转移对双元性创新的影响

提出新的思想与理念，实现自身的双元性创新，继而帮助跨国公司获取更大的竞争优势并利用国际化知识实现企业的长远发展。

基于以上理论分析，本研究提出以下假设：

H_{5l}：知识转移在工作适应与回任人员开发性创新之间起中介作用。

H_{5m}：知识转移在人际适应与回任人员开发性创新之间起中介作用。

H_{5n}：知识转移在一般适应与回任人员开发性创新之间起中介作用。

H_{5o}：知识转移在工作适应与回任人员探索性创新之间起中介作用。

H_{5p}：知识转移在人际适应与回任人员探索性创新之间起中介作用。

H_{5q}：知识转移在一般适应与回任人员探索性创新之间起中介作用。

5. 吸收能力的调节作用

吸收能力在回任人员的回任适应相关研究中还没有受到人的关注，但是在国内外学术界，关于吸收能力对双元性创新的研究还是较多的。吸收能力被 Cohen et al.（1990）描述为个体对外部知识进行识别、内化与应用的能力。侯广辉等人（2013）在对创新绩效的研究中发现吸收能力将会显著影响创新行为的发生，这不仅仅依靠组织内部的知识，也需要通过吸收外部知识来促进创新活动的不断开展。Feinberg et al.（2004）在研究跨国公司知识转移与吸收过程时指出，母公司除了需要子公司研究出新的技术外，更重要的是母公司能够积极模仿甚至吸收外部的知识技能，而这些外部知识能够迅速得以利用是实现创新能力的关键，如果只是简单获取这些外部知识而不内化为自身，将很难促进知识的有效转移和自身创新价值的实现，而这正反映出吸收能力的关键作用。

然而，以往关于吸收能力与创新关系的研究大部分是基于组织层面进行的，但 Cohen et al.（1990）最初指出吸收能力的含义时，却是站在个体层面进行阐述的，我国学者针对个体吸收能力也有诸多相关表述。例如，秦令华等人（2010）研究发现个体的创新绩效会受到自身吸收能力的显著影响，当跨国公司的回任人员能够充分适应国内环境时，便会不断将海外所学知识与技术进行转移与共享，而知识的转移是双向的，在其转移海外子公司应对工作问题的解决方案时势必也会从上司或同事中获取对此问题的解决策略，回任人员如果能够将从他人身上学来的解决方式消化吸收，与自身学到的海外知识相结合，便能寻找到最适合的解决问题的方案，促进其不断实现自身的创新。张小兵（2011）经过分析得出针对知识的获取、解释和创造，吸收能力也对其具有显著的影响，会影响到知识转移的过程。回任人员从外部获取到对自身和企业有用的知识资源后，最终需要通过新的思想、新的解决方案、新的处理方式及新的技术思路等形式才能在创新行为中体现出价值,而这一过程需要依靠员工对获取的外部知识不断加工与应用才能得以实现。因此,吸收能力能够帮助回任人员将其从海外获取的知识不断增值与扩大,最终有利于开展开发性创新活动与探索性创新活动。

基于以上理论分析,本研究提出以下假设:

H_{5r}:吸收能力在知识转移与回任人员开发性创新之间起到调节作用。

H_{5s}:吸收能力在知识转移与回任人员探索性创新之间起到调节作用。

5.3.3 实证研究

1. 问卷设计

本研究的量表设计借鉴了西方研究中的成熟量表,经过预测试和专家访谈后对量表进行反复修改,结合国内的实际情况对测量题项不断完善,最终形成具有较高信度和效度的测量量表,主要包括"基本情况"和"主体部分"("回任适应""知识转移""双元性创新"和"吸收能力")两部分内容。第一部分为调研对象的基本情况。为了能够更为清晰地了解这些跨国公司回任人员作为受访者的基本信息,帮助本研究有效筛选符合条件的调查问卷,在问卷第一部分设置了基本信息调查,方便掌握样本的数据统计结构,有助于进行描述性统计分析。该部分主要涵盖了受访者的性别、年龄、受教育程度、回任时间及外派时间共 5 个测量题项。第二部分为调查问卷的主体部分。主要涵盖了工作适应、人际适应、一般适应、知识转移、开发性创新、探索性创新及吸收能力共 7 个变量的相关测量题项,每个题项均基于 Likert 五级评分方法来进行评价。

(1)工作适应。Forster(1994)研究发现,员工回任后对工作环境的适应与否将决定自身对国内整个环境的态度,无论岗位安排或薪酬体制,都对其有重大的影响。据此,本研究回顾相关研究文献得出,工作适应主要考察的是回任人员归国后对国内的工作任务、考评标准和管理职责三方面的适应状况。

其中,工作任务主要指的是与工作的内容、处理方式、具体类型相关的事宜。已有多位学者表示回任后的工作安排与外派期间所从事的工作任务越相似,回任人员在海外学到的专业技术越能得以利用,也就越能促进这种知识资源的有效流动,帮助回任人员以及企业的其他员工更高效地解决工作问题并不断改进。同时,在一定程度上也会给回任人员带来满足感与成就感,促进其进行知识转移与开展创新行为。因此,对回任后的工作任务进行测度是十分必要的,能够在很大程度上反映出回任人员对回任后工作环境的适应状况。

考评标准主要指的是与工作的薪酬体系、考评制度以及福利措施相关事宜。李桂芳等人（2016）通过调查得出，若回任人员发现回任后的薪酬不符合自身的心理预期，极易产生一系列负面情绪。面对归国后随之减少的薪酬福利，回任人员会因为对这种变化没有合理的心理预期而不适应当前的工作，这种心理落差往往会极大地影响员工的工作态度与积极性，因此对考评标准的满意程度进行测量也是十分有必要的。

管理职责主要指的是与工作的职权责任及制度执行相关的事宜。Black et al.（1992）认为回任适应会受到工作岗位的管理职责相似性影响，回任人员所拥有的职权越相似，越能减少回任后工作的迷茫感，越容易融入当前的工作氛围中。因此，对管理职责的测度也是有必要的。

基于以上分析以及前人的相关理论研究，并参考 Black et al.（1992）设计的研究量表，本研究设计了以下 3 个测量题项对工作适应进行测量：

1）我能够顺利完成工作任务。

2）我能够适应公司考评标准。

3）我能够承担工作管理职责。

（2）人际适应。对回任人员的人际适应进行测度时，需要关注其与工作同事、其他人员的相处状况，及其对国内社交氛围的适应状况、与同事交流互动的积极性。已有相关研究表明，大部分回任人员升职机会较少或薪酬涨幅较慢的状况，与其和管理高层之间缺乏沟通交流是分不开的。由此可见，与同事间的互动至关重要，通过互动，不仅能够尽快获取解决工作难题与处理工作方式等工作信息，提高工作效率和绩效，还能在生活中增进彼此间的友谊，建立更好的人际关系网络。因此，与工作同事的和谐相处能够帮助回任人员尽快熟悉国内的工作生活，减少回任时的迷茫与无助，是测量人际适应的重要指标。社交氛围也是人际交往中必不可少的部分，东道国与母国的文化差异势必会引起社交氛围的不同，对于回任人员来说，归国后熟知并适应国内社交规则对其人际交往至关重要，因此对其是否适应社交氛围的测量也是必要的。回任人员在交流过程中是否能够主动积极也是决定其人际交往效果的重要因素，而这也对知识的高效转移起到重要作用，因此也需要测度互动的积极性与习惯性。基于以上分析，同样参考 Black et al.（1992）的研究量表，本研究设计了以下 4 个测量题项对人际适应进行测量：

1）我能够与公司同事和谐相处。

2）我能够与同事之外的其他人员和谐相处。

3）我能够融入国内的社交氛围。

4）我能够积极与国内同事交流协作。

（3）一般适应。对一般适应进行测度时，需要考虑到气候、价值观、风俗习惯以及日常生活等各方面的适应状况。Babiker et al.（1980）在研究外派管理时发现，海外与母国文化环境的差异往往会使员工难以适应当地生活，这种文化差距容易带来心理隔阂与无助感。回任与外派一样，当处于新的文化环境时，不同的企业文化与风俗习惯往往会令回任人员无所适从，难以融入当前的企业氛围。Dowling et al.（1994）曾以美国外派员工为调查对象，研究发现，由于一些国家对女性有诸多行为限制而造成美国女性员工拒绝外派至该国家，因此风俗习惯的差异性往往对外派和回任有着同样的影响。对于食物、交通、娱乐休闲等日常生活的适应状况是需要重点关注的，这些影响回任人员基本生活需求的因素往往会因其差异性而令员工产生负面情绪，对于适应能力较差的回任人员来说，当面对这些生活的差异时，难免会感到恐慌不安，难以适应当前的国内生活。基于以上分析并参考 Black et al.（1992）的研究量表，本研究设计了以下4个测量题项对一般适应进行测量：

1）我能够适应国内的气候环境。

2）我能够认同国内的价值观念。

3）我能够适应国内的风俗习惯。

4）我能够适应国内的一般生活。

（4）知识转移。借鉴 Minbaeva et al.（2004）的跨国公司知识转移研究量表，结合我国跨国公司回任人员的特点，本研究设计了以下4个测量题项对知识转移进行测量：

1）我能够针对工作知识与母公司员工进行交流。

2）我能够将海外知识转化为他人易理解的形式共享。

3）我能够将海外工作知识编辑为文件进行共享。

4）我能够主动与母公司同事分享海外知识。

（5）双元性创新。关于回任人员双元性创新的测度，借鉴 He et al.（2004）、Mom et al.（2007）和 Chang et al.（2012）关于双元性创新的测量量表，本研究分别设计了4个测量题项对回任人员的开发性创新与探索性创新进行测量。

其中，开发性创新的4个测量题项为：

1）我喜欢用新的方法解决工作中的问题。

2）在工作中，我有改进工作方法的热情。

3）我愿意为改进同事的想法做出贡献。

4）公司同事认为我喜欢尝试新的工作。

探索性创新的 4 个测量题项为：

1）我会寻找新的技术以及产品思想。

2）我能够产生创新的思想。

3）我会向他人宣传和促进新思想。

4）我会获取资源以实现新思想。

（6）吸收能力。参考 Zahra et al.（2002）所设计的测量量表，本研究设计了以下 3 个测量题项对吸收能力进行测量：

1）我的知识量足以满足国际市场的需求。

2）我能够迅速归纳从外部获取的知识与经验。

3）我能够洞察技术更替与市场需求的变化。

2. 数据收集

为保证收集到真实可靠的数据信息，本研究以我国跨国公司的回任人员为调研对象。调查问卷的发放主要通过网络发送为主，纸质问卷发放为辅，及时关注问卷的填写状态，避免数据丢失和问卷遗漏的现象发生。在为期 4 个月的调查问卷发放与回收之后，经过仔细筛选，剔除信息填写不完整与调查对象不符合本研究的问卷，从而获取真实、有效的调查数据。

本研究自 2017 年 6—9 月通过线上与线下相结合的方式，向西安、北京、上海、广州、深圳、杭州等地的 47 家跨国公司的回任人员共发放了 249 份调查问卷，涉及多个行业，包括华为、海尔集团等制造业企业，中国工商银行、中国银行等金融业企业，国家电网、中国石油等能源业企业以及中国移动、中国电信等通信业企业。其中，通过线上电子链接方式发放 156 份并回收 138 份，通过线下纸质问卷方式发放 93 份并回收 89 份，共计回收 227 份，剔除信息填写不完整和不符合调查条件的线上问卷 15 份和线下问卷 6 份，最终有效的问卷共计 206 份，有效回收问卷占到发放量的 82.73%。

对回收的样本信息进行统计后，得出样本的基本情况如表 5-9 所示。从统计结果可以得出，样本能够在一定程度上反映出回任人员所具有的相关特征，取得的相关数据也能够充分满足研究需求。此外，由表 5-9 对收集的有效样本进行描述性分析后，可以得出如下结论：

表 5-9　调查对象个人基本情况统计分析结果

调查对象基本信息		频数（人）	频率（%）
性别	男	155	75.2
	女	51	24.8
年龄	25 岁及以下	82	39.8
	26~35 岁	85	41.3
	36~45 岁	37	18.0
	46 岁及以上	2	0.9
受教育程度	中专及以下	5	2.4
	大专	19	9.2
	本科	134	65.0
	硕士及以上	48	23.4
回任时间	1 年以下	19	9.2
	1~2 年	46	22.3
	2~3 年	42	20.4
	3~4 年	35	17.0
	4 年以上	64	31.1
外派时间	0.5~1 年	23	11.2
	1~2 年	93	45.1
	2~3 年	40	19.4
	3~4 年	39	18.9
	4 年以上	11	5.4

首先，在以回任人员作为调查对象的样本收集中，可以发现男女比率大致为 3:1，而这与真实的跨国公司外派人员状况非常相符，大多数跨国公司会选择男性去海外进行外派学习而后回任母公司就职，因此作为调查对象的回任人员多为男性也佐证了样本选取的真实性与可靠性。

其次，样本中 35 岁及以下的回任人员占到 81.1%，可见回任人员多以年轻人为主，这与当前跨国公司主要委派年轻技术型人才赴海外学习的现象相吻合，跨国公司希望能够通过海外学习来培养更多的年轻人才，以期回任后发挥其专业技能。

同时，在甄选外派对象时受教育程度也是重要考核指标之一，大多数跨国公司会对外派人员的学识水平、技术能力和语言能力有严格的要求，以便在高学历人才身上投入的财力与物力能够通过员工外派为企业创造更大的价值，这与样本统计显示的调查对象多为本科及硕士以上学历（88.4%）的情况相符。

对调查对象的信息进行分析后可以得出，收集的样本多是回任时间超过 1 年的，这

第5章 跨国公司回任人员知识转移对双元性创新的影响

些调查对象具有足够的时间对工作环境及生活环境进行不断的调整与适应。此外，被调查的回任人员外派时间多集中于 2 年及以下，由于个人因素而造成外派时间不会过长，这与实际状况也是相符的。由此可见，调查样本的特征结构具备一定的合理性与实践性，调查数据也具备一定的可靠性。

3. 无偏性和信效度分析

（1）无偏性分析。由于本研究主要通过线上链接发送为主、纸质问卷直接发放为辅的方式发放问卷，因此，为了检测不同途径获取的问卷数据是否存在差异，本研究将通过独立样本 T 检验法进行方差分析，通过分析发现电子链接与直接发放的方式所产生的两组样本数据无显著差异（$P>0.05$），即可将不同方式获取的问卷数据一并进行处理与分析，不存在渠道获取方面的差异性。

此外，本研究使用主成分法对研究涉及的所有变量进行分析后得出，在未旋转状况下第一个主成分占到总方差的 19.631%，并未占大多数，可见在本研究中同源性偏差并不会过于影响研究结果，确保了问卷数据的无偏性。

（2）信度分析。本研究采用 SPSS 19.0 统计软件对问卷信度进行了分析，结果如表 5-10 所示。由此表可知，问卷整体的 Cronbach α 系数为 0.949，表示问卷具有非常好的信度，同时研究所涉及的各个变量的 Cronbach α 系数均大于 0.7，表示用于测量各变量的题项也具有较好的信度，因此，本研究认为调查问卷数据具有较高的内部一致性，满足问卷可靠性与稳定性的要求。

表 5-10 信度分析结果

变量	维度构成	题项数量	各变量 α 系数	问卷整体 α 系数
回任适应	工作适应	3	0.760	0.946
	人际适应	4	0.886	
	一般适应	4	0.901	
知识转移	知识转移	4	0.837	
吸收能力	吸收能力	3	0.750	
双元性创新	开发性创新	4	0.769	
	探索性创新	4	0.861	

（3）效度分析。本研究利用探索性因子分析法对测量工具的有效性进行评价，以期检验建构效度，通常在因子分析前需要利用 KMO 检验结果和 Bartlett 球形检验结果来判断测量题项是否适合做因子分析，然后通过最大方差法进行正交旋转得到各因子载荷，

探索性因子分析结果如表 5-11 所示。

表 5-11 探索性因子分析结果

变量	测量题项	因子载荷						
		因子1	因子2	因子3	因子4	因子5	因子6	因子7
工作适应	我能够顺利完成工作任务	0.122	0.230	0.173	0.286	**0.639**	0.126	-0.042
	我能够适应公司考评标准	0.272	0.048	0.180	0.166	**0.627**	-0.053	0.219
	我能够承担工作管理职责	0.266	0.233	0.208	0.188	**0.672**	0.119	0.078
人际适应	我能够与公司同事和谐相处	0.223	**0.767**	0.236	0.210	0.167	0.186	-0.063
	我能够与同事之外的其他人员和谐相处	0.141	**0.795**	0.097	0.107	0.177	0.054	0.021
	我能够融入国内的社交氛围	0.167	**0.713**	0.115	0.163	0.233	-0.167	0.162
	我能够积极与国内同事交流协作	0.081	**0.722**	0.150	0.104	0.140	0.106	0.149
一般适应	我能够适应国内的气候环境	**0.779**	0.107	0.109	0.121	0.166	0.107	-0.108
	我能够认同国内的价值观念	**0.811**	0.121	0.187	0.187	0.101	-0.020	0.062
	我能够适应国内的风俗习惯	**0.770**	0.077	0.130	0.028	0.138	0.081	-0.023
	我能够适应国内的一般生活	**0.745**	0.140	0.122	0.056	0.128	-0.043	0.071
知识转移	我能够针对工作知识与母公司员工进行交流	0.169	0.253	**0.770**	0.075	0.155	0.145	0.163
	我能够将海外知识转化为他人易理解的形式共享	0.178	0.210	**0.655**	0.139	0.239	0.161	-0.065
	我能够将海外工作知识编辑为文件进行共享	0.197	0.283	**0.739**	0.065	0.162	0.153	0.029
	我能够主动与母公司同事分享海外知识	0.205	0.051	**0.692**	0.257	0.101	-0.034	-0.114
吸收能力	我的知识量足以满足国际市场的需求	0.035	0.137	0.044	0.132	0.180	0.255	**0.661**
	我能够快速归纳从外部获取的知识与经验	0.042	0.043	0.262	0.236	-0.083	0.133	**0.727**
	我能够洞察技术更替与市场需求的变化	0.116	0.015	-0.030	0.058	0.241	0.120	**0.713**
开发性创新	我喜欢用新的方法解决工作中的问题	0.191	0.223	0.085	**0.723**	0.265	0.200	-0.059
	在工作中，我有改进工作方法的热情	0.173	0.174	0.118	**0.766**	0.201	0.098	0.128
	我愿意为改进同事的想法做出贡献	0.203	0.169	0.108	**0.626**	0.026	0.106	0.052
	公司同事认为我喜欢尝试新的工作	0.213	0.151	0.180	**0.651**	0.049	0.223	-0.080
探索性创新	我会寻找新的技术以及产品思想	0.240	0.129	0.071	0.249	0.150	**0.636**	-0.013
	我能够产生创新的思想	0.143	0.147	0.214	0.109	-0.081	**0.616**	0.105
	我会向他人宣传和促进新思想	0.180	0.199	0.106	0.193	0.113	**0.634**	0.028
	我会获取资源以实现新思想	0.082	0.220	0.105	0.177	0.121	**0.681**	0.158
Bartlett球形检验	解释的总方差	69.241%						
	KMO 值	0.905						
	近似卡方（χ^2统计值）	2709.542						
	df（自由度）	325						
	Sig.（显著性概率）	0.000						

第 5 章　跨国公司回任人员知识转移对双元性创新的影响

由表 5-11 可以看出，本研究所设计量表的 KMO 值为 0.905，同时 Bartlett 球形检验中，其显著性概率为 0.000（$P<0.05$），表示很适合进行因子分析，而后通过降维提取了 7 个主因子，整个量表提取的主因子累计方差贡献率达 69.241%，旋转后的因子载荷绝对值均大于 0.5，且各测量题项在 7 个主因子的因子载荷上区分很明显，其他载荷远小于 0.5。因此，研究设计的测量量表不仅拥有较好的收敛效度，也具备了较好的区分效度。

综合上述分析结果，本研究中的测量量表不仅具备较好的内容效度，其收敛效度和区分效度也均达到了标准要求，表明了研究中所使用的测量工具能够有效测量各个变量，保证了问卷结果的有效性与准确性，加之前文对问卷信度分析的结果，能够充分保证实证数据的准确性与可靠度。

4. 描述性统计和相关性分析

本研究所涉及的各个变量的平均值、标准差及变量间的相关关系如表 5-12 所示。由表 5-12 可知，工作适应与知识转移（$r=0.424$，$P<0.01$）、开发性创新（$r=0.450$，$P<0.01$）以及探索性创新（$r=0.394$，$P<0.01$）呈现出显著的正向相关关系；人际适应与知识转移（$r=0.392$，$P<0.01$）、开发性创新（$r=0.461$，$P<0.01$）以及探索性创新（$r=0.438$，$P<0.01$）呈现出显著的正向相关关系；一般适应与知识转移（$r=0.400$，$P<0.01$）、开发性创新（$r=0.368$，$P<0.01$）以及探索性创新（$r=0.559$，$P<0.01$）呈现出显著的正向相关关系。此外，知识转移与开发性创新（$r=0.636$，$P<0.01$）以及探索性创新（$r=0.655$，$P<0.01$）均呈现出显著的正向相关关系。而通过对本研究控制变量的相关性分析发现，回任人员的性别（$r=0.041$）、年龄（$r=0.073$）、受教育程度（$r=0.072$）、回任时间（$r=0.068$）及外派时间（$r=-0.141$）与工作适应均无显著相关关系；回任人员的性别（$r=-0.140$）、年龄（$r=0.070$）、受教育程度（$r=0.155$）、回任时间（$r=0.039$）及外派时间（$r=-0.082$）与人际适应均无显著相关关系；回任人员的性别（$r=-0.043$）、年龄（$r=0.096$）、受教育程度（$r=-0.115$）、回任时间（$r=0.056$）及外派时间（$r=-0.111$）与一般适应均无显著相关关系，这表明回任人员的回任适应并不会因为其不同的性别、年龄、受教育程度、回任时间以及外派时间不同而出现较大差异。

表 5-12 各变量的均值、标准差和相关关系

变量	1	2	3	4	5	6	7	8	9	10	11	12
1. 性别	1.000	—	—	—	—	—	—	—	—	—	—	—
2. 年龄	-0.019	1.000	—	—	—	—	—	—	—	—	—	—
3. 受教育程度	-0.032	-0.001	1.000	—	—	—	—	—	—	—	—	—
4. 回任时间	0.111	-0.102	-0.022	1.000	—	—	—	—	—	—	—	—
5. 外派时间	-0.065	0.052	0.099	-0.253**	1.000	—	—	—	—	—	—	—
6. 工作适应	0.041	0.073	0.072	0.068	-0.141	1.000	—	—	—	—	—	—
7. 人际适应	-0.140	0.070	0.155	0.039	-0.082	0.151	1.000	—	—	—	—	—
8. 一般适应	-0.043	0.096	-0.115	0.056	-0.111	0.147	0.155	1.000	—	—	—	—
9. 知识转移	-0.026	0.069	0.144	-0.089	0.118	0.424**	0.392**	0.400**	1.000	—	—	—
10. 吸收能力	0.136	0.118	0.108	-0.008	0.012	0.124	0.039	0.005	0.153	1.000	—	—
11. 开发性创新	-0.027	0.028	0.124	-0.013	0.016	0.450**	0.461**	0.368**	0.636**	0.453**	1.000	—
12. 探索性创新	-0.060	0.084	0.030	-0.027	0.039	0.394**	0.438**	0.559**	0.655**	0.395**	0.353**	1.000
均值	1.248	1.801	3.092	3.383	2.621	3.279	3.817	3.277	3.353	3.648	3.411	3.438
标准差	0.432	0.760	0.643	1.363	1.076	0.639	0.740	0.769	0.712	0.686	0.702	0.690

注：**表示 $P<0.01$。

5. 假设检验

（1）主效应检验。本研究采用层次回归分析法来检验回任适应与回任人员的知识转移、双元性创新之间的关系，假设 $H_{5a} \sim H_{5f}$ 提出回任适应的三个维度分别对回任人员双元性创新的两个维度有正向影响，因此，本研究首先将回任人员双元性创新的两个维度分别作为因变量，即引入开发性创新与探索性创新；其次加入控制变量（性别、年龄、受教育程度、回任时间以及外派时间）；最后将工作适应、人际适应、一般适应作为自变量放入回归方程中。结果如表 5-13 所示。

表 5-13 回任适应对知识转移、双元性创新的回归分析结果

变量	知识转移		开发性创新		探索性创新	
	模型 1	模型 2	模型 3	模型 4	模型 5	模型 6
控制变量						
性别	−0.020	0.004	−0.025	0.005	−0.069	−0.030
年龄	0.165	0.053	0.033	−0.078	0.160	0.021
受教育程度	0.128	0.119*	0.125	0.084	0.025	0.058
回任时间	−0.214*	−0.093	−0.004	0.110	−0.131	0.015
外派时间	−0.103	−0.019	0.011	0.096	−0.004	0.087
自变量						
工作适应	—	0.308**	—	0.367**	—	0.175**
人际适应	—	0.216**	—	0.323**	—	0.202**
一般适应	—	0.303**	—	0.207**	—	0.556**
R^2	0.062	0.533	0.017	0.577	0.022	0.656
F 值	2.022	21.534**	0.528	25.793**	0.694	36.030**
ΔR^2	0.062	0.471	0.017	0.561	0.022	0.634
ΔF	2.022	50.784**	0.528	66.774**	0.694	92.852**

注：*表示 $P<0.05$，**表示 $P<0.01$。

从表 5-13 中的模型 4 可以看出，工作适应（$\beta=0.367$，$P<0.01$）、人际适应（$\beta=0.323$，$P<0.01$）和一般适应（$\beta=0.207$，$P<0.01$）对跨国公司回任人员的开发性创新均具有显著的正向影响，据此假设 H_{5a}、H_{5b}、H_{5c} 获得了支持；从表 5-13 中的模型 6 可以看出，工作适应（$\beta=0.175$，$P<0.01$）、人际适应（$\beta=0.202$，$P<0.01$）和一般适应（$\beta=0.556$，$P<0.01$）对跨国公司回任人员的探索性创新也均具有显著的正向影响，据此假设 H_{5d}、H_{5e}、H_{5f} 获得了支持。

假设 H_{5g}、H_{5h} 和 H_{5i} 提出回任适应的三个维度分别对回任人员的知识转移有正向影响，为验证这些假设，首先将回任人员的知识转移作为因变量，其次加入控制变量（性别、年龄、受教育程度、回任时间以及外派时间），最后将三个自变量引入回归方程中，结果如表 5-13 所示。从表 5-13 的模型 2 可以看出，工作适应（β= 0.308，$P<0.01$）、人际适应（β= 0.216，$P<0.01$）和一般适应（β= 0.303，$P<0.01$）对跨国公司回任人员的知识转移均具有显著的正向影响，据此假设 H_{5g}、H_{5h}、H_{5i} 获得了支持。

为验证假设知识转移对回任人员双元性创新的两个维度分别有正向影响，首先将双元性创新的两个维度分别作为因变量，其次加入控制变量（性别、年龄、受教育程度、回任时间以及外派时间），最后将三个自变量和中介变量知识转移引入回归方程中，结果如表 5-14 所示。从表 5-14 的模型 3 和模型 7 可以看出，知识转移对跨国公司回任人员的开发性创新（β= 0.656，$P<0.01$）和探索性创新（β= 0.667，$P<0.01$）均具有显著的正向影响，据此假设 H_{5j} 和 H_{5k} 获得了支持。

表 5-14 知识转移的中介作用回归分析结果

变量	开发性创新				探索性创新			
	模型 1	模型 2	模型 3	模型 4	模型 5	模型 6	模型 7	模型 8
控制变量								
性别	-0.025	0.005	-0.012	0.004	-0.069	-0.030	-0.056	-0.030
年龄	0.033	-0.078	-0.075	-0.090	0.160	0.021	0.050	0.010
受教育程度	0.125	0.084	0.040	0.057	0.025	0.058	-0.061	0.034
回任时间	-0.004	0.110	0.136	0.132	-0.131	0.015	0.011	0.034
外派时间	0.011	0.096	0.079	0.100	-0.004	0.087	0.065	0.091
自变量								
工作适应	—	0.367**	—	0.297**	—	0.175**	—	0.113
人际适应	—	0.323**	—	0.274**	—	0.202**	—	0.158*
一般适应	—	0.207**	—	0.138	—	0.556**	—	0.496**
中介变量								
知识转移	—	—	0.656**	0.227**	—	—	0.667**	0.200**
R^2	0.017	0.577	0.421	0.601	0.022	0.656	0.440	0.675
F 值	0.528	25.793**	18.549**	25.155**	0.694	36.030**	20.041**	34.606**
ΔR^2	0.017	0.561	0.528	0.024	0.022	0.634	0.418	0.019
ΔF	0.528	66.774**	106.840**	9.049**	0.694	92.852**	114.224**	8.638**

注：*表示 $P<0.05$，**表示 $P<0.01$。

第5章 跨国公司回任人员知识转移对双元性创新的影响

（2）中介效应检验。本研究借鉴 Baron et al.（1986）建议的方法，使用层次回归检验回任人员的知识转移在回任适应与双元性创新之间所起到的中介作用。首先，检验自变量回任适应（工作适应、人际适应、一般适应）对因变量双元性创新（开发性创新、探索性创新）的影响作用，即判断回任适应的变化能否显著解释双元性创新发生的变化；其次，检验中介变量知识转移对因变量双元性创新（开发性创新、探索性创新）的影响作用；最后，在自变量和中介变量同时显著影响因变量的情况下，加入中介变量知识转移，再次研究自变量回任适应（工作适应、人际适应、一般适应）对因变量双元性创新（开发性创新、探索性创新）的影响作用。如果在引入中介变量后，自变量对因变量的影响变为不显著，则表示中介变量在其中起到完全中介的作用；如果在引入中介变量后，自变量对因变量的影响显著性相对减弱，则表示中介变量在其中起到部分中介的作用。

从表 5-14 可以看出，工作适应对跨国公司回任人员的开发性创新（模型 2，β= 0.367，P<0.01）和探索性创新（模型 6，β= 0.175，P<0.01）均具有显著的正向影响；人际适应对回任人员的开发性创新（模型 2，β= 0.323，P<0.01）和探索性创新（模型 6，β= 0.202，P<0.01）均具有显著的正向影响；一般适应对回任人员的开发性创新（模型 2，β= 0.207，P<0.01）和探索性创新（模型 6，β= 0.556，P<0.01）均具有显著的正向影响。同时，根据分析可得出知识转移对跨国公司回任人员的开发性创新（模型 3，β= 0.656，P<0.01）和探索性创新（模型 7，β= 0.667，P<0.01）也具有显著的正向影响。在此基础上将中介变量知识转移引入回归方程后发现，工作适应对跨国公司回任人员开发性创新（模型 4，β= 0.297，P<0.01）具有显著的正向影响，但对跨国公司回任人员探索性创新（模型 8，β= 0.113，无显著差异）的影响变为不显著；人际适应对跨国公司回任人员开发性创新（模型 4，β= 0.274，P<0.01）具有显著的正向影响，但对跨国公司回任人员探索性创新（模型 8，β= 0.158，P<0.05）的影响变为一般显著，显著性减小；一般适应则是对跨国公司回任人员开发性创新（模型 4，β= 0.138，无显著差异）的影响变为不显著，对跨国公司回任人员探索性创新（模型 8，β= 0.496，P<0.01）具有显著的正向影响；而此时知识转移对跨国公司回任人员开发性创新（模型 4，β= 0.227，P<0.01）和探索性创新（模型 8，β= 0.200，P<0.01）仍具有显著的正向影响。据此可以得出，知识转移在工作适应、人际适应对跨国公司回任人员的开发性创新影响关系中均起到部分中介作用，却在一般适应对其回任人员开发性创新的影响关系中起到完全中介作用；知识转移在工作适应对跨国公司回任人员的探索性创新影响关系中起到完全中介作用，却在人际适应、一般适应对回任人员探索性创新的影响关系中起到部分中介作用。据此假设 H_{5l}、H_{5m}、H_{5n}、H_{5o}、

H_{5p}、H_{5q}均获得了支持。

（3）调节效应检验。本研究将利用多元线性回归分析法，通过估计上述回归方程中的具体参数来检验吸收能力在知识转移与双元性创新之间所起到的调节作用。同时为了避免多重共线性的影响，在构造知识转移和吸收能力的交互项时，将所涉及的相关变量分别进行了标准化处理。在验证吸收能力调节效应时，首先将双元性创新的两个维度分别作为因变量，其后依次加入控制变量（性别、年龄、受教育程度、回任时间以及外派时间）、中介变量知识转移和调节变量吸收能力，最后引入知识转移与吸收能力的交互项（知识转移×吸收能力），利用统计软件得到层次回归分析结果如表 5-15 所示。

表 5-15 吸收能力的调节效应回归分析结果

变量	开发性创新				探索性创新			
	模型 1	模型 2	模型 3	模型 4	模型 5	模型 6	模型 7	模型 8
控制变量								
性别	−0.025	−0.012	−0.050	−0.060	−0.069	−0.056	−0.082	−0.087
年龄	0.033	−0.075	−0.109	−0.112	0.160	0.050	0.028	0.026
受教育程度	0.125	0.040	0.066	0.069	0.025	−0.061	−0.044	−0.042
回任时间	−0.004	0.136	0.144	0.135	−0.131	0.011	0.017	0.012
外派时间	0.011	0.079	0.073	0.069	−0.004	0.065	0.061	0.059
中介变量								
知识转移	—	0.656**	0.554**	0.594**	—	0.667**	0.598**	0.620**
调节变量								
吸收能力	—	—	0.280**	0.260**	—	—	0.189**	0.178**
交互项								
知识转移× 吸收能力	—	—	—	0.158*	—	—	—	0.085
R^2	0.017	0.421	0.487	0.510	0.022	0.440	0.470	0.477
F 值	0.528	18.549**	20.582**	19.618**	0.694	20.041**	19.252**	17.191**
ΔR^2	0.017	0.404	0.066	0.023	0.022	0.418	0.030	0.007
ΔF	0.528	106.840**	29.400**	37.090**	0.694	114.224**	28.568**	41.933**

注：*表示 $P<0.05$，**表示 $P<0.01$。

从表 5-15 中模型 2 和模型 6 来看，知识转移对跨国公司回任人员的开发性创新（模型 2，$\beta= 0.656$，$P<0.01$）和探索性创新（模型 6，$\beta= 0.667$，$P<0.01$）均具有显著的正向影响，在此基础上分别给两个回归模型中引入调节变量吸收能力后发现，吸收能力对跨

第5章 跨国公司回任人员知识转移对双元性创新的影响

国公司回任人员开发性创新（模型3，$\beta=0.280$，$P<0.01$）和探索性创新（模型7，$\beta=0.189$，$P<0.01$）均具有显著正向影响，最后加入中介变量知识转移和调节变量吸收能力的交互项，结果显示其交互项对跨国公司回任人员的开发性创新会产生显著的正向影响（模型4，$\beta=0.158$，$P<0.01$），但对跨国公司回任人员探索性创新的影响并不显著（模型8，$\beta=0.085$，无显著差异）。由此说明，跨国公司回任人员的吸收能力越强，知识转移与开发性创新之间的正向关系就越强；而吸收能力的强弱并不能显著影响知识转移与探索性创新之间的关系。据此假设 H_{5r} 获得数据支持，而 H_{5s} 未获得支持。为了更为清晰地了解知识转移和吸收能力的交互影响，本研究给出了不同吸收能力的回任人员在知识转移过程中实现自身开发性创新的差异，如图5-4所示。从图5-4可以看出，对于吸收能力较强的回任人员来说，知识转移与开发性创新之间的正向关系更为明显。

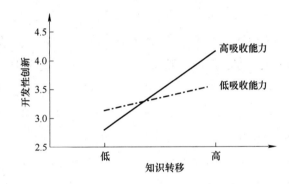

图5-4 吸收能力在知识转移和开发性创新之间的调节作用

5.3.4 研究结果

本研究所提出的基本假设部分得到了实证数据的支持，具体情况如下：

1. 主效应

（1）回任适应对跨国公司回任人员的双元性创新有显著正向影响，主要表现在：工作适应与开发性创新及探索性创新的回归系数分别为0.367和0.175，且均在0.01水平上显著，假设 H_{5a} 和 H_{5d} 得以验证；人际适应与开发性创新及探索性创新的回归系数分别为0.323和0.202，且均在0.01水平上显著，假设 H_{5b} 和 H_{5e} 得以验证；一般适应与开发性创新及探索性创新的回归系数分别为0.207和0.556，且均在0.01水平上显著，假设 H_{5c} 和 H_{5f} 得以验证。通过以上实证数据的验证，充分说明当跨国公司回任人员回任母国后，越能适应国内工作岗位、人际关系以及生活环境，越有助于自身进行双元性创新。

(2)回任适应对跨国公司回任人员的知识转移有显著正向影响,主要表现在:工作适应与知识转移的回归系数为 0.308,且均在 0.01 水平上显著,假设 H_{5g} 得以验证;人际适应与知识转移的回归系数为 0.216,且均在 0.01 水平上显著,假设 H_{5h} 得以验证;一般适应与知识转移的回归系数为 0.303,且均在 0.01 水平上显著,假设 H_{5i} 得以验证。通过以上实证数据的验证,充分说明当跨国公司回任人员回任母国后,越能适应国内工作岗位、人际关系以及生活环境,越有助于自身向企业员工转移知识,将海外学习到的先进知识和管理方法传授于母公司其他员工,使知识得以增值。

(3)知识转移对跨国公司回任人员的双元性创新有显著正向影响,主要表现在:知识转移与开发性创新的回归系数为 0.656,且均在 0.01 水平上显著,假设 H_{5j} 得以验证;知识转移与探索性创新的回归系数为 0.667,且均在 0.01 水平上显著,假设 H_{5k} 得以验证。通过以上实证数据的验证,充分说明跨国公司回任人员回任母国进行知识转移时,必定伴随着他人向自身转移知识,知识转移的效果越好,越有助于实现自身的双元性创新。

综上所述,当跨国公司回任人员回到市场与环境皆发生改变的母国后,在其逐渐适应国内工作、人际、生活环境的过程中,若能对工作职责、公司制度、薪酬体系等工作各方面产生满意感,或是对人际交流、社交氛围、互动方式等人际各方面产生舒适感,抑或是对风俗习惯、文化观念、日常生活等环境各方面产生认同感,都会促使回任人员转移他们在海外获得的先进技术和管理经验,在相互交流过程中使这些知识得以增值,而这种心理舒适度也会在一定程度上促进回任人员利用自身能力去改进工作方法,产生新思路或新方式去解决工作难题,同时激发出新思想去创造新的产品或技术,以此帮助企业开拓新的市场来实现长远持续的发展,保证自身实现双元性创新。不仅如此,由于知识转移的双向性,在回任人员转移这部分价值较高的知识资源时,企业其他员工也会向回任人员转移有效资源,这些从他人那里获得的资源也会帮助回任人员迸发出新思想去改进工作方式或愿意尝试新的工作,最终实现自身的双元性创新。

2. 中介效应

关于知识转移的中介作用,假设 $H_{5l} \sim H_{5q}$ 也获得了数据验证,具体情况如下:

(1)知识转移在工作适应对跨国公司回任人员的开发性创新影响关系中起部分中介作用,却在工作适应对其探索性创新的影响关系中起完全中介作用,主要表现在:工作适应与开发性创新的回归系数为 0.367,知识转移与开发性创新的回归系数为 0.656,在加入中介变量知识转移后,工作适应与开发性创新的回归系数减小为 0.297,且均在 0.01

第 5 章 跨国公司回任人员知识转移对双元性创新的影响

水平上显著，假设 H_{5l} 得以验证；工作适应与探索性创新的回归系数为 0.175，知识转移与探索性创新的回归系数为 0.667，且均在 0.01 水平上显著，在加入中介变量知识转移后，工作适应对探索性创新的影响不显著，假设 H_{5o} 得以验证。

通过以上实证数据的验证，充分说明知识转移在工作适应与开发性创新及探索性创新之间所起的中介作用有所差异。一方面，工作适应不仅对开发性创新有直接影响，而且也会通过知识转移对开发性创新有间接影响；另一方面，工作适应只能通过知识转移的中介作用对探索性创新有所影响。即跨国公司的回任人员在回任母国后，若是能够适应国内的工作职责、公司制度、薪酬体系等工作环境，会倾向于利用在海外获得的技术方法快速、高效地解决工作中所遇到的难题，也可以通过与企业其他员工交流海外学到的新兴技术来不断完善工作中的不足之处，实现开发性创新；此外，这种对工作岗位的满意度会使员工倾向于转移自身在海外所学到的经验与技术，在与员工相互转移知识的过程中帮助回任人员激发出新的思路或产品理念，实现探索性创新。

（2）知识转移在人际适应对跨国公司回任人员的开发性创新影响关系中起部分中介作用，在人际适应对其探索性创新的影响关系中仍起部分中介作用，主要表现在：人际适应与开发性创新的回归系数为 0.323，知识转移与开发性创新的回归系数为 0.656，在加入中介变量知识转移后，人际适应与开发性创新的回归系数减小为 0.274，且均在 0.01 水平上显著，假设 H_{5m} 得以验证；人际适应与探索性创新的回归系数为 0.202，知识转移与探索性创新的回归系数为 0.667，且均在 0.01 水平上显著，在加入中介变量知识转移后，人际适应与探索性创新的回归系数减小为 0.158，显著性水平此时达到 0.05，假设 H_{5p} 得以验证。

通过以上实证数据的验证，充分说明知识转移在人际适应对开发性创新及探索性创新影响关系中均起到部分中介作用，人际适应不仅对开发性创新和探索性创新有直接影响，而且也会通过知识转移对两者有间接影响。即跨国公司的回任人员在回任母国后，若是能够适应国内的人际交流、社交氛围、互动方式等社交环境，会倾向于利用与同事间相互交流的能力获取解决国内工作岗位相关问题的新方案，或是倾向于利用自己人际交流的优势构建与同事或其他人的社交网络来激发出新的思想，创造性地设计新的产品或涉入新的领域，实现自身的开发性创新和探索性创新；此外，这种对社交环境的舒适感会促使回任人员更愿意将海外所学到的技术知识转移给国内员工，通过与国内员工思想的积极碰撞与相互转移，回任人员不仅可以获得解决当前国内工作岗位或生活问题的新方法，也可以由此激发出更具有创造性的新思想，帮助其实现工作及生活的新突破。

（3）知识转移在一般适应对跨国公司回任人员的开发性创新影响关系中起完全中介作用，却在一般适应对其探索性创新的影响关系中起部分中介作用，主要表现在：一般适应与开发性创新的回归系数为 0.207，知识转移与开发性创新的回归系数为 0.656，且均在 0.01 水平上显著，在加入中介变量知识转移后，一般适应对开发性创新的影响不显著，假设 H_{5n} 得以验证；一般适应与探索性创新的回归系数为 0.556，知识转移与探索性创新的回归系数为 0.667，在加入中介变量知识转移后，一般适应与探索性创新的回归系数减小为 0.496，且均在 0.01 水平上显著，假设 H_{5q} 得以验证。

通过以上实证数据的验证，充分说明知识转移在一般适应与开发性创新及探索性创新之间所起的中介作用有所差异：一方面，一般适应只能通过知识转移的中介作用对开发性创新有所影响；另一方面，一般适应不仅对探索性创新有直接影响，而且也会通过知识转移对探索性创新有间接影响。即跨国公司的回任人员在回任母国后，若是能够适应国内的风俗习惯、文化观念、日常生活等生活环境，会倾向于利用国内的思维方式和语言习惯与企业员工进行知识共享，在相互交流过程中获得解决问题的新方法和改进工作的高度热情，实现自身的开发性创新；此外，这种对生活环境的舒适感会促使回任人员自身去寻求新的产品思想或积极查阅资料并结合海外所学来研究出新的技术，在生活中获取更多的灵感，抑或是通过关注新旧技术的更替或新的信息来提高其洞察力与应变力，也可以利用海外所学到的先进技术与企业员工所了解的国内相关技术进行相互交流与探讨，从而激发出新的产品理念和技术思路，获取充足的资源进行不断创新，实现自身的探索性创新。

3. 调节效应

关于吸收能力的调节效应，本研究的假设 H_{5r} 获得数据支持，而 H_{5s} 未获得数据支持，主要表现在：回任人员的知识转移与开发性创新的回归系数为 0.656，与探索性创新的回归系数为 0.667，同时，吸收能力与回任人员开发性创新的回归系数为 0.280，与探索性创新的回归系数为 0.189，且均在 0.01 水平上显著。在经过均值中心化处理后加入中介变量知识转移和调节变量吸收能力的交互项，发现其交互项与跨国公司回任人员开发性创新的回归系数为 0.158，且在 0.01 水平上显著，假设 H_{5r} 得以验证；但其交互项对跨国公司回任人员探索性创新的影响作用并不显著，假设 H_{5s} 未获得到数据支持。

分析调节效应假设 H_{5s} 未得到支持的原因，本研究认为可能是因为：

（1）员工的知识转移与员工的探索性创新是一种非正式的个体行为，通过访谈等方

第5章 跨国公司回任人员知识转移对双元性创新的影响

式可以发现，多数企业员工在非正式交流环境下进行知识转移时，会较多关注员工间的人际关系和熟悉程度，选择较为亲近或关系较好的人进行知识共享，以免麻烦或占用他人的工作时间，而这有时恰恰会错失与其他领域员工进行沟通交流的机会，或是错过接触新事物与新思想的机会。此外，由于跨国公司内部竞争较为激烈，员工也会从自身利益出发选择性地进行知识转移，且转移的知识多是以当前工作内容为主，对回任人员实现开发性创新有重大价值，但对回任人员研究新技术和创造新思想意义不大，因此，当转移的知识创新性受限时，吸收能力的强弱并不会显著影响其与探索性创新间的关系。此研究结果也得到了秦令华等人（2010）的验证：对于已经熟悉自身工作的员工来说，相互之间的咨询会相对减少，同时成员间的咨询关系主要取决于员工间的熟悉程度。

（2）本研究基于个体层面来探究回任人员的知识转移和吸收能力，除了正式的交流平台，员工之间还会选择非正式的交流渠道来实现知识的相互转移。缪根红等人（2014）研究发现正式交流路径会因容易确定知识的发送者而被管理层所重视，而非正式交流路径会因知识的发送方不明确而导致员工知识转移时会有所保留。因此，在回任人员与企业员工相互交流的过程中，这种非正式的交流路径多是以传递普遍思想与工作方法为主，所扩散的知识内容创新性不高，对于吸收能力较强的回任人员来说，这些知识可以有效帮助他们提高当前的工作效率，并不断改进当前工作，但对于想要通过相互转移知识来获取新技术的研究思路和新思想的创作灵感的回任人员来说，吸收能力的强弱此时已不能对这一路径产生显著影响，因此调节效应并不显著。

第 6 章
跨国公司回任人员知识转移的管理策略

根据上述研究发现,在回任人员知识转移过程中,知识转移意愿—能力—机会、组织支持、回任适应等是影响回任人员知识转移的主要因素,同时回任人员与母公司员工之间的关系质量以及回任人员的自我效能、吸收能力在关键影响因素与知识转移的关系中发挥着重要的调节作用。基于此,本研究结合知识管理理论、跨国公司人力资源管理理论以及跨国公司回任人员的特征等,提出跨国公司回任人员知识转移的管理对策及建议。

6.1 提升回任人员知识转移的意愿—能力—机会

6.1.1 强化回任人员的知识转移意愿

跨国公司可以通过建立有效的激励机制来提高回任人员参与知识转移的意愿。合理的激励机制体现了公司对员工价值的肯定和认同,有利于增强员工的工作满意度,提高他们对组织的认同感,从而强化他们参与知识转移的意愿。特别是对于回任人员而言,由于长期任职在外,对母公司的认同感和归属感都明显下降,同时担心自己转移的知识得不到相应的回报,在这种情况下,有效的激励机制可以成功地扭转回任人员的消极心态,提高回任人员参与知识转移的积极性。一个完善的激励机制至少应包括到以下四个方面:第一,制定合同契约来控制知识转移参与者的行为,以互惠合作、共享利益、相互平等的原则为前提,合同契约中应明确规定知识转移各参与方应承担的责任和享受的利益,投入与回报应匹配,这种激励契约能够调动员工的积极主动性,减少管理者对知识转移活动的监督成本,减少甚至消除回任人员的心理顾虑;第二,通过肯定业绩、建立威望和增强信任等方式缓解回任人员与母公司员工间的顾虑和冲突问题,提高员工参与知识转移的积极性、意愿和态度;第三,积极创造一种宽松的工作氛围,帮助回任人员实现技术理想、成就事业、得到同事的肯定、获得声誉等，借此满足回任人员工作成就感的需要；第四，建立针对回任人员合理的业绩考核制度和报酬制度，将回任人员对知识转移的贡献作为其个人业绩考核和薪资分配的一项重要依据，将其参与知识转移的程度与升迁挂钩，通过奖励性报酬和职位升迁等方式推动回任人员的知识共享和转移。

6.1.2 提升回任人员的知识转移能力

回任人员的知识转移能力主要体现为对异质性文化的吸收、整合以及传播的能力。为了提升回任人员的知识转移能力，必要的跨文化培训和学习机制是必不可少的。

第一，在提升回任人员对异质性文化的吸收和整合能力方面，跨国公司在回任人员被确定外派之前就应当做出努力，在挑选外派人员时，应当综合考虑他们在业务能力、管理水平、跨文化沟通能力及文化适应性等方面的能力，同时应当就文化方面的差异进行有针对性的培训和沟通，以使外派人员能够更好地适应国外的生活和工作环境，从而能够在海外工作期间吸收更多的先进知识和经验。

第二，在提升回任人员对异质性文化的传播能力方面，跨国公司应重点考虑如何增强全体员工对异质性文化的认同和接纳，从而保证回任人员的知识转移能够顺利开展，并在此过程中不断提升自身的知识转移能力。一方面为了减少跨文化冲突所带来的负面影响，跨国公司可以在大力推广本公司企业文化的同时，注重对跨国公司总公司企业文化传统的继承和发扬，促进不同文化的有机融合，形成具有全球视野的、包容性的企业文化，同时增强员工对企业文化的认同感；另一方面就是要加大跨文化培训力度，让公司内部员工充分认识到回任人员的国际化经验和技术是企业宝贵的知识资产，从而使公司形成尊重回任人员的良好氛围，以提高回任人员对公司的信任度和忠诚度。

6.1.3 提升回任人员的知识转移机会

跨国公司可以通过建立完善的知识转移渠道体系的方式来为回任人员提供更多的、更便利的知识转移机会，保障知识转移途径的畅通无阻。丰富的知识转移渠道是知识转移活动得以顺利开展的重要保障，组织知识转移渠道越丰富，成功实现转移的知识量就会越大，对提升组织成员的整体知识素养的帮助也越大。

知识转移渠道可以分为正式知识转移渠道和非正式知识转移渠道两大类。正式知识转移渠道主要是以文字、图形或公式记录的，以各种外部化的信息载体为工具的传播形式，这种转移渠道通常都是建立在规范的体系和标准之上的，例如跨国公司内部的文档交流、任务说明书以及电子数据交换等。非正式知识转移渠道以人与人之间的交往互动作为主要形式，任何能够促进人际交流互动的组织情境都可以被认为是非正式的知识转移渠道，如企业联欢会、员工生日会、企业年会等。正式知识转移渠道有利于显性知识的共享和转移，而对于隐性知识转移，则更多地得益于非正式知识转移渠道。但是，这并不意味着两种方式彼此孤立，跨国公司要真正实现各种知识的有效转移，就必须正确处理正式知识转移渠道和非正式知识转移渠道的关系，正如显性知识和隐性知识共同构成了知识整体，二者不可分割、相辅相成一样，促进显性知识转移的正式知识转移渠道和促进隐性知识转移的非正式知识转移渠道也是相辅相成、缺一不可的关系：一方面，正式知识转移渠道需要人际交往的有利补充，人与人之间良好的人际关系可以增强彼此之间的信任感，从而有利于推动显性知识通过正式知识转移渠道来传播；另一方面，正式知识转移渠道为隐性知识的转移提供了向导，虽然正式知识转移渠道更多承载的是显性知识，但它也可以作为一个向导，指明隐性知识的拥有者，知识接收方通过数据库、电子论坛等上的信息，可以找到隐性知识的潜在拥有者，然后再通过与这些人员进行人际交流，从而获得所需要的隐性知识。

因此，跨国公司要建立自己完善的知识转移渠道体系，最大限度地实现公司内部知识的共享和转移，就必须同时构建正式知识转移渠道和非正式知识转移渠道，并注意二者的有机融合，为公司员工搭建起一个全方位的、畅通无阻的知识转移平台，以推动员工之间的知识转移行为。在跨国公司中，正式知识转移渠道主要体现在信息技术的应用上，信息技术在显性知识转移中的应用形式主要有内部互联网、知识数据库、知识黄页、电子邮件、电子论坛等；非正式知识转移渠道主要依赖与人与人之间的沟通和交流，跨国公司可以采取以下措施来促进公司员工之间的人际交往和沟通：定期举办各种主题的会议与论坛、通过跨职能团队促进不同职能部门之间的隐性知识传播、加大员工培训力度、进行员工轮岗学习、开展非正式的交流会等。

6.2 建立知识转移的组织支持机制

6.2.1 加强组织文化建设

跨国公司可以通过建立优秀的组织文化来潜移默化地激发回任人员的知识转移动机。优秀的组织文化能够体现公司对员工的需要和期望，有利于使员工形成共同的价值观和目标，从而强化他们进行知识转移的动机。特别是对于回任人员来说，要有组织文化支持他们降低跨文化的适应难度，为进行知识转移创造条件，使他们在回任后能够更快更好地适应跨国母公司的组织文化。优秀的组织文化建设可以从以下几个方面进行：

1. 树立共同的价值观和目标

培养有利于知识转移的在精神文化层面的价值观，要转变或消除不利于知识转移的价值观，保护和发扬有利于知识转移的价值观。例如，对于过分凸显个人作用、重视个人或小团体利益的价值观要及时予以调整或消除。可以以部门为单位召开晨会，将员工集中起来进行组织文化的强化，从而使得包括回任人员在内的公司员工能够在潜移默化中树立共同的价值观和目标，进而朝着共同的目标进行知识的共享或转移，以此促进回任人员的知识转移行为。

2. 鼓励员工建言

跨国公司的管理者要重视员工提出的意见与建议，并且及时地给予反馈，以此来增强员工的参与感与主人公意识。如果公司能够重视回任人员的工作建议，势必能增强回任人员对公司的信任与依赖，从而增强回任人员知识转移的动机与行为。另外，通过让回任人员自主选择承担更重要的责任，使得回任人员产生强烈的归属感和参与意识，从而使得回任人员的个人价值得到充分展现、潜能得到充分发挥，为回任人员提供更多实现自我能力的机会，他们也更愿意为组织贡献自己宝贵的知识。同时，应该为回任人员提供建言渠道，当回任人员有新的想法和创意时，能够顺利地实现上传下达，并且管理者能给予足够的重视；加强对回任人员专业领域的技术或管理知识培训，使其结合自身的经验优势，不断提高自身综合能力与素质。

3. 营造沟通和交流环境

跨国公司管理者应遵循环境设置与心理感受互通规律，设计和改善员工学习以及研究知识转移活动的物理环境，引发回任人员的积极情感体验；营造积极向上的组织文化环境，加强对知识型员工的心理关怀。由于非正式交流是最常使用的知识转移方式之一，回任人员归国后，面对的是与出国前截然不同的工作环境，势必会面临着重构上下级关系以及同事之间的相互关系的压力，因此，跨国公司可以通过举办非正式的社交活动，如个体经验交流会、茶话会、年会、联欢会等来丰富员工沟通渠道，拓展员工交流平台，创造员工学习及交流的机会，从而实现回任人员与其他员工的相互了解，在公司内部建立信任合作的融洽的人际关系，以此来促进知识转移。

6.2.2 加强组织氛围建设

跨国公司可以从组织氛围的角度出发，建立管理者支持、员工间相互信任及相互协作的组织氛围，来提升回任人员与其他员工的信任感，强化组织的知识共享和转移氛围。具体可从以下三个方面入手：

1. 运用民主型的领导风格

研究表明，员工会更倾向于与管理者风格保持一致，管理者支持会大大促进成员的知识转移。当跨国公司管理者重视知识转移时，团队成员更倾向于进行知识的共享和转移。跨国公司回任人员的直接管理者可以努力营造组织关心、管理者关怀、同事帮助的组织氛围，通过组织开展正式和非正式活动等多元渠道，让回任人员掌握自我心理调控技巧，缓解回任压力。另外，多数跨国公司会将外派人员安排到原来的部门，由于回任人数较多，这就会造成对部分回任人员的职位安排存在一定困难，同样会造成回任者职等高、职务却偏低的情况存在，情况严重时可能会出现以前的下属成为回任人员的主管这样的情况，这就会对回任人员造成伦理上的困境，因此跨国公司管理者要注意根据成员特点，注重管理风格，及时给予支持与关怀。

2. 设计不同主题的培训或拓展

跨国公司可以设计不同主题的培训或拓展活动，以加强组织氛围建设。例如，通过沟通交流和互助协作完成任务，让参与员工能够自我省察，体验合作的乐趣，增强团队意识；以案例引导员工对学习、工作和生活中的成败进行客观归因，培养员工乐观归因的思维方式；经常组织员工参加社会公益活动，强化他们的感恩之情和责任之心。

3. 加强信任和合作

信任关系不仅存在于回任人员与本国员工之间，而且也存在于管理者和员工之间。一方面，跨国企业领导者要赢得回任人员的感情及忠诚，必须给予回任人员足够的信任。管理者可以通过坦诚沟通，与回任人员建立相互信赖的亲密关系，使回任人员产生强烈的组织归属感。回任人员会将信赖看作一种成就，这会促使回任人员将在国外获得的知识和经验转化为组织的资源。另一方面，本国员工也要给回任人员以尊重和信任，学会换位。由于本国员工与回任人员的成长环境、成长经历及教育背景不同，价值观和性格偏好也有所不同，对问题的看法、处事态度也有差别。因此双方要善于站在对方的角度考虑问题,要有大局观念和全局意识,以此来促使回任人员与本国同事彼此信任,促进知识转移。

6.2.3 加强组织制度建设

加强组织制度建设,促进知识转移行为。跨国公司要想促进回任人员的知识转移,还应该建立一些完善的管理制度,如回任人员管理制度、精神荣誉制度等,以此来提高跨国公司对回任人员的支持力度。具体可以从下面两方面来进行:

1. 完善回任人员管理制度

跨国公司完善的回任人员管理制度,应至少包括两方面的内容:①要有一套用于回任人员的管理和交流、监督和约束的制度,其中要明确回任人员的绩效考核方法、薪酬与福利政策以及回任后的使用与晋升机制等。可以通过制定合同契约来控制知识转移参与者的行为。以互惠合作、共享利益、相互平等的原则为前提,合同契约中应明确规定知识转移各参与方应承担的责任和享受的利益,投入与回报匹配,这种激励契约能够调动员工的积极主动性,减少管理者对知识转移活动的监督成本,减少甚至消除回任人员的心理顾虑。②要签订回任人员管理合同,在公司员工被确定要执行外派任务时,就需要根据公司的有关外派人员管理制度,在协商一致的基础上与之签订回任后的管理合同,合同中应明确说明回任人员回任后的安置、升迁、薪酬、奖惩等相关安排。

2. 加强精神荣誉制度建设

回任人员知识转移动机的激发不仅需要物质奖励方式,而且更重要的是给予他们荣誉认可的精神奖励。企业应该加强建立精神荣誉制度,促使回任人员将知识转移动机转化为行为,进而促进回任人员成功转移自己在国外获得的知识与经验,使这些知识转化为企业员工所共有的资源。

6.3 加强回任人员的适应管理

6.3.1 重视回任人员的工作适应

回任人员对国内工作职责、公司制度、薪酬体系等工作环境的高度适应能够让他们更高效地处理工作中遇到的种种难题,也可以帮助他们结合海外所学到的先进技术探索出更好的技术方法和新的产品设计理念，为企业提供更有价值的技术资源，争取更大的竞争优势。帮助回任人员调整状态及时适应工作环境是跨国公司不容忽视的重要问题。提升回任人员工作适应能力可以从以下几个方面进行：

1. 对回任人员进行归国前教育

研究发现，回任人员在归国前会对国内环境产生一系列心理预期，而对市场和生活环境已发生改变的母国环境缺乏了解以及过高的期许，往往会使回任人员在归国后产生较大的心理落差，因此，对回任人员来说，在回任前帮助他们及时了解国内组织的相关信息以及回任后工作职责的相关信息至关重要。跨国公司可以通过讲座或宣传手册等一系列形式让回任人员意识到自身在海外派遣过程中所发生的变化以及国内工作环境在这段时间发生的改变，也可以帮助他们收集相关的国内信息，让他们在回任国内岗位时做好充分的思想准备，明白国内薪酬体系、公司制度所发生的变化，避免归国前因过大的心理落差而产生对工作的抵触和焦虑感，认清国内工作环境的现状并做出合理的预期。

2. 帮助回任人员制订职业规划

大多数外派人员认为自身的海外经历可以帮助自己获得更好的职业发展前景，即使企业未对其承诺归国后的职业安排，但外派者仍相信回任后必将得到企业重用或者获得升职加薪的待遇。然而，经过调查发现，有些企业确实很难让回任人员得到职位晋升，甚至会将其安排到昔日部下的手下工作，这种未得到应有的重视而产生的挫败感会促使回任人员因不适应工作岗位而选择离职。因此，跨国公司的人力资源部门可以通过对回任人员在其外派期间的绩效考核及回任岗位意愿来决定其回任后担任的职位及承担的职责，也可以安排能够发挥他们海外所学的相关岗位，如外派人员的培训师、与海外子公司合作交流的负责人等，帮助他们获得较大的成就感。此外，尽可能为他们提供与外派工作相类似的工作岗位，以确保他们与岗位的高度匹配，从而能够更有效地发挥其海外所积累的相关经验，帮助他们做好回任后的职业规划，更好地适应国内工作，促使其有效转移海外知识，实现不断创新。

3. 建立回任人员的导师制

为了帮助回任人员尽快克服"逆文化休克"和归国工作的不适应性，跨国公司可以根据回任人员的实际情况配备导师，导师负责对回任人员的工作和职业发展情况进行全程的跟踪和指导，及时发现回任人员在生活中和工作上所面临的困难，并尽力给予帮助，起到回任人员与公司互动的桥梁作用。一方面,在员工执行海外任务期间,导师通过电话、电子邮件等方式与外派员工经常保持沟通,了解员工在海外的工作状况以及遇到的问题,及时帮助员工排除困扰,保证海外工作的顺利开展,同时也可以向外派员工介绍公司近况,使外派员工及时了解母公司的最新动向,以使其在回任后能够更快地投入工作。另一方面,在回任人员回任前三到六个月的时间里,公司的人力资源管理部门会同业务部门的管理者及导师,应该根据回任人员在外派期间的工作业绩、人力资本增值对公司的影响和回任人员本人的职业意愿,结合公司的现实情况,与回任人员反复沟通,共同制订一个符合实际情况、令回任人员满意的回任工作安排方案。

4. 合理缩小回任前后的薪酬差距

多数跨国公司会以较高的薪酬来鼓励企业员工外派,回任人员结束外派后回任母国时需要对其执行国内的薪酬制度,驻外补贴的减少会使其薪酬降幅较大,此时如何合理减少薪酬减少带来的焦虑感就显得尤为重要。跨国公司可以通过结合外派岗位的工作年限来为回任人员提供些许补贴,或者根据外派期间的绩效考核给予一定的股权奖励,帮助回任人员减少回任后因薪酬差距带来的不安心理,借此平衡回任前后的薪酬差别。

6.3.2 重视回任人员的人际适应

回任人员归国后若是能够通过心理调整适应国内的社交环境,他们会积极有效地转移海外知识和经验。对人际交流、社交氛围、互动方式等社交环境高度适应能够帮助回任人员有效构建社交网络,无论是通过与同事间的相互交流获得解决工作难题的有效方法,还是通过与家人或其他人的相互交流获得解决生活难题的有用办法,都会让回任人员产生认同感和归属感,这种积极的心理状态会使他们更愿意和他人相互交流,从而更愿意利用海外所学到的先进技术为改进同事的工作提出新建议,更愿意通过交流迸发出新的产品设计理念和新的技术研究思路,实现自我的双元性创新。因此,帮助回任人员调整状态及时适应社交环境是跨国公司不容忽视的重要问题,提升回任人员人际适应能力可以从以下几个方面进行:

1. 加强人际适应的相关培训

多数跨国公司筛选人员进行外派前,会进行一段时间的培训以便他们能够较快适应海外环境。与外派类似,回任后的相关培训也是极为重要的。回任人员回任母国后面对与外派前截然不同的人际环境,必然会承受重构社交网络、与海外交流方式不同的人际关系压力，只有接受相关的培训，才能真正克服在外派期间长期形成的交流方式与社交定式的影响，进而帮助回任人员及时适应国内的语言习惯与交流模式。因此，跨国公司的人力资源部门应该组织回任人员进行适当的回任培训，制订加强回任人员人际交流与社交思维的培训方案，并帮助回任人员多与企业员工和其他人员进行交流互动，建立相关的交流渠道促使他们积极与他人互动。此外，还应该让回任人员所在部门的员工及回任人员的家人也参与培训，让他们意识到回任人员在人际交流过程中存在的心理障碍及心理焦虑感，以便帮助回任人员熟悉并习惯于国内人际交流方式与环境。再有，也需要潜移默化地帮助回任人员了解国内人际交往存在的潜规则，了解国内的社交氛围及互动方式，让其不仅在工作中与同事建立良好的相处模式，也在生活中与家人或他人建立融洽的交流模式，这种对人际交流环境的舒适感会使回任人员倾向于转移国际知识与经验，继而更愿意为他人工作提出改进措施或者产生新的研究想法，实现自身的双元性创新。

2. 加强人际沟通

回任人员在归国前对未知的工作与人际环境，难免会产生忧虑感和不安心理。为了在归国前能够对国内组织和人际关系有合理的预期和准确的判断，跨国公司应该在员工外派前与其进行相关的沟通，包括对外派政策、派遣任务以及公司的期望等进行充分的说明，让员工能够充分意识到自身即将面临的外派生活；在外派期间，需要定期通过网络通信工具与员工建立沟通，让他们能够随时了解到国内公司的相关动态及市场变化，同时也能够实时掌握全球范围内该公司的相关岗位空缺信息；除此之外，也需健全外派人员与国内员工的沟通渠道，能够实时共享国内外企业的相关信息，增进彼此联系，与国内员工保持频繁的交流合作；在回任前几个月，公司的人力资源部门应该与回任人员进行及时沟通，对其在外派期间的绩效考核与工作生活状态进行深入的了解，同时利用相关信息对其进行评估与定位，制订切实可行的回任方案，为其提供回任适应的相关援助，不仅要考虑回任人员的沟通协调能力的培训，也需要让其家人及国内部门员工积极参与，帮助回任人员构建更为舒适的人际沟通氛围。

3. 积极组织公司团建活动

外派人员归国后往往需要重新建立人际网络，重新融入国内的社交圈，跨国公司的人力资源部门应该重视回任人员的这一需求。可以结合公司内部员工的兴趣爱好组织公司活动，包括运动、旅游、聚餐、游戏等活动来建立回任人员与公司其他员工之间的沟通平台，同时也丰富了员工的业余生活，增强员工对公司的认同感与忠诚度；也可以将公司活动与社区活动相结合，促进回任人员与企业员工及社区人员建立互动，使其在最短时间内融入国内人际交流圈中，构建其与家属和员工更亲密的联系。

6.3.3 重视回任人员的一般适应

对风俗习惯、文化观念、日常生活等生活环境的高度适应能够帮助回任人员产生舒适感与依赖性，舒适的生活环境与类似的价值观念会使回任人员更易产生忠诚度，能够促使回任人员拥有改进工作的热情与尝试新工作的想法，也会帮助其激发新的研究思路与设计理念。对环境的充分适应会促使回任人员迸发出更多的创作灵感及创新思想，从而更有助于自身的开发性创新与探索性创新，为企业带来极大的竞争优势。因此，帮助回任人员调整状态及时适应生活环境是跨国公司不容忽视的重要问题，提升回任人员一般适应能力可以从以下几个方面进行：

1. 加强对回任人员的援助

当跨国公司经过重重筛选确定外派人员时，往往会倾向于海外生活适应能力较强的人员或曾经有过海外经历的员工，由于这些员工在海外文化中表现出较好的适应能力，而常常会让人们误以为他们回任后也会拥有较好的回任适应能力。但经过调查研究发现，对海外生活越适应的员工，在回任后会因为文化距离而越不适应国内生活环境，这类员工其实往往是回任人员中的弱势群体。跨国公司需要给予这类员工必要的援助及重视，在他们归国前就需要及时与其沟通交流，让他们对回任后的国内生活拥有充分的心理预期，及时了解国内工作及生活动态，制订相关的培训方案或建立合适的沟通平台，帮助他们意识到自身所处的境况，及时做好调整，提高回任后的适应水平，减少心理的不适感。

2. 妥善安置回任人员的生活

关于回任人员回任后的生活安置，跨国公司至少应该做到以下两点：①人力资源管理部门应该根据整体的回任安置制度，结合公司外派前所做出的承诺以及回任前双方达成的协议，积极妥善地处理好回任人员回任后的生活安置。这里需要特别强调的是，跨国公司要对回任人员的生活给予适当的关怀，特别是对于那些举家重返母国的员工，家属的工作问题、子女的教育问题等都会给回任人员带来很大的压力，进而影响其在公司的工作状态。因此，跨国公司应该在自己的能力范围之内，尽量帮助回任人员解决其生活方面的困难，没有了后顾之忧，回任人员就能够将更多的精力投入到新的工作之中。②针对回任人员难以适应新环境的情况，公司应该通过人文关怀等组织措施帮助回任员尽快适应。回任人员回任后可能面临着生活环境不适应的情况，公司相关部门应积极主动地给予关心，帮助解决适应困难的问题，使其尽快适应新环境。当然，回任人员自己也应积极主动地参加一些社会活动，使自己尽快地融入国内环境，顺利度过过渡期。

3. 完善环境适应培训机制

再优秀的回任人员也可能因为无法适应国内的气候和饮食而产生不适感，也可能因为不适应国内的风俗习惯和价值观念而无法与客户交流沟通，因此在重视回任人员专业技能的同时应该关注员工在语言文化、日常生活、价值观念等方面的适应能力。面对生活状态发生改变的国内生活，表现优秀的回任人员会同样被认为在回任后的工作岗位上能够一样表现出色，但事实并非如此，他们承受巨大的重新适应国内生活的压力与无助感。因此，跨国公司人力资源部门应该完善回任人员对国内生活环境适应的相关培训，通过在回任前、回任时、回任后各个阶段的沟通交流与适当培训，帮助回任人员更清晰地了解国内风俗习惯、文化观念以及日常的生活状况，营造回任人员与其他员工学习交流的氛围，以此加强他们转移知识的意向与效果。

参考文献

ABERNATHY W J, UTTERBACK J M, 1978. Patterns of Industrial Innovation[J]. Technology Review, 64(7): 254-228.

ABOU-ZEID E-S, 2002. An Ontology-Based Approach to Inter-organizational Knowledge Transfer[J]. Journal of Global Information Technology Management, 5(3): 32-47.

ALBINO V, GARAVELLI A C, SCHIUMA G, 1998. Knowledge transfer and inter-firm relationships in industrial districts: the role of the leader firm[J]. Technovation, 19(1): 53-63.

AMABILE T M, 1983. The social psychology of creativity: A componential conceptualization[J]. Journal of Personality and Social Psychology, 45(2): 357-376.

AMABILE T M, 1988. A model of creativity and innovation in organizations[J]. Research in Organizational Behavior, 10(1): 123-167.

AMABILE T M, BARSADE S G, MUELLER J S, et al., 2005. Affect and creativity at work[J]. Administrative Science Quarterly, 50(3): 367-403.

AMABILE T M, HADLEY C N, KRAMER S J, 2002. Creativity under the gun[J]. Harvard Business Review, 80(8): 52-63.

AMABILE T M, SCHATZEL E A, MONETA G B, et al., 2004. Leader Behaviors and the Work Environment for Creativity: Perceived Leader Support [J]. The Leadership Quarterly, 15(1): 5-32.

ANDERSEN T J, NIELSEN B B, 2007. The effective ambidextrous organization: a model of integrative strategy making processes [J]. Nouvelle Revue Française Dhématologie, 36(4): 335-341.

ANDREWS K M, DELAHAYE B L, 2000. Influence on knowledge processes in organizational learning: The psychological filter [J]. Journal of Management Studies, 37(6): 2322-2380.

ANDRIOPOULOS C, LEWIS M W, 2009. Exploitation-exploration tensions and organizational ambidexterity: Managing paradoxes of innovation[J]. Organization Science, 20(4): 696-717.

ANTAL A B, 2000. Types of Knowledge Gained by Expatriate Managers [J]. Journal of General Management, 26(2): 32-51.

ANTAL A B, 2001. Expatriates' Contributions to Organizational Learning [J]. Journal of General Management, 26(4): 62-84.

ARGOTE L, INGRAM P, 2000. Knowledge transfer: A basis for competitive advantage in firms [J].

Organizational Behavior and Human Decision Processes, 82(1): 150-169.

AULAKH P S, KOTABE M, SAHAY A, 1996. Trust and performance in cross-border marketing partnerships: A behavioral approach [J]. Journal of international business studies, 27(5): 1005-1032.

AXTELL C M, HOLMAN D J, UNSWORTH K L, et al., 2000. Shop floor innovation: Facilitating the suggestion and implementation of ideas [J]. Journal of Occupational and Organizational Psychology, 73(3): 265-285.

AZADEGAN A, WAGNER S M, 2011. Industrial upgrading, exploitative innovations and explorative innovations [J]. International Journal of Production Economics, 130(1): 54-65.

BABIKER I E, COX J L, MILLER P M, 1980. The measurement of cultural distance and its relationship to medical consultations, symptomatology and examination performance of overseas students at Edinburgh University[J]. Social Psychiatry, 15(3): 109-116.

BAILEY C, DRAGONI L, 2013. Repatriation after Global Assignments: Current HR Practices and Suggestions for Ensuring Successful Repatriation [J]. People & Strategy, 36(1): 49-57.

BANDURA A,1997. Self-efficacy: The Exercise of Control [M]. New York: Freeman.

BARON R M, KENNY D A, 1986. The Moderator-Mediator Variable Distinction in Social Psychological Research: Conceptual, Strategic, and Statistical Considerations [J]. Journal of Personality and Social Psychology, 51(6): 1173-1182.

BECKMAN C M, 2006. The influence of founding team company affiliations on firm behavior[J]. Academy of Management Journal, 49(4): 741-758.

BELDERBOS R A, HEIJLTJES M G, 2005. The determinants of expatriate staffing by Japanese multinationals in Asia: Control, learning and vertical business groups [J]. Journal of International Business Studies, 36(3): 341-354.

BENNER M J, TUSHMAN M L, 2003. Exploitation, exploration, and process management: the productivity dilemma revisited [J]. Academy of Management Review, 28(2): 238-256.

BENNETT R, GABRIEL H, 1999. Organisational factors and knowledge management within large marketing departments: an empirical study[J]. Journal of Knowledge Management, 3(3): 212-225.

BERRY J W, POORTINGA Y H, SEGALL M H, et al., 2007. Cross-cultural psychology: Research and applications[J]. Cross-cultural psychology: research and applications, 38(3): 403-409.

BIERLY P E, DAMANPOUR F, SANTORO M D,2009. The application of external knowledge: organizational conditions for exploration and exploitation [J]. Journal of Management Studies, 46(3): 481-509.

BLACK J S, GREGERSEN H B, MENDENHALL M E, 1992. Toward a theoretical framework of repatriation adjustment[J]. Journal of International Business Studies, 23(4): 737-760.

BLACK J S, 1994. O Kaerinasai: factors related to Japanese repatriation adjustment [J]. Human Relations, 47(12): 1489-1508.

参考文献

BLACK J S, MENDENHALL M E, ODDOU G, 1991. Toward a comprehensive model of international adjustment: An integration of multiple theoretical perspectives [J]. Academy of Management Review, 16(2): 291-317.

BLACK J S, STEPHENS G K, 1989. The Influence of the Spouse on American Expatriate Adjustment and Intent to Stay in Pacific Rim Overseas Assignments [J]. Journal of Management, 15(4): 529-545.

BLACK T, 2002. Relevant alternatives and the shifting standards of knowledge [J]. Southwest Philosophy Review, 18 (1): 23-32.

BLUMBERG M, PRINGLE C D, 1982. The missing opportunity in organizational research: Some implications for a theory of work performance [J]. Academy of Management Review, 7(4): 560-569.

BOAWAS S, 2009. HR Practices as a Mediator Between Organizational Culture and Transformational Leadership: Implications for Employee Performance [J]. National Academy of Psychology, 54(2): 114-123.

BONACHE J, BREWSTER C, 2001. Knowledge transfer and the management of expatriation [J]. Thunderbird International Business Review, 43(1): 145-168.

BONESSO S, GERLI F, SCAPOLAN A, 2014. The Individual Side of Ambidexterity: Do Individuals' Perceptions Match Actual Behaviors in Reconciling the Exploration and Exploitation Trade-off? [J]. European Management Journal, 32(3): 392-405.

BOSSARD A B, PETERSON R B, 2005. The repatriate experience as seen by American expatriates [J]. Journal of World Business, 40(1): 9-28.

BOUTY I, 2000. Interpersonal and interaction influences on informal resource exchanges between R&D researchers across organizational boundaries [J]. Academy of Management Journal, 43(1): 50-65.

BOYACIGLLER N, 1990. The Role of Expatriates in the Management of Interdependence, Complexity and Risk in Multinational Corporations [J]. Journal of International Business Studies, 21(5): 357-381.

BREWSTER C, SUUTARI V, 2005. Global HRM: aspects of a research agenda[J]. Personnel Review, 34(1): 5-21.

BROWN J S, DUGUID P, 1998. Organizing Knowledge [J]. California Management Review, 40(3): 90-111.

BUCIC T, GUDERGAN S P, 2004. The impact of organizational settings on creativity and learning in alliances [J]. Management, 7(3): 257-273.

BUCKLEY P J, GHAURI P N, 2004. Globalisation, economic geography and the strategy of multinational enterprises [J]. Journal of International Business Studies, 35(2): 81-98.

BUCKLEY P J, CARTER M J, 1999. Managing cross-border complementary knowledge–conceptual developments in the business process approach to knowledge management in multinational firms [J]. International Studies of Management and Organization, 29(1): 80-104.

BUCKLEY P J, CARTER M J, CLEGG J, et al., 2005. Language and social knowledge in foreign-knowledge transfer to China [J]. International Studies of Management and Organization, 35(1): 47-65.

BUNCE D, WEST M, 1994. Changing work environments: Innovative coping responses to occupational stress [J]. Work & Stress, 8(4): 319-331.

BURMEISTER A, JOYCE D, SZKUDLAREK B, et al., 2015. The micro-processes during repatriate knowledge transfer: The repatriates' perspective [J]. Journal of Knowledge Management, 19(4): 735-755.

CAO Q, GEDAJLOVIC E, ZHANG H, 2009. Unpacking organizational ambidexterity: Dimensions, contingencies, and synergistic effects [J]. Organization Science, 20(4): 781-796.

CALIGIURI P M, LAZAROVA M, 2001. Strategic repatriation policies to enhance global leadership development [M]//MENDENHALL M E, KUEHLMANN T M, Stahl G K. Developing global business leaders: Policies, Processes, and Innovations. Westport: Quorum.

CARMELI A, SCHAUBROECK J, 2007. The influence of leaders' and other referents' normative expectations on individual involvement in creative work [J]. The Leadership Quarterly, 18(1): 35-48.

CHANDRASEKARANA A, LINDERMAN K, SCHROEDER R, 2012. Antecedents to ambidexterity competency in high technology organizations [J]. Journal of Operations Management, 30(1-2): 134-151.

CHANG Y Y, HUGHES M, 2012. Drivers of Innovation Ambidexterity in Small-to-Medium-sized Firms [J]. European Management Journal, 30(1), 1-17.

CHEN C C, CHEN Y R, XIN K, 2004. Guanxi practices and trust in management: A procedural justice perspective[J]. Organization Science, 15(2): 200-209.

CHEN X P, CHEN C C, 2004. On the intricacies of the Chinese guanxi: A process model of guanxi development [J]. Asia Pacific Journal of Management, 21(3): 305-324.

CHINI T C, 2004. Effective knowledge transfer in multinational corporations [M]. Basingstoke: Palgrave Macmillan Basingstoke.

COHEN J, COHEN P, WEST S G, et al., 2003. Applied Multiple Regression/Correlation Analysis for the Behavioral Sciences [M]. Hillsdale NJ: Lawrence Erlbaum Associates.

COHEN W M, LEVINTHAL D A, 1990. Absorptive capacity: A new perspective on learning and innovation [J]. Administrative Science Quarterly, 35(1): 128-152.

CONSTANT D, KIESLER S, SPROULL L, 1994. What's mine is ours, or is it? A Study of Attitudes about Information Sharing [J]. Information Systems Research, 5(4): 400-421.

COX P L, KHAN R H, ARMANI K A, 2013. Repatriate Adjustment and Turnover: The Role of Expectations and Perceptions [J]. Review of Business & Finance Studies, 4 (1): 1-15.

CULLEN J B, PARBOTEEAH K P, 2005. Multinational Management: A Strategic Approach [M]. 3rd ed Mason: Thomson South-Western.

CUMMINGS J L, TENG B-S, 2003. Transferring R&D knowledge: the key factors affecting knowledge transfer success [J]. Journal of Engineering and Technology Management, 20(1): 39-68.

CUMMINGS J L, TENG B-S, 2003. Transferring R&D knowledge: the key factors affecting knowledge transfer success [J]. Journal of Engineering and Technology Management, 20(1): 39-68.

CUTLER R S, 1989. A Survey of High-Technology Transfer Practice in Japan and the United States [J]. Interfaces, 19(6): 67-77.

DARR E D, KURTZBERG T R, 2000. An investigation of partner similarity dimensions on knowledge transfer [J]. Organizational behavior and human decision processes, 82(1): 28-44.

DAVENPORT T H, PRUSAK L, 1998. Working Knowledge: How Organizations Manage What they Know [M]. Boston: Harvard Business School Press.

DE JONG J, DEN HARTOG D, 2010. Measuring Innovative Work Behaviour [J]. Creativity and Innovation Management, 19(1): 23-36.

DELONG D, 1997. Building the Knowledge-Based Organization: How Culture Drives Knowledge Behaviors [EB/OL]. (1997-05-30)[2019-02-20]. http://www.providersedge.com/docs/km_articles/Building_the_Knowledge-Based_Organization.pdf.

DENISON D R, MISHRA A K, 1995. Toward a theory of organizational culture and effectiveness [J]. Organization Science, 6 (2): 204-223.

DHANARAJ C, LYLES M A, STEENSMA H K, et al., 2004. Managing tacit and explicit knowledge transfer in IJVs: the role of relational embeddedness and the impact on performance [J]. Journal of International Business Studies, 35(5): 428-442.

DOWLING P J, SCHULER R S, 1994. International dimensions of human resource management [M]. 2nd ed. Belmont: Wadsworth.

DOWNES M, THOMAS A S, 1999. Managing Overseas Assignments to Build Organizational Knowledge [J]. Human Resource Planning, 22(4): 33-48.

DRUCKER P F, 1998. The coming of the new organization [J]. Harvard Business Review (12): 45-53.

DUNCAN R B, 1976. The ambidextrous organization: Designing dual structures for innovation [M]. New York: North-Holland.

DUTTA S, WEISS A M, 1997. The Relationship Between a Firm's Level of Technological Innovativeness and Its Pattern of Partnership Agreements [J]. Management Science, 43: 343-356.

EDWARDS J R, 1993. Problems with the use of profile similarity indices in the study of congruence in organizational research [J]. Psychology, 46: 641-665.

EDWARDS J R, LAMBERT L S, 2007. Methods for Integrating Moderation and Mediation: A General Analytical Framework Using Moderated Path Analysis [J]. Psychological Methods, 12(1): 1-22.

EDWARD T, FERNER A, 2004. Multinationals, reverse diffusion and national business systems [J]. Management International Review, 44(1): 49-79.

EISENBERGER R, HUNTINGTON S, 1986. Perceived Organizational Support [J]. Journal of Applied Psychology, 71: 500-507.

FARH C I C, BARTOL K M, SHAPIRO D L, et al., 2010. Networking Abroad: A Process Model of How Expatriates from Support Ties to Facilitate Adjustment [J]. Academy of Management Review, 35(3): 434-454.

FEINBERG S E, GUPTA A K, 2004. Knowledge spillovers and the assignment of R&D responsibilities to foreign subsidiaries [J]. Strategic Management Journal, 25(9): 823-845.

FINK G, MEIEREWERT S, ROHR U, 2005. The Use of Repatriate Knowledge in Organization [J]. Human Resource Planning, 28(4): 30-36.

FISHBEIN M, AJZEN I, 1975. Belief, attitude, intention and behavior: An introduction to theory and research [M]. Boston: Addison-Wesley.

FLEMING L, SORENSON O, 2004. Science as Map in Technological Search [J]. Strategic Management Journal, 25(8-9): 909-928.

FORSTER N, 1994. The forgotten employees? The experiences of expatriate staff returning to the UK [J]. International Journal of Human Resource Management, 5(2): 405-425.

FURUYA N, STEVENS M J, BIRD A, et al., 2009. Managing the learning and transfer of global management competence: Antecedents and outcomes of Japanese repatriation effectiveness [J]. Journal of International Business Studies, 40(2): 200-215.

FURUYA N, STEVENS M J, ODDOU G, et al., 2012. The effects of HR policies and repatriate self-adjustment on global competency transfer [J]. Asia Pacific Journal of Human Resources, 45(1): 6-23.

GAMBETTA D, 1988. Trust: Making and Breaking Cooperative Relations [M]. Oxford, UK: Basil Blackwell.

GARAVELLI A C, GORGOGLIONE M, SCOZZI B, 2002. Managing knowledge transfer by knowledge technologies [J]. Technovation, 22(5): 269-279.

GERYBADZE A, 2004. Knowledge Management, Cognitive Coherence, and Equivocality in Distributed Innovation Processes in MNCs [J]. Management International Review, 44(3): 103-128.

GHOSHAL S, BARTLETT C A, 1990. The multinational corporation as an interorganizational network [J]. Academy of management review, 15(4): 603-626.

GHOSHAL S, NOHRIA N, 1989. International differentiation within multinational corporation [J]. Strategic Management, 10(4): 323-37.

GIBERT M, CORDER-HAYES M, 1996. Understanding the process of knowledge transfer to achieve successful technological innovation [J]. Technovation, 16(6): 301-312.

GIBSON C B, BIRKINSHAW J, 2004. The antecedents, consequences, and mediating role of organizational ambidexterity [J]. Academy of Management Journal, 47(2): 209-226.

GOMEZ-MEJIA L, BALKIN D B, 1987. The Determinants of Managerial Satisfaction with the Expatriation and Repatriation Process [J]. Journal of Management Development(6): 7-17.

GUPTA A K, GOVINDARAJAN V, 2000. Knowledge flows within multinational corporations [J]. Strategic Management Journal, 21(4): 473-496.

GUPTA A K, SMITH K G, SHALLEY C E, 2006. The interplay between exploration and exploitation [J]. Academy of Management Journal, 49(4): 693-706.

HAKANSON L, NOBEL R, 2001. Organization Characteristics and Reverse Technology Transfer [J]. Management International Review, 41 (4): 392-420.

HANSEN M, NOHRIA N, TIERNEY T, 1999. What's your strategy for managing knowledge? [J]. Harvard Business Review, 77(2): 106-116.

HARRIS J E, 1989. Moving managers internationally: The care and feeding of expatriates [J]. Human Resource Planning, 12(1): 49-53.

HARVEY M G, 1989. Repatriation of Corporate Executives: An Empirical Study [J]. Journal of International Business Studies, 20(1): 131-144

HARVEY M G, NOVICEVIC M M, 2006. The World is Flat: A Perfect Storm for Global Business? [J]. Organizational Dynamics, 35(3): 207-219.

HE Z, WONG P, 2004. Exploration and Exploitation: An Empirical Test of the Ambidexterity Hypothesis [J]. Organization Science, 15(4): 481-494.

HENDRIKS P, 1999. Why share knowledge? The influence of ICT on the motivation for knowledge sharing[J]. Knowledge and process management, 6(2): 91-100.

HERNÁNDEZ-ESPALLARDO M, SÁNCHEZ-PÉREZ M, SEGOVIA-LÓPEZ C, 2011. Exploitation-and exploration-based innovations: The role of knowledge in inter-firm relationships with distributors [J]. Technovation, 31(5-6): 203-215.

HOLMQVIST M, 2003. A dynamic Model of intra- and inter- organizational Learning [J]. Organization Studies, 24(1): 95-124.

HOLTBRÜGGE D, BERG N, 2004. Knowledge Transfer in Multinational Corporations: Evidence from German Firms [J]. Management International Review, 44(3): 129-45.

HOOFF B, DE RIDDER J A, 2004. Knowledge sharing in context: the influence of organizational commitment, communication climate and CMC use on knowledge sharing [J]. Journal of knowledge management, 8(6): 117-130.

HUANG M C, CHIU Y P, LU T C, 2013. Knowledge governance mechanisms and repatriate's knowledge sharing: the mediating roles of motivation and opportunity [J]. Journal of Knowledge Management, 17(5): 677-694.

HURT H T, JOSEPH K, COOK C D, 1977. Scales for the measurement of innovativeness [J]. Human Communication Research, 4(1): 58-65.

INKPEN A C, 2008. Knowledge transfer and international joint ventures: The case of Nummi and General Motors [J]. Strategic Management Journal, 29(4): 447-453.

JAFFE A B, TRAJTENBERG M, HENDERSON R, 1993. Geographic Localization of Knowledge Spillovers as

Evidenced by Patent Citations [J]. Quarterly Journal of Economics, 108(3): 577-598.

JAISWAL N K, DHAR R L, 2015. Transformational leadership, innovation climate, creative self-efficacy and employee creativity: A multilevel study [J]. International Journal of Hospitality Management, 51(10): 30-41.

JANSEN J J P, BOSCH F J, VOLBERDA H W, 2006. Exploratory Innovation, Exploitative Innovation, and Performance: Effects of Organizational Antecedents and Environmental Moderators [J]. Management Science, 52(11): 1661-1674.

JANSSEN O, 2000. Job demands, perceptions of effort-reward fairness and innovative work behaviour [J]. Journal of Occupational and Organizational Psychology, 73(3): 287-302.

JANSSEN O, VAN DE Vliert E, WEST M, 2004. The bright and dark sides of individual and group innovation: A special issue introduction [J]. Journal of Organizational Behavior, 25(2): 129-145.

JEHN K A, SHAH P P, 1997. Interpersonal relationships and task performance: An examination of mediation processes in friendship and acquaintance groups [J]. Journal of Personality and Social Psychology, 72(4): 775-790.

JOSHI K D, SARKER Sa, SARKER Su, 2004. Knowledge transfer among face-to-face information systems development team members: Examining the role of knowledge, source, and relational context [EB/OL]. (2004-1-5)[2019-02-20]. https://ieeexplore.ieee.org/stamp/stamp.jsp?tp=&arnumber=1265596.

KAMOCHE K, 1997. Knowledge Creation and Learning in International HRM [J]. International Journal of Human Resource Management, 8(3): 213-225.

KANKANHALLI A, TAN B C Y, WEI K K, 2005. Contributing knowledge to electronic repositories: An empirical investigation [J]. MIS Quarterly (1): 113-143.

KANTER R M, 1988. Three tiers for innovation research [J]. Communication Research, 15(5): 509-523.

KATILA R, AHUJA G, 2002. Something old, something new: A longitudinal study of search behavior and new product introduction [J]. Academy of Management Journal, 45(6): 1183-1194.

KATRINLI A, PENBEK S, 2010. Role of cultural sensitivity on creativity of academic expatriates: The moderating effect of culture [J]. African Journal of Business Management, 4(5): 755-763.

KIPNIS A B, 1997. Producing guanxi: sentiment, self, and subculture in a north China village [M]. Durham, NC: Duke University Press.

KIRTON M, 1976. Adaptors and innovators: A description and measure [J]. Journal of Applied Psychology, 61(5): 622-629.

KLEYSEN R F, Street C T, 2001. Toward a multi-dimensional measure of individual innovative behavior [J]. Journal of Intellectual Capital, 2(3): 284-296.

KNUDSEN M P, 2007. The relative importance of interfirm relationships and knowledge transfer for new product development success [J]. Journal of product Innovation Management, 24(2): 117-138.

KO D G, KIRSCH L J, KING W R, 2005. Antecedents of knowledge transfer from consultants to clients in enterprise system implementations [J]. MIS Quarterly, 29(1): 59-85.

KOGUT B, ZANDER U, 1993. Knowledge of the firm and the evolutionary theory of the multinational corporation [J]. Journal of International Business Studies(4): 625-645.

KOGUT B, ZANDER U, 1996. What Firms Do? Coordination, Identity, and Learning [J]. Organization science, 7(5): 502-518.

KOGUT B, ZANDER U, 1992. Knowledge of the Firm, Combinative Capabilities, and the Replication of Technology [J]. Organization Science, 3(3): 383-397.

KOSTOVA T, 1999. Transnational transfer of strategic organizational practices: A contextual practice [J]. Academy of Management Review, 24(2): 308-324.

KRAIMER M L, WAYNEN S J, 2004. Examination of Perceived Organizational Support as a Multidimensional Construct in the Context of an Expatriate Assignment [J]. Journal of Management, 30 (2): 209-237.

KRAUSE D E, 2004. Influence-based leadership as a determinant of the inclination to innovate and of innovation-related behaviors: An empirical investigation [J]. The Leadership Quarterly, 15(1): 79-102.

KWAN M M, CHEUNG P K, 2006. The knowledge transfer process: From field studies to technology development [J]. Journal of Database Management, 17(1): 16-32.

LAM A, 1997. Embedded firms, embedded knowledge: Problems of collaboration and knowledge transfer in global cooperative ventures [J]. Organization Studies, 18(6): 973-996.

LARSON A, 1992. Network dyads in entrepreneurial settings: A study of the governance of exchange relationships [J]. Administrative science quarterly, 37(1): 76-104.

LAVIE D, KANG J, ROSENKOPF L, 2011. Balance within and across domains: The performance implications of exploration and exploitation in alliances [J]. Organization Science, 22(6): 1517-1538.

LAW K S, WONG C S, WANG D, et al, 2000. Effect of supervisor-subordinate guanxi on supervisory decisions in China: An empirical investigation [J]. International Journal of Human Resource Management, 11(4): 751-765.

LAZAROVA M, CALIGIURI P, 2002. Retaining repatriates: The role of organizational support practices [J]. Journal of World Business, 36(4): 389-401.

LAZAROVA M, CERDIN J, 2007. Revising repatriation concerns: organizational support versus career and contextual influences [J]. Journal of International Business Studies, 38(3): 404-429.

LAZAROVA M, TARIQUE I, 2005. Knowledge Transfer upon Repatriation [J]. Journal of World Business, 40(4): 361-373.

LEE D Y, DAWES P L, 2005. Guanxi, Trust, and Long-Term Orientation in Chinese Business Markets [J]. Journal of international marketing, 13(2): 28-56.

LEE K C, LEE D S, SEO Y W, 2011. Effects of shared leadership on team creativity through knowledge-sharing in an e-learning environment [EB/OL]. (2011-2-21)[2019-02-20]. https://dl.acm.org/citation.cfm?id=1968710.

LEONARD-BARTON D, 1995. Wellsprings of Knowledge: Building and Sustaining the Sources of Innovation [M]. Cambridge, MA: Harvard Business School Press.

LEUNG T K P, LAI K, CHAN R Y K, et al., 2005. The roles of xinyong and guanxi in Chinese relationship marketing [J]. European Journal of Marketing, 39(5/6): 528-559.

LEVITT B, MARCH J G, 1988. Organizational Learning [J]. Annual Review of Sociology, 14(3): 319-340.

LIAO S, HE J W, TANG T H, 2004. A Knowledge Management Framework for Context Information Management [J]. Journal of Information Science, 30(6): 528-539.

LIN H F, LEE G G, 2006. Effects of socio-technical factors on organizational intention to encourage knowledge sharing [J]. Management Decision, 44(1): 74-88.

LUBATKIN M H, SIMSEK Z, LING Y, et al., 2006. Ambidexterity and performance in small-to-medium-sized firms: the pivotal role of top management team behavioral integration [J]. Journal of Management, 32(5): 646-672.

LUNENBURG F C, 2011. Self-Efficacy in the Workplace: Implications for Motivation and Performance [J]. International Journal of Management, Business, and Administration, 14(1): 1-6.

LUTHANS F, AVOLIO B, AVEY J, et al., 2007. Positive Psychological Capital: Measurement and Relationship with Performance and Satisfaction [J]. Personnel Psychology, 60(3): 541-572.

LYSGAARD S, 1955. Adjustment in a foreign society: Norwegian Fulbright grantees visiting the United States [J]. International Social Science Bulletin, (7): 45 -51.

MÄKELÄ K, 2007. Knowledge Sharing Through Expatriate Relationships: A Social Capital Perspective [J]. International Studies of Management & Organization, 37(3): 108-125.

MARCH J G, 1991. Exploration and exploitation in organizational learning [J]. Organization Science, 2(1): 71-87.

MARTIN X, SALOMON R, 2003. Tacitness, Learning, and International Expansion: A study of Foreign Direct Investment in a Knowledge-intensive Industry [J]. Organization Science, 14(3): 297-311.

MATHEWS B P, SHEPHERD J L, 2002. Dimensionality of Cook and Wall's (1980) British Organizational Commitment Scale revisited [J]. Journal of Occupational and Organizational Psychology, 75(3): 369-375.

MCMILLAN R, 1997. Customer satisfaction and organizational support for service providers [D]. Gainesville: University of Florida.

MCNATT B D, JUDGE T A, 2008. Self-efficacy intervention, job attitudes, and turnover: A field experiment with employees in role transition [J]. Human Relations, 61(6): 783-810.

MENDENHALL M E, DUNBAR E, ODDOU G R, 1987. Expatriate Selection, Training and Career-Pathing: A Review and Critique [J]. Human Resource Management, 26(3): 331-345.

MILLS J A, CAMERON R B, 1993. Creativity and biologists [J]. Creativity Research Journal, 6: 319-328.

MINBAEVA D, MICHAILOVA S, 2004. Knowledge transfer and expatriation in multinational corporations: The role of disseminative capacity [J]. Employee relations, 26 (6): 663-679.

MINBAEVA D, PEDERSEN T, BJÖRKMAN I, et al., 2003. MNC knowledge transfer, subsidiary absorptive capacity and HRM [J]. Journal of International Business Study, 34(6): 586-599.

MOM T J, VAN D B, VOLBERDA H W, 2007. Investigating Managers' Exploration and Exploitation Activities: The Influence of top-down, bottom-up, and Horizontal Knowledge Inflows [J]. Journal of Management Studies, 44(6): 910-931

MULLER D, JUDD C M, YZERBYT V Y, 2005. When moderation is mediated and mediation is moderated [J]. Journal of personality and social psychology, 89(6): 852-863.

NAJAFI-TAVANI Z, GIROUD A, SINKOVICS R R, 2012. Mediating Effects in Reverse Knowledge Transfer Processes [J]. Management International Review, 52(3): 461-488.

NAPIER N K, PETERSON R B, 1991. Expatriate re-entry: What do repatriates have to say? [J]. Human Resource Planning, 14(1): 19-28.

NELSON R R, WINTWE S. G, 1982. An Evolutionary Theory of Economic Change [M]. Cambridge, MA: Belknap Press.

NEMANICH L A, VERA D, 2009. Transformational leadership and ambidexterity in the context of an acquisition [J]. The leadership Quarterly, 20(1): 19-33.

NONAKA I, NISHIGUCHI T, 2001. Knowledge emergence: Social, technical, and evolutionary dimensions of knowledge creation [M]. New York: Oxford University Press.

NONAKA I, TAKEUCHI H, 1995. The Knowledge-Creating Company: How Japanese Companies Create the Dynamics of Innovation [M]. New York: Oxford University Press.

NOORDERHAVEN N, HARZING A W, 2009. Knowledge-sharing and social interaction within MNEs [J]. Journal of International Business Studies, 40(5): 719-741.

ODDOU G, SZKUDLAREK B, OSLAND J S, et al., 2013. Repatriates as a Source of Competitive Advantage: How to Manage Knowledge Transfer [J]. Organizational Dynamics, 42(4): 257-266.

ODDOU G, 2002. Repatriate assets and firm performance: Toward a model [EB/OL]. [2019-02-20].

ODDOU G, OSLAND J S, BLAKENEY R N, 2009. Repatriating knowledge: Variables influencing the "transfer" process [J]. Journal of International Business Studies, 40(2): 181-199.

ODDOU G, SZKUDLAREK B, OSLAND J S, et al., 2013. Repatriates as a source of competitive advantage [J]. Organizational Dynamics, 42(4): 257-266.

O'DELL C, GRAYSON C J, 1998. If only we know what we know: Identification and Transfer of Internal Best Practices [J]. California Management Review, 40(3): 154-174.

O'DRISCOLL M, ILGEN D R, HILDRETH K, 1992. Time Devoted to Job and Off-Job Activities, Interrole Conflict, and Affective Experiences [J]. Journal of Applied Psychology, 77(3): 272-279.

O'REILLY LII C A, TUSHMAN M L, 2013. Organizational Ambidexterity: Past, Present, and Future [J].

Academy of Management Perspectives, 27(4): 324-338.

PAMELA L C, RAIHAN H K, KIMBERLY A A, 2013. Repatriate Adjustment and Turnover: the Roll of Expectations and Perceptions [J]. Review of Business and Finance Studies, 4(1): 1-14.

PARK S H, LUO Y, 2001. Guanxi and organizational dynamics: Organizational networking in Chinese firms [J]. Strategic management journal, 22(5): 455-477.

PAUL H, 2000. Creating a global mindset [J]. Thunderbird International Business Review, 42(2): 187-200.

PAVEL S, ANDRE M E, 2006. Knowledge transfer within Japanese multinationals: building a theory [J]. Journal of Knowledge Management, 10(1): 55-68.

PHENE A, TALLMAN S, ALMEIDA P, 2012. When Do Acquisitions Facilitate Technological Exploration and Exploitation? [J]. Journal of Management, 38(3): 753-783.

PINTRICH P R, DEGROOT E V, 1990. Motivational and self-regulated learning components of classroom academic performance [J]. Journal of Educational Psychology (82): 33-40.

POLANYI M, 1962. Personal Knowledge: Towards a Post-Critical Philosophy [M]. Chicago, IL : University of Chicago Press.

POLITIS J D, 2001. The relationship of various leadership styles to knowledge management [J]. Leadership & Organization Development Journal, 22(8): 354-364.

QUINN J B, ANDERSON P, FILKENSTEIN S, 1996. Managing professional intellect: making the most of the best [J]. Harvard Business Review, 74(2): 71-80.

RAMASAMY B, GOH K W, YEUNG M C H, 2006. Is Guanxi (relationship) a bridge to knowledge transfer? [J]. Journal of Business Research, 59(1): 130-139.

REICHE B S, 2012. Knowledge Benefits of Social Capital upon Repatriation: A Longitudinal Study of International Assignees [J]. Journal of Management Studies, 49(6): 1052-1077.

RHOADES L, EISENBERGER R, 2002. Perceived organizational support: A review of the literature [J]. Journal of Applied Psychology, 87(4): 698-714.

ROHR U. 2009. Factors Influencing Repatriate Knowledge Management [EB/OL]. (2009-06-24)[2019-02-20]. https://www.wu.ac.at/fileadmin/wu/o/iaccm/Abstracts/2009_student_rohr.pdf.

ROSSELLA C, PIERPAOLO M, 2010. Managing Expatriation, Repatriation and Organizational Learning in MNCs: an Integrative Framework [J]. Review of International Comparative Management, 11(2): 186-200.

ROUSSEAU D M, TIJORIWALA S A, 1998. Assessing psychological contracts: issues, alternatives and measures[J]. Organizational Behavior, 19: 679-695.

RUBENSTEIN-MONTANO B, LIEBOWITZ J, BUCHWALTER J, et al., 2001. A systems thinking framework for knowledge management [J]. Decision Support Systems, 31(1): 5-16.

SAXENIAN A, 1996. Regional advantage: Culture and competition in silicon valley and route 128 [M]. Cambridge: Harvard University Press.

SCHEPERS P, VAN DEN BERG P T, 2007. Social factors of work environment creativity [J]. Journal of Business and Psychology, 21(3): 407-428.

SCOTT S G, BRUCE R A, 1994. Determinants of Innovative Behavior: A Path Model of Individual in the Workplace [J]. Academy of Management Journal, 37: 580-607.

SCOTT R W, 2001. Institutions and organizations[M]. 2nd ed. Thousand Oaks, CA: Sage.

SEIBERT S E, KRAIMER M L, CRANT J M, 2001. What do proactive people do? A longitudinal model linking proactive personality and career success [J]. Personnel Psychology, 54(4): 845-874.

SEO Y W, CHAE S W, LEE K C, 2015. The Impact of Absorptive Capacity, Exploration, and Exploitation on Individual Creativity: Moderating Effect of Subjective Well-being [J]. Computers in Human Behavior, 42(1): 68-82.

SHAFFER M A, HARRISON D A, GILLEY K M, 1999. Dimensions, Determinants, and Differences in the Expatriate Adjustment Process [J]. Journal of International Business Studies, 30(3): 557-581.

SHALLEY C E, GILSON L L, 2004. What Leaders Need to Know: A Review of Social and Contextual Factors That Can Foster or Hinder Creativity [J]. Leadership Quarterly, 15: 33-53.

SHALLEY C E, ZHOU J, OLDHAM G R, 2004. The effects of personal and contextual characteristics on creativity: Where should we go from here? [J]. Journal of Management, 30(6): 933-958.

SHIN S J, YUAN F, ZHOU J, 2017. When perceived innovation job requirement increases employee innovative behavior: A sense making perspective [J]. Journal of Organizational Behavior, 38(1): 68-86.

SHORE L M, WAYNE S J, 1993. Commitment and employee behavior: comparison of affective commitment and continuance commitment with perceived organizational support [J]. Journal of applied psychology, 78(5): 774-780.

SHUMSKY N J, 1999. Repatriation: effectively bringing expatriates home [J]. Accounting & Tax Periodicals, 42(8): 39-43.

SIDHU J S, COMMANDEUR H R, VOLBERDA H W, 2007. The multifaceted nature of exploration and exploitation: Value of supply, demand, and spatial search for innovation [J]. Organization Science, 18(1): 20-38.

SIGGELKOW N, LEVINTHAL D A, 2003. Temporarily Divide to Conquer: Centralized, Decentralized, and Reintegrated Organizational Approaches to Exploration and Adaptation [J]. Organization Science, 14(6): 650-669.

SIMONIN B L, 1999. Ambiguity and the process of knowledge transfer in strategic alliances [J]. Strategic management journal, 20(7): 595-623.

SIMONIN B L, 2004. An empirical investigation of the process of knowledge transfer in international strategic alliances [J]. Journal of international business studies, 35(5): 407-427.

SIMSEK Z, 2009. Organizational ambidexterity: Towards a multilevel understanding [J]. Journal of

Management Studies, 46(4): 597-624.

SINGLEY M K, ANDERSON J R, 1989. Transfer of cognitive skill [M]. Cambridge: Harvard University Press.

SOBEL M E, 1982. Asymptotic Confidence Intervals for Indirect Effects in Structural Equation Models [J]. Sociological Methodology, 13: 290-312.

SOLOMON C M, 1995. Repatriation: up, down or out? [J]. Personnel Journal, 74(1): 28-32.

SPENDER J C, 1996. Making knowledge the basis of a dynamic theory of the firm [J]. Strategic Management Journal, 17: 45-62.

STEFFY B D, JONES J W, 1988. Workplace stress and indicators of coronary-disease risk [J]. Academy of management Journal, 31(3): 686-698.

STERNBERG R J, GRIGORENKO E L, 1997. Are cognitive styles still in style? [J]. American Psychologist, 52(7): 700-712.

SUAREZ-VILLA L, WALROD W, 1997. Operational strategy, R&D and intra-metropolitan clustering in a polycentric structure: the advanced electronics industries of the Los Angeles basin [J]. Urban Studies, 34(9): 1343-1380.

SUBRAMANIAM M, VENKATRAMAN N, 2001. Determinants of transnational new product development capability: Testing the influence of transferring and deploying tacit overseas knowledge [J]. Strategic Management Journal, 22(4): 359-373.

SUBRAMANIAM M, WATSON S, 2006. How interdependence affects subsidiary performance [J]. Journal of Business Research, 59(8): 916-924.

SUN P Y T, SCOTT J L, 2005. An Investigation of Barriers to Knowledge Transfer [J]. Journal of Knowledge Management, 9(2): 75-90.

SUNDARAM A K, BLACK J S, 1992. The environment and internal organization of multinational enterprises [J]. Academy of Management Review, 17(4): 729-757.

SUUTARI V, VÄLIMAA K, 2002. Antecedents of repatriation adjustment: new evidence from Finnish repatriates [J]. International Journal of Manpower, 23(7): 617-634.

SZULANSKI G, 1996. Exploring Internal Stickiness: Impediments to the Transfer of Best Practice within the Firm [J]. Strategic Management Journal, 17(2): 27-44.

TAHIR R, AZHAR N, 2013. The Adjustment Process of Female Repatriate Managers in Australian and New Zealand (ANZ) Companies [J]. Global Business Review, 14(1): 155-167.

TEECE D, 1977. Time-cost tradeoffs: Elasticity estimates and determinants for international technology transfer projects [J]. Management Science, 23(8): 830-837.

TESLUK P E, FARR J L, KLEIN S R, 2011. Influences of organizational culture and climate on individual creativity [J]. Journal of Creative Behavior, 31(1): 27-41.

TIERNEY P, FARMER S M, 2002. Creative self-efficacy: Potential antecedent and relationship to creative performance [J]. Academy of Management Journal, 45(6): 1137-1148.

TIERNEY P, FARMER S M, 2004. The Pygmalion process and employee creativity [J]. Journal of Management, 30(3): 413-432.

TIERNEY P, FARMER S M, 2011. Creative self-efficacy development and creative performance over time [J]. Journal of Applied Psychology, 96(2): 277-293.

TSANG E W K, 1999. The Knowledge Transfer and Learning Aspects of International HRM: An Empirical Study of Singapore MNCs [J]. International Business Review, 8(5-6): 591-609.

TUSHMAN M L, VIRANY B, ROMANELLI E, 1985. Executive succession, strategic reorientations, and organization evolution: The minicomputer industry as a case in point [J]. Technology in Society, 7(2/3): 297-313.

VAN DE VEN A H, 1986. Central problems in the management of innovation [J]. Management Science, 32(5): 590-607.

VAN DER VEGT G S, JANSSEN O, 2003. Joint impact of interdependence and group diversity on innovation [J]. Journal of Management, 29(5): 729-751.

VERKASOLO M, LAPPALAINEN P, 1998. A method of measuring the efficiency of the knowledge utilization process [J]. IEEE Transactions on Engineering Management, 45(4): 414-423.

VIDAL M E S, VALLE R S, ARAGÓN M I B, 2007. Antecedents of repatriates' job satisfaction and its influence on turnover intentions: Evidence from Spanish repatriated managers [J]. Journal of Business Research, 60(12): 1272-1281.

VOSS G B, SIRDESHMUKH D, VOSS Z G, 2008. The effects of slack resources and environmental threat on product exploration and exploitation [J]. Academy of Management Journal, 51(1): 147-164.

WANG S, NOE R, 2010. Knowledge sharing: a review and directions for future research[J]. Human Management Review, 20(2): 115-131.

WASTON S, 2006. How interdependence affects subsidiary performance [J]. Journal of Business Research (8): 916-924.

WELCH, D E, 1994. Determinants of international human resource management approaches and activities:a suggested framework [J]. Journal of managenemt studies, 31(2): 139-164.

WEST M A, 1987. A measure of role innovation at work [J]. British Journal of Social Psychology, 26(1): 83-85.

WEST M A, 1990. The social psychology of innovation in groups[M]// WEST M A FARR J L. Innovation and creativity at work: psychological and organizational strategies Chichester: Wiley.

WIIG K M, 2004. People-focused knowledge management [M]. London: Elsevier.

WILKINSON, I, YOUNG L, 2002. On cooperating: Firms, relations and networks [J]. Journal of Business Research, 55(2): 123-132.

WINTER S G, 1987. Knowledge and Competence as Strategic Assets [M]// TEECE D J. The Competitive

Challenge: Strategies for Industrial Innovation and Renewal. New York: Harper & Row.

WOODMAN R W, SAWYER J E, GRIFFIN R W, 1993. Toward a theory of organizational creativity [J]. Academy of Management Review, 18(2): 293-321.

YALCINKAYA G, CALANTONE R J, GRIFFITH D A, 2007. An Examination of Exploration and Exploitation Capabilities: Implications for Product Innovation and Market Performance [J]. Journal of International Marketing, 15(4): 63-93

YAMAGUCHI I, 2001. Perceived organizational support for satisfying autonomy needs of Japanese white-collar workers: A comparison between Japanese and US-affiliated companies [J]. Journal of Managerial Psychology, 16(6): 434-448.

ZACK M H, 1999. Managing Codified Knowledge [J]. Sloan Management Review, 40(4): 45-58.

ZAHRA S A, GEORGE G, 2002. Absorptive Capacity: A Review, Reconceptualization, and Extension [J]. Academy of Management Review, 27(2): 185-203.

ZANDER U, KOGUT B, 1995. Knowledge and the speed of the transfer and imitation of organizational capabilities: An empirical test [J]. Organization science, 6(1): 76-92.

ZHOU J, GEORGE J M, 2001. When job dissatisfaction leads to creativity: Encouraging the expression of voice [J]. Academy of Management Journal, 44(4): 682-696.

ZWELL M, RESSLER R, 2000. Powering the Human Drivers of Financial Performance [J]. Strategic Finance, 81(11): 40-45.

艾时钟，尚永辉，信妍，2011. IT 外包知识转移影响因素分析——基于关系质量的实证研究[J]. 科学学研究，29(8)：1216-1222.

曹科岩，2012. 组织氛围对员工知识分享行为的影响机制[J]. 企业管理(6)：215-224.

曹科岩，戴健林，2010. 人力资源管理实践、组织支持感与员工知识分享行为关系研究[J]. 科技管理研究(24)：120-124.

戴俊，朱小梅，2005. 基于团队知识交流的组织知识转化机制研究[J]. 科研管理，26(3)：121-128.

董小英，2002. 企业信息化过程中的知识转移：联想集团案例分析[J]. 中外管理导报(11)：28-35.

冯静，聂强，王卫红，2011. 高职学生自我效能感、成就目标定向、学习动机间的相关分析[J]. 中国职业技术教育(6)：20-23.

高健，2008. 海归经理人对跨国公司知识转移影响研究[D]. 上海：复旦大学.

高祥宇，卫民堂，李伟，2006. 人际信任对知识转移促进作用的研究[J]. 科研管理，26(6)：106-114.

顾远东，彭纪生，2010. 组织创新氛围对员工创新行为的影响：创新自我效能感的中介作用[J]. 南开管理评论，13(1)：30-41.

关涛，2006. 跨国公司内部知识转移过程与影响因素的实证研究[M]. 上海：复旦大学出版社.

侯广辉，张健国，2013. 企业社会资本能否改善技术创新绩效——基于吸收能力调节作用的实证研究[J]. 当代财经(2)：74-86.

参考文献

黄光国，胡先缙，等，2004. 面子：中国人的权力游戏[M]. 北京：中国人民大学出版社.

焦豪，2011. 双元型组织竞争优势的构建路径：基于动态能力理论的实证研究[J]. 管理世界(11)：76-91.

姜定宇，2005. 华人部属与主管关系、主管忠诚、及其后续结果：一项两阶段研究[D]. 台北：台湾大学.

姜秀珍，金思宇，包伟琴，等，2011. 外派人员回任意愿影响因素分析——来自中国跨国经营企业的证据[J]. 管理学报，8(10)：1462-1468.

柯江林，石金涛，2006. 驱动员工知识转移的组织社会资本功能探讨[J]. 科技管理研究，26(2)：144-146.

柯明志，1995. 我国企业海外派遣人员回任适应问题之研究[D]. 高雄：台湾中山大学人力资源管理研究所.

李东，王民，卢亚娟，2008. 基于知识转移的客户关系管理（CRM）[J]. 管理世界(3)：183-184.

李桂芳，周博然，2016. 跨国公司外派回任失败研究[J]. 天津师范大学学报（社科版）(1)：57-61.

李力，贺香泓，刘艳妹，2014. 大学生择业价值取向与职业决策自我效能感的性别差异性研究[J].教育学术月刊(1)：56-58.

李伟民，梁玉成，2002. 特殊信任与普遍信任：中国人信任的结构与特征[J]. 社会学研究(3)：11-22.

李文静，2014. 我国跨国公司外派员工回任过程中出现的问题及原因分析[J]. 中国市场 (20)：101-102.

李向民，邱立成，王自锋，2008. 企业外派员工的回任调整研究[J]. 中国人力资源开发(1)：24-27.

林彩梅，2006. 多国籍企业论[M]. 台北：五南图书出版股份有限公司.

林莉，2004. 知识联盟中知识转移的障碍因素及应对策略分析[J]. 科技导报，22(4)：29-32.

林钲琴，萧淑月，何慧清，2005. 社会交换理论观点下组织支持、组织知识分享行为与组织公民行为相关因素之研究：以信任与关系为切入点[J]. 人力资源管理学报(1)：77-110.

凌文辁，张治灿，方俐洛，2001. 影响组织承诺的因素探讨[J]. 心理学报，33(3)：68-72.

刘长义，谢荣见，2011. 基于技术员工流动的知识转移影响因素实证研究[J]. 科技进步与对策，28(11)：143-147.

刘明霞，2012. 中国跨国公司逆向知识转移研究[M]. 北京：中国社会科学出版社.

卢小君，张国梁，2007. 工作动机对个人创新行为的影响研究[J]. 软科学，21(6)：124-127.

吕晓，2014. 知识型员工工作压力、自我效能感及离职倾向关系研究[D]. 成都：西南财经大学.

缪根红，薛利，陈万明，等，2014. 知识扩散路径与员工创新绩效关系的实证研究——考虑知识吸收能力与主动遗忘能力的调节作用[J]. 研究与发展管理，26(3)：12-21.

秦令华，殷瑾，井润田，2010. 企业内部知识转移中个体中心度、吸收能力对绩效的影响[J]. 管理工程学报，24(1)：5-9.

唐辉，赵富强，陈耘，2013. 组织制度与知识转移绩效影响机理研究[J]. 经管空间(3)：70-71.

王朝晖，冷晓君，2012. KHRM、情境双元型创新与企业绩效关系研究[J]. 科学学与科学技术管理，33(9)：44-54.

王桂萍，胡保玲，2010. 边界人员私人关系对经销商知识转移的影响研究——人际信任的中介作用[J]. 财经问题研究（3）：103-107.

王娟茹，2015. 回任支持对双元性创新的影响研究[J]. 管理学报，12(7)：976-983.

王开明，万君康，2000. 论知识的转移与扩散[J]. 外国经济与管理，22(10)：2-7.

王前锋，2006. 关于跨国公司战略联盟知识转移问题的研究[D]. 上海：华东师范大学.

王毅，吴贵生，2005. 基于复杂理论的知识创造机理研究[J]. 科学学研究，23(1)：101-105.

吴莹，2014. 职场排斥、一般自我效能感及工作绩效的关系研究[D]. 成都：西南财经大学.

吴雨才，2012. 跨国公司外派回任管理研究[J]. 中国人力资源开发(2)：77-80.

肖洪钧，苗晓燕，2009. 领导风格与团队创新气氛的关系研究[J]. 软科学(4)：65-68.

熊斌，葛玉辉，2010. 对企业外派人员回任失败的思考[J]. 中国人力资源开发(10)：23-26.

熊朗羽，2012. 企业内部个体间隐性知识转移影响因素与转移绩效关系研究[D]. 沈阳：辽宁大学.

徐国东，郭鹏，于明洁，2011. 基于 DEMATEL 知识联盟中知识转移影响因素识别研究[J]. 科学学与科学技术管理，32(5)：60-63.

徐笑君，2011. 跨国公司内部知识转移和文化影响研究[M]. 上海：格致出版社.

许强，刘翌，贺燕敏，2006. 母子公司管理度剖析——基于情境的知识转移研究视角[J]. 科学学研究，24(2)：273-278.

杨宜音，1995. 试析人际关系及其分类——兼与黄光国先生商榷[J]. 社会学研究(5)：18-23.

杨中芳，1999. 人际关系与人际情感的构念化[J]. 本土心理学研究(12)：105-180.

易加斌，范莉莉，谢冬梅，2009. 跨国公司母子公司间管理知识转移的影响与对策——基于过程视角[J]. 经济问题(10)：52-55.

易凌峰，侯英姿，2010. 跨国公司外派的组织学习机制模型：基于逆向知识转移视角[J]. 华东师范大学学报（哲学社会科学版）(6)：93-97.

曾纪幸，司徒达贤，于卓民，1998. 多国籍企业网络类型与管理机制选择之关系——在台外商公司之产品交易实证研究 [J]. 管理学报，15(1)：1-26.

曾湘泉，周禹，2008. 薪酬激励与创新行为关系的实证研究[J]. 中国人民大学学报，22(5)：86-93.

詹惠淳，2001. 我国企业驻外人员返台适应管理之研究[D]. 新北：台湾辅仁大学企业管理研究所.

张国良，卢小君，2010. 组织的学习型文化对个体创新行为的影响——动机的中介作用分析[J]. 研究与发展管理，2(4)：16-23.

张建宇，蔡双立，2012. 探索性创新与开发性创新的协调路径及其对绩效的影响[J]. 科学学与科学技术管理，33(5)：64-70.

张杰，2007. 社会资本影响员工创造力过程模型研究[D]. 杭州：浙江大学.

张勉，2006. 企业雇员离职意向模型的研究与应用[M]. 北京：清华大学出版社.

张睿，2009. 技术联盟组织间知识转移过程和影响因素研究[D]. 哈尔滨：哈尔滨工业大学.

张曙，李爱平，1999. 技术创新和知识供应链[J]. 中国机械工程，10(2)：224-227.

张小兵，2011. 知识吸收能力与组织绩效关系：组织学习视角的实证研究[J]. 管理学报，8(6)：844-851.

赵必孝，1998. 我国企业驻外回任人员的人力资源管理与组织投入因果关系之研究[J]. 管理学报，15(3)：473-505.

赵洁，魏泽龙，李垣，2012. 高管激励机制、组合能力对创新双元性的影响研究[J]. 中国科技论坛(2)：108-115.

赵青，2010. 归国适应的构成维度、影响因素及其与工作满意度的关系研究[D]. 上海：华东师范大学.

钟竞，陈松，2007. 外部环境、创新平衡性与组织绩效的实证研究[J]. 科学学与科学技术管理，28(5)：67-71.

周丹，魏江，2011. 知识型服务活动与制造企业技术能力结构：互补性与辅助性维度的影响[J]. 研究与发展管理，23(5)：30-39.

周丽芳，郑伯埙，2006. 华人工作团队之成员效能：组成效果与互动网络的探讨[A]. 北京：中国社会心理学会.

周文霞，郭桂萍，2006. 自我效能感：概念、理论和应用[J]. 中国人民大学学报(1)：91-97.

朱琳琳，2011. 论企业外派员工回任失败的原因及对策[J]. 商业经济(4)：74-75.

左美云，2004. 企业信息化主体间的六类知识转移[J]. 计算机系统应用(8)：72-74.